北里柴三郎

kitasato shibasaburo

感染症と闘いつづけた男

上山明博

ueyama akihiro

青土社

北里柴三郎　目次

エピローグ

北里柴三郎　感染症と闘いつづけた男

▲世界初の破傷風菌の純粋培養成功を記念して（ベルリン大学衛生研究所の実験室にて1889年撮影）

既に有る性命から、新しい性命を造るのは、
新鮮な力を持っている、この生きた血です。
そこで万事活動している。何事をか為している。
（ゲーテ『ファウスト』森鷗外訳）

プロローグ

感染症学の巨星・北里柴三郎を追って

以前どこかで見たことのあるような日々がつづいている。

令和元年（二〇一九）十一月二十二日、中国・湖北《こほく》省武漢《ぶかん》市で風邪の症状を訴える患者が続出した。はじめは三十八度程度の発熱や呼吸困難などの症状が現れ、進行すると肺炎や敗血症、多臓器不全を起こし、急速に重篤化して多くの感染者が二週間前後で死亡した。

翌年一月九日、世界保健機関（WHO）は、中国・武漢で発生した謎の感染症の原因は「新型コロナウイルス（novel coronavirus）」であると発表した。これを受けて同年二月一日、日本政府は、「新型コロナウイルス感染症」と法令に定め、強制入院などの処置をとることのできる「指定感染症」に指定した。このことを日本のテレビや新聞が一斉に伝え、それ以降、日本では一般に「新型コロナウイルス感染症」（国際正式名称は「COVID-19《コビッド・ナインティーン》」）と呼ばれることになったのである。なお、「COVID」は「コロナウイルス感染症（coronavirus disease）」の略称で、19は最初に中国・武漢で新型コロナウイルスが確認された二〇一九年を表している。

コロナウイルスが最初に登場したのは一九六〇年代のことである。風邪の症状の患者の鼻腔から新たな病原体と思われるウイルスが採取され、そのウイルスを電子顕微鏡で観察するとウイルスの表面に無数の大きな球状の突起があり、全体が王冠の形に似ていることから、ラテン語の「王冠（corona）」にちなんで「コロナウイルス（coronavirus＝CoV）」と名付けられたのだった。

じつは、中国・武漢で初めて確認された新型コロナウイルスは、ある日突然発生したものではなく、十七年前にその徴候があった。

平成十四年（二〇〇二）十一月、中国・広東省《かんとん》と対岸の香港《ほんこん》で原因不明の感染症が集団発生した。感染すると三十八度程度の発熱と呼吸困難などの風邪のような症状が現れ、病勢の急速な高進とその重篤さから、「重症急性呼吸器症候群（ＳＡＲＳ《サーズ》＝Severe acute respiratory syndrome）」と呼ばれた。翌年（二〇〇三）四月十六日、ＷＨＯは広東と香港で発生した重症急性呼吸器症候群（ＳＡＲＳ）の病原体が新種のコロナウイルスであると発表し、この新種のコロナウイルスを「サーズ・コロナウイルス（SARS-CoV）」と名付けた。次いで、ＷＨＯは二〇〇二年十一月から二〇〇三年七月までのわずか九ヶ月間に広東と香港を中心に延べ八〇九六人が感染し、中国を含めた三十七ヶ国で七七四人が死亡したと報告したのである。

二〇一九年に確認された中国・武漢を発生源とする新型コロナウイルスは、その十七年前に確認されたサーズ・コロナウイルスとゲノム配列が八〇パーセントまで同じであることが香港大学やシドニー大学などの国際共同研究によって明らかにされた。そのため国際ウイルス分類委員会（ＩＣＴＶ）は、新型コロナウイルスをサーズ・コロナウイルスと同じ種（姉妹系統）に分類し、新型コロナウイルスを、「サーズ・コロナウイルス２（SARS-CoV-2）」と命名したのである。

「新型コロナウイルス（SARS-CoV-2）」の日本での感染拡大の一つの契機となったのは、令和二年（二〇二〇）二月三日に横浜港に入港した英国クルーズ船「ダイヤモンド・プリンセス号」だった。同年一月二十日に横浜港を出発したクルーズ船の香港在住の乗客が香港で下船したあと新型コロナウイルスの感染が確認された。香港などのクルーズを終えて横浜港に入港した同船は港に留め置かれ、乗客乗員三六一八人に対してＰＣＲ検査が実施され、検査で陰性になった乗船者も健康観察期間が終わるまで船内待機を余儀なくされた。その結果、七一二人の感染者が確認され、そのうち十四人が死亡した。

その後、日本と世界の感染者数はまさにネズミ算式に急速な拡大傾向を示し、二十一世紀以降で最悪の世界的大流行（パンデミック）となったのである。こうした状況を見て、既視感《きしかん》を覚えた人は私を含めて少なくない。なぜなら、感染症は歴史上何度もパンデミックを引き起こし、繰り返し人類に災禍をもたらしてきたからである。わけても明治期（十九世紀末）に起きたペストの世界的流行は、今日の状況と酷似していた。

明治二十七年（一八九四）三月初め、広東と香港でペストと思われる感染者が続出した。このとき、人類を幾度も蹂躙《じゅうりん》してきたペストを調査するために、感染地の香港に赴いた日本人がいた。のちに「感染症学の巨星」と呼ばれる北里柴三郎《きたさとしばさぶろう》である。

北里は自分の身を守る術さえわからなかった時代にペストが猛威を振るう感染地に入り、世界で初めてペスト菌を発見することに成功した。人類が永年死病として恐れてきたペストの正体を突き止め、その後の感染対策に大きく貢献したのである。それを成し遂げた要因は、病原体の特性を的確に捉えた北里の周到な計画と緻密な実験手法にあった。

当時すでにペストの大流行は、六世紀（第一次）と十四世紀（第二次）に起きたことはよく知られていた。過去二回のパンデミックに比べて、十九世紀末（第三次）の流行が比較的早期に抑え込むことができたのは、北里の研究成果によるところが大きい。

病原体は死ぬことも、消滅することもない。たとえそれが撲滅できたとしても、また新たに姿を変えて現れ、次の世代に災禍と教訓をもたらすためにどこかの無防備な街を足がかりに再び猛威を振るいにやって来る。多くの無辜の人びとの性命を奪う謎の感染症と向き合ったとき、どのように対応するかは現代社会を生きる私たちにとっても極めて重要な課題の一つである。

感染症は病原体を培養し、拡散させるとともに、ときに人間の内面に侵入し、差別や偏見を助長する。何億人もの性命を蹂躙した目には見えない病原体に対して、人類はいかに対峙し、乗り越えてきたのか——。私は人類と感染症との終わりなき闘いの実相を浮き彫りにし、貴重な経験と多くの犠牲のなかからなにがしかの知恵と教訓を得るために、彼が生きた当時の新聞や雑誌、論文などの膨大な資料の山に分け入り、未知の感染症と闘いつづけた北里柴三郎の生涯を追うことにした。

第一章

ペスト菌発見

香港で疫病流行

明治二十七年（一八九四）三月初め、清国《しん》（現在の中国）雲南《うんなん》の山岳地域で発生した原因不明の疫病が広東《かんとん》で確認された。四月に入るとビクトリア湾の対岸の香港《ほんこん》に飛び火し、住人たちは次々と謎の死を遂げた。

香港の住民たちは富裕層を先頭に雪崩《なだれ》を打って広州《こうしゅう》方面に逸走《いっそう》し、香港を脱出した住民の数は人口のおよそ半分の十万人に上った。普段なら人でごった返した街路に人影はなく、残された住人たちは家屋に籠もり、戸外の様子を疑心暗鬼に窺《うかが》った。感染者は五月末までに述べ四万人を数え、そのほとんどが死亡した。これほどまで急速に感染が拡大したのは、病原菌の感染力の強さに加えて、住人たちが感染した家族を周囲から隠したことが原因の一つにあった。

その疫病に罹ると三十九度以上の高熱を発し、昏睡状態に陥った。さらに皮下出血によって皮膚が赤黒く変色し、数日のうちに亡くなった。それはかつて中国雲南を感染源としてヨーロッパ全土で猛威を振るった「黒死病《ブラック・デス》」の症状に酷似していた。

黒死病（ペスト）は、これまでに六世紀と十四世紀の二度にわたって世界的大流行（パンデミック）

を起こし、人類に多大な打撃を与えた。前回の十四世紀には、中国を感染源にヨーロッパを中心に世界各地で猖獗《しょうけつ》を極め、世界の人口のおよそ四分の一に当たる約一億人が死亡した。もしも十九世紀末の交通手段が格段に発展を遂げた現今、香港で猛威を振るう疫病が黒死病であるとすれば、国際貿易都市・香港を起点に蒸気船や鉄道を介して世界各地に急速な勢いで感染拡大し、史上最悪のパンデミックを引き起こすことが強く懸念された。

この危機的状況に対応するために、在香港日本領事館の中川恒次郎《なかがわつねじろう》一等領事は、黒死病に似た謎の疫病の情報収集に当たった。明治政府はこれまでの江戸幕府による鎖国から開国に政策を大きく転換し、人と物の国際交流を推進させた。それは同時に、グローバル化の波に乗じて海外から侵入する未知の感染症への対応に苦慮することにもなったのである。

医制発布百年記念事業として昭和五十一年（一九七六）に厚生省医務局が編纂した『医制百年史・資料編』によれば、明治期において外国船を介してたびたびコレラが日本に持ち込まれ、明治十九年（一八八六）には一〇万八四〇五人、明治二十三年には三万五二二七万人の日本人がコレラに感染し死亡した。また、当時コレラは虎のように素早く感染拡大する悪病であることから「虎列剌《コレラ》」の字を当て、感染すると嘔吐と下痢を繰り返し、三日以内にコロリと頓死することから「三日コロリ」と呼ばれて大いに恐れられた。その苦い経験から、隣国・清で発生した謎の疫病の流行は対岸の火事ではなく、まさに「脅威」以外のなにものでもなかった。

しかも、このとき日本は香港を介して中国大陸から多くの外国人労働者を受け入れていた。そのため、香港から疫病が日本に侵入する危険性は決して少なくなかった。香港の疫病が日本に飛び火することを危惧した中川領事は、明治二十七年五月十二日、陸奥宗光《むつむねみつ》外務大臣に宛てて電報を打ち、労働者を乗せた船舶の入港禁止と検疫強化をおこなうよう進言した。

在香港中川領事の報告を受けて、明治政府は五月十九日付けの『官報　第三二六四号』で、「香港に於ける伝染病」の見出しを付けて黒死病に似た伝染病の詳しい感染状況を広報するとともに、外務省は五月二十一日に内務省衛生局（厚生労働省の前身）の高田善一《たかだよしかず》局長へ、香港の伝染病が日本に侵入する危険性があることを伝えたのである。

一方、内務省衛生局は香港の伝染病が本当に黒死病であるなら、コレラに比べて感染力が数倍強く、個人の防護策で防ぐのは難しい疫病であるとして、法整備と警戒態勢の構築を急いだ。そして五月二十五日、「清国及び香港に於て流行する伝染病に対し船舶検査施行の件（勅令第五十六号）」を公布するとともに、「虎列刺《コレラ》流行地方より来る船舶検査規則」を適用した。島国である日本の地理的特性を活かし、検疫による水際対策を強化したのである。

このとき、『西洋事情』や『学問のすゝめ』を著すなど啓蒙思想家として国民に広く知られる福澤諭吉《ふくざわゆきち》は、「黒死病という未曾有の悪病から国を守るにはその原因を調査することが急務であり、それをおこなうことこそ人類としての我々の義務である。そのためにたとえ何百万円の国費を掛けても惜しむに足らぬ」と説き、国防上と人道上の観点から香港で発生した黒死病の即時調査の必要性を強く訴えたのである。

この福澤の訴えが国を動かす導因となった。五月二十八日、帝国議会において伊藤博文《いとうひろぶみ》総理大臣に対し「黒死病調査として中央衛生会委員派遣の件」が提出され、「費用予算、貳千六百拾七円廿銭。

滞在日数は三十日と予定したるも調査上の都合に依り多少の伸縮あるべし」の条件で、黒死病調査委員の香港派遣が可決承認されたのである。

なお、予算の二六一七円二〇銭（現在の約二六一七万円に相当）の金額の妥当性はともかくも、香港滞在日数の三十日は、「多少の伸縮あるべし」の付帯条件があるにせよ、あまりにも短い。この三十日という限られた期間内に果たして永年人類が恐れてきた黒死病の正体を突き止め、病原菌を特定することができるのか、それが分かる者など誰一人いないまま香港派遣は決定されたのだった。

黒死病調査委員を人選するに当たり内務省の井上馨《いのうえかおる》大臣は、衛生局の高田善一局長と相談し、伝染病研究所所長の北里柴三郎《きたさとしばさぶろう》を香港に派遣することを決定した。北里柴三郎は東京大学医学部を卒業し、内務省衛生局に入局後、ドイツ・ベルリン大学のロベルト・コッホ（Robert Koch, 1843-1910）教授に師事し、六年半もの間先進の細菌学を修得して明治二十五年に帰国。このころ北里は、日本初の伝染病研究所の所長として多くの感染病患者の救命治療に当たっていた。

対して文部省の井上毅《いのうえこわし》大臣は、帝国大学医科大学（明治十九年に東京大学医学部から帝国大学医科大学に改組）の小金井《こがねい》良精《よしきよ》学長に意見を聞き、帝国大学医科大学教授の青山胤通《あおやまたねみち》を黒死病調査委員に選出した。青山胤通は北里と同じ東京大学医学部の一年先輩で、北里と同じベルリン大学に留学し、ルードルフ・フィルヒョウ（Rudolf Virchow, 1821-1902）教授について病理解剖学を学び、明治二十年に帰国。このころ青山は、帝国大学医科大学の内科教授として日本の医界に盛名をとどろかせていた。

かくて政府は、わが国初の海外派遣調査員として伝染病研究所の北里柴三郎所長と帝国大学医科大学の青山胤通教授の二人に白羽の矢を立てたのだった。しかし、じつは北里と青山は学生のころから事《こと》あるごとに対立し、「犬猿の仲」として知られていた。奇しくもその犬猿の二人が、日本政府の大命を受けて、黒死病解明のために協力して調査に当たることになり、それを知った周囲の者はみな一様に調査の行方を不安視した。

なお、後で詳述するが、東京大学では北里柴三郎の一年年長に青山胤通がおり、青山の一年年長に森林太郎《もりりんたろう》(鷗外《おうがい》)がいた。三人は学生時代からの朋友として忌憚《きたん》なく意見を交わし、ときに好敵手《ライバル》として激論を戦わせながら、良きにつけ悪しきにつけ生涯にわたって交流をつづけるのである。

十九世紀末のこのころ勃興し世界の医学界を席巻した微生物学は、目まぐるしい勢いで進展をつづけた。ロベルト・コッホによって「微生物学(Mikrobiologie《マイクロバイオロジー》)」が創始され、「微生物の狩人(Microbe Hunter《マイクロ・ハンター》)の時代」が開幕した。爾来、一八七三年のらい菌の発見、一八七六年の炭疽《たんそ》菌の発見、一八八〇年の腸チフス菌の発見、一八八二年の結核菌の発見、一八八三年のジフテリア菌の発見、一八八四年のコレラ菌の発見、一八八四年の破傷風菌の発見、一八八五年の大腸菌の発見、一八八六年の肺炎球菌の発見など、次々と新たな病原菌が発見され、そのたびに新たな感染症の治療法や予防法が開発され近代医学の歴史が書き換えられていったのである。

こうして一八七〇年代初めから八〇年代末までにめぼしい病原菌はほぼ発見され、もはや新たに発見すべき未知の病原菌はほとんどないように思われた。だが、そのなかで伝染病の代名詞であり、黒死病の異名で知られるペストの病原菌は謎のまま残されていたのである。

そんな矢先、黒死病に似た疫病が香港で発生したというニュースは瞬く内に地球上を駆け巡り、世界の人びとの耳目が香港に集まった。言うまでもなく病原性微生物学者にとって、最大の課題であった黒死病の病原菌発見の絶好のチャンスであり、誰もが世界初のペスト菌の発見を期待した。

そもそも「ペスト（ドイツ語：Pest）」は、英語では伝染病を意味する「プレグ（Plague）」で表されるなど、伝染病の代名詞として人類がもっとも恐れた疫病である。ペストの原因菌を発見しようと、欧米の名だたる病原性微生物学者は、いつペストが発生してもよいようつねに注意をもって待ち構えていた。ペストは感染力と致死率が極めて高く、幾たびも多くの無辜の人びとを蹂躙《じゅうりん》した。その原因菌を発見することができれば、予防法や治療法などの対策も自ずと解明されることは明らかだった。

無論、ペスト菌の発見は、腸チフス、ジフテリア、コレラなど、その他の多くの病原菌の発見と医学的には同じ意味をもつ。しかし、ペストが人類に対して繰り返し壊滅的な被害を齎《もたら》してきた歴史を勘案すれば、ペスト菌の発見は人類にとって特別な意味をもっていたのである。

十九世紀末に発生したペストの感染地が欧州や米国ではなく、東アジアの香港であったことは、日本の研究者にとって幸運だった。感染地が欧州であったなら、ベルリンのコッホ研究所やパリのパスツール研究所などから多くの微生物の狩人たちがいち早く現地調査に入っただろう。しかし、感染地が香港であったことは、日本の研究者にとって地理的に有利である。北里はそれらのことを十分承知し、今回の香港派遣をペスト菌発見の千載一遇の好機と捉えたはずだ。

また、コッホの高弟として世界各国の研究者と交流をもつ北里は、香港に近いフランス領インドシナのサイゴン（現在のベトナム・ホーチミン市）にパスツール研究所の支所があることも了解していた。

そのため、ペスト菌の発見に向けて競合する見えない研究者を意識しながら、北里は香港派遣に満を持して臨んだのである。

一方、このころ日本と中国大陸を取り巻く国際情勢は風雲急を告げていた。イギリス領の香港で黒死病に似た感染症が確認された約二ヶ月前の一八九四年一月十一日、朝鮮半島で日清戦争の直接のきっかけとなる東学農民運動が勃発した。その対応をめぐって日清両国は対立を深め、中国大陸のどこで戦争が起きても不思議ではない状態にあった。無論、日清戦争がひとたび起きれば、黒死病調査は頓挫することは自明であった。

不穏な状況下にあった六月二日、内山下町の帝国ホテルに三〇〇名余りが集い、北里と青山らの送別会が催された。香港で急速に拡大しつづける感染を食い止めるには、一刻も早く香港に向けて出立し、黒死病の原因を究明することが求められた。しかも、出張期間が三十日と限られた北里と青山にとって、短い期間内に効率よく調査研究ができるよう万全の準備をおこなう必要があった。それにもかかわらず、北里と青山たちの送別会が帝国ホテルで盛大に執りおこなわれたのである。その理由は、ペストの致死率の高さにあった。ペストに感染することは、すなわち死を意味した。事実、当時香港では二六七九人のペスト患者のうち二五五二人が死亡し、致死率はじつに九五パーセント以上という圧倒的な高さを有していたのである（京都大学人文科学研究所附属現代中国研究センター研究報告、二〇一六年）。

そのため、多忙なこの時期、北里と青山を見送るために貴重な時間を割いて福澤諭吉慶應義塾塾長、陸奥宗光外務大臣、高田善一衛生局長、浜尾新《はまおあらた》帝国大学総長、小金井良精帝国大学医科大学長、高木兼寛《たかぎかねひろ》海軍軍医総監、森林太郎陸軍軍医、山根正次《やまねまさつぐ》警察医長など、朝野の名士たち三〇〇余名が集まり、所期の目的達成を誓い無事の生還を祈念した。

そのときの様子を明治二十七年六月五日付けの『東京日日新聞』は、「北里、青山両博士の送別会は、あたかも兵士が戦地に赴くが如く、国家衆民の為めに一生を犠牲に供せんとするの覚悟をもって進むものにして、首尾好く任務を果たして帰朝せられんことを祈らざるべからず」と、死を覚悟した香港行きであったことを雄弁に伝えている。

明治政府の香港派遣の目的は、人類にとって最強の悪疫である黒死病の原因究明とその予防法の探究にあり、北里は前者の黒死病の病原菌の発見を主眼とした細菌学的研究、一方青山は後者の黒死病の病理および臨床的研究にあった。

調査員は、伝染病研究所所長の北里柴三郎と帝国大学医科大学教授の青山胤通の二人のほかに、海軍軍医で伝染病研究所助手の石神亨《いしがみとおる》、帝国大学医科大学助手の宮本叔《みやもとはじめ》と同大学学生の木下正中《きのしたまさなか》、それに内務省技手の岡田義行《おかだよしゆき》の四名が随行することになった。

北里と青山を中心とする計六名の日本黒死病調査団は、横浜港から米国客船「リオデジャネイロ号」に乗船し、六月五日十六時、期待と不安を押し殺し、大海を静かに滑るように出帆し一路香港に向かった。これが明治政府が海外に調査団を派遣した最初である。

ペスト菌は、もともとネズミを宿主《しゅくしゅ》とする病原菌である。ペスト菌はネズミに寄生するノミがネズミの血を吸うことによってノミの体内に取り込まれ、そのノミが人間の血を吸うことで人間の体内に侵入して異種間伝播する。こうしてペストは、人獣共通感染症となったのである（『〝ペスト〟と蚤の関係に就て』北里柴三郎、東京市役所)。

人体に侵入したペスト菌は、まず首や脇のリンパ節を腫脹させる。これはペスト菌の増殖を抑える人間の抵抗力の働きによるものだが、このリンパ節の腫脹が激痛を起こすのだ。次いで皮膚に黒い斑点が現れ、高熱を発してしばしば精神錯乱状態に陥った。これが腺ペストと呼ばれる状態で、主に接触感染によって人から人に感染する。

腺ペストがさらに進行すると肺炎を引き起こし、肺ペストと呼ばれる状態にいたる。北里がペストの研究に着手した当時、肺ペストになれば一〇〇パーセントが死亡した。今日でも肺ペスト患者に対して、発症後十八時間以内に抗菌剤を投与しなければ助かる可能性はない。いずれにしても、発症から早ければ一日、遅くとも数日のうちにほとんどの感染者は死亡する。

あまつさえ肺ペスト患者は、咳やクシャミの際に大量のペスト菌を周囲にまき散らす。その空気を吸い込んだ者は腺ペストの段階を経ずにいきなり肺ペストを発症し、死にいたるまでの数日間、新たな感染源となり、飛沫感染によってまさに爆発的に感染拡大を引き起こすのである。

もっとも、当時黒死病は病原菌はおろか感染経路さえ未だ特定されてはおらず、治療法は皆無だった。また、感染を予防する手立てはなく、生き延びるためには流言《りゅうげん》や風説《ふうせつ》を信じて実践するよりほかに術《すべ》はなかった。そのため黒死病は、病原菌とともに人びとに差別と偏見をまき散らす結果を招くことにもなったのである。

香港の人びとにとって、患者に近づくだけで感染し、激しい痛みを訴えながら次々と息絶える様を目撃するのは想像を絶する恐怖であった。当時一般に、ペストに感染する原因は「患者の視線」

にあると考えられていた。そのため患者を看護する際、患者と視線を合わせないよう細心の注意が払われたのである。

避病院（隔離病院）ではより多くのペスト患者を収容するために、ベッドを撤去して床に直接毛布を敷きそこに患者を横たわらせた。病院は足の踏み場がないほど夥しい数の患者で埋め尽くされ、そのほとんどが死亡した。墓地が屍体で溢れ、郊外に新たに大きな穴を掘り、そこに次々と屍体が投げ込まれた。その穴にまだ息のある瀕死の患者も投げ込まれ、屍体として処理された。患者と視線を合わせたくないために、瀕死の患者の死を確認することすら躊躇《ためら》われたのである。

このとき香港政庁（香港植民地政府）は、見えない疫病の感染源を根絶するためにさまざまな対策をおこなった。たとえば、一軒の民家に三人以上の感染者が出れば、残った家族全員に二十四時間以内に引っ越しをさせ、すべての家財道具を海岸に積み上げて焼却し、家屋の屋根と壁を石灰と硫黄を噴霧して消毒した。さらに、ペスト患者がもっとも多く発生したスラム街の「太平山《タイペンサン》地区」では、家族全員が死亡した世帯も多く、該当する約一万二〇〇〇坪の地区を封鎖し、住民を強制退去させたうえで家屋に火を放って地区ごと焼却したのである。

香港での日本の黒死病調査の様子は、北里が帰国後おこなった「ペスト病の原因取調に就て」と題する演説会で詳しく報告され、その講演録は『大日本私立衛生会雑誌』（明治二十七年八月二十五日）に収載されている。それによれば、横浜港を発ってから七日後の六月十二日午前九時、六名の日本黒死病調査団を乗せた「リオデジャネイロ号」がイギリス領の香港に着岸した。中川領事が陸奥外相に黒死病の感染状況を知らせる電報を打ってからちょうど一ヶ月後のこの日、北里と青山らは領事館で中川領事と面会を果たす。そして、香港での感染状況を聞き取り、調査研究に向けた明日以降の日程を打ち合わせた。

翌十三日、中川領事の案内で街に出た北里と青山らは、建物の入り口の階段脇に瀕死のネズミを目撃した。いまでも毎日何百人もの罹患者が死亡するという領事の説明を聞きながら街を歩くと、路傍や海岸沿いに肌が黒く変色した屍体が無造作に置かれている光景が目に留まった。さらに、しばらく歩くと遺体を堆《うずたか》く積み重ねた荷馬車が路を通り過ぎた。

北里と青山らは、中川領事を介して香港政庁のフィリップ・イールス（Philip B.C.Ayres, 1840-1899）医務長と国家医院のジェームズ・ラウソン（James A.Lowson, 1866-1935）副院長に面談し、黒死病調査のために香港に来たことを告げた。すると、イールスとラウソンは黒死病の原因究明のために遥々日本からやって来た彼らを歓迎し、ケネディ・タウン病院（Kennedy Town Hospital）の施設の一部を研究室として自由に使用することを快諾した。

早速北里と青山らは病院施設のどこを使用するかを決めるため、病院内を見学した。野戦病院さながらに床一面にマス目状に数えきれないほどの患者が薄い毛布に包まって横たわり、毛布から突き出した顔は痩せこけて頬骨と眼球ばかりが目立った。ところ狭しと横たわる患者のなかには遺体も散見され、院内を飛び交う多くのハエが遺体にたかって黒く覆い尽くしていた。衛生環境は劣悪を極め、あたかも地獄の様相を呈していた。しかし、ノミ（のちに黒死病の感染媒体であることが確認される）がほとんどいなかったのは唯一の救いだった。

北里と青山は相談の結果、物置と廊下の一隅をパネルで仕切り、仮設の解剖室と研究室として使うことにした。物置に棺を置いた「解剖室」では、棺の蓋を解剖台代わりにして青山が病理解剖をおこない、隣に設けた「研究室」では、青山が摘出した検体を用いて、北里が顕微鏡での観察や細菌の検査をおこなうことにしたのである。

香港に到着してから二日後の六月十四日、二人は早速病院の一隅で解剖ならびに研究に着手した。もっとも、医療用手袋や消毒液などの消耗品を使い切り、病院にはすでに医師が病原菌から身を守る物はなに一つなかった。そのため、あるものですべてを代用した。たとえば、粘性の高いニカワ状のコロジオンを手に塗って被膜をつくり、それを手袋代わりに活用した。また、塩化第二水銀を薄めて昇汞水《しょうこうすい》をつくり、それを消毒液代わりに用いたのである。

黒死病の感染が拡大するにつれて、香港の住人は疑心暗鬼になった。そしていつの間にか「外国人医師のいる西洋式の病院で恐ろしいことがおこなわれている」という噂が香港の人びとに広がった。ある患者は体や臓器を切り刻まれ、またある患者は目をえぐり取られたという噂が街のそこかしこでささやかれた。そのため、多くの香港の人びとは西洋式の病院を怖がり、黒死病に罹っても病院に行くことに抵抗した。

また、香港の人びとは遺体が解剖されることを極端に嫌った。死者の体が解剖されると霊魂が往生できず、この世をさまよいつづけると固く信じられていたからだ。患者が死亡した後に病理解剖されることを知った遺族がこん棒などを持って外国人医師に詰め寄り、騒動になることもしばしばだった。そのため、病院で亡くなった遺体を墓地に送り出す前に、「最後に消毒する」という口実で部屋の入り口に警官の見張りを立てて密かに解剖し、遺体をシートで包装して墓地に搬送したという（「演説・ペスト病の原因取調に就て（大日本私立衛生会常会）」北里柴三郎『大日本私立衛生会雑誌　第一三五号』大日本私立衛生会、明治二十七年八月二十五日）。

ペスト菌発見の第一報

世界初の発見や画期的な研究成果は、決して偶然や幸運からは生まれない。それを証明するように、北里は留学時代から愛用のドイツ・カールツァイス製の顕微鏡をはじめ、試験管やシャーレ、培養基（培地）など、病原菌の培養や特定に必要と思われる全ての器具を周到に準備し、日本から持参していた。

明治二十七年（一八九四）六月十四日、北里はそれらの器具を香港政庁から与えられたケネディ・タウン病院の一隅に手際よく並べると早速研究に着手した。そして研究を開始したその日、北里は早くも人類の永年の謎であったペスト菌を発見する。さらにその後四週間もの期間を、その微生物がペストの病原体（ペスト菌）であることを証明するために費やすのである。

このとき北里柴三郎が発見したペスト菌は、近代医学における偉大な発見の一つであり、その歴史的発見の第一報は、明治二十七年七月七日に香港で記したレポート『〝ペスト〟病の原因調査第一報告』によっておこなわれた。

現在『〝ペスト〟病の原因調査第一報告』は、国立国会図書館に所蔵されるマイクロフィルムとしてその全文を読むことができる。また、国立国会図書館（https://iss.ndl.go.jp/）のデジタルコレクション（https://dl.ndl.go.jp/info:ndljp/pid/835409）に収蔵され、インターネットを介して閲覧することができる。

『〝ペスト〟病の原因調査第一報告』の冒頭、北里は香港で黒死病調査を開始した経緯を書き記している。それによれば、明治二十七年初めに中国南部広東でペストが流行し、五月には対岸の香港に感染拡大し、さらにパンデミックの兆候を示していた。明治政府の命を受けて六月五日に東京を発し六月十二日に香港に到着した北里たち一行は、中川領事を介して香港のイールス医務長とラウソン副院長に面会し、特別にペスト病避病院として新たに設けられたケネディ・タウン病院の一隅を使うことを許されて、早速六月十四日から研究に着手した。

左は、北里のレポート『〝ペスト〟病の原因調査第一報告』の書き出しである（読みやすさに配慮して片仮名を平仮名に改め、漢字に適宜ルビを附した。以下同）。

〝ペスト〟病の原因調査第一報告（明治二十七年七月七日香港に於て）　醫學博士　北里柴三郎

本年（一八九四）の初《はじめ》に当りて清国《しんこく》南部廣東《かんとん》に「ペスト」の流行を見、尋《つい》で五月の頃に至りその餘焔《よえん》延て鄰地香港を侵せしより、ここにまた毒炎《どくえん》を逞《たくまし》ふして今日に至るもなお未だ勢の終熄《しゅうそく》を見ず。

余等《よら》の一行は、該流行病に就き調査の為め香港に派遣の命を奉《ほう》じ、東京を発したるはじつに明治二十七年六月五日にして、当香港に到着したるは同月十二日なり。

そもそも余等の該病に就き調査すべき主目《しゅもく》は、黴菌學《ばいきんがく》上病理學および臨床上の事項にして、病理および臨床的研究は医科大学教授医学博士青山胤通之を担当し、黴菌學的研究は余これに当たり、香港に着するやまず在香港帝国領事を経て余等の來意《らいい》を香港植民地政庁に致し、亟《つい》で植民地醫務長ドクトル・エアルス氏および国家醫院副院長ドクトル・ロウソン氏に面議《めんぎ》す。同副院長は終始好意を表し、可及的便宜《かきゅうてきべんぎ》を興《あた》ふべき旨《むね》を告げ、今回新に設けたる堅尼街避病院《ケネディ・タウン・ホスピタル》（Kennedy Town Hospital）中の一室をもって余等の研究場に充《あ》つることを許したるにより、六月十四日をもって始てその研究場に於て該病の研究に着手するを得たり。

（『〝ペスト〟病の原因調査第一報告』北里柴三郎、傳染病研究所、明治二十七年）

右の『〝ペスト〟病の原因調査第一報告』で北里が記したとおり、明治二十七年六月十四日、北里と青山はケネディ・タウン病院の一隅で研究を開始した。そしてその日、二人は幸運にもペストで死亡した遺体を病理解剖する機会を得る。

青山が棺桶の蓋を解剖台代わりにして執刀し、彼が慎重に取り出したリンパ節、肺、脾臓、肝臓などの各部位を、北里が顕微鏡を通して丹念に観察した。このとき北里は、検体から夥しい数の細菌を確認する。全長わずか二マイクロメートル（五〇〇分の一ミリメートル）の微生物の姿をはっきりと捉えたのだ。その細菌こそ、これまで幾度となく人類を蹂躙してきたペストの病原菌である可能性は高い。

しかし、このとき北里が観察した検体は死後十一時間を経過したものであったため、ペスト菌以外の雑菌に汚染されている可能性も棄てきれなかった。顕微鏡下の細菌がペスト菌であるかどうか決めかねた北里は、取りあえずこの細菌を培養基に移植して培養する一方、脾臓の一片を採取し、南京鼠《なんきんねずみ》（実験に用いられるハツカネズミの一品種）に接種して観察することにした。

ところがこの日、たまたま四十度五分の高熱の重症ペスト患者を診察するという機会に恵まれる。そして北里は患者の指先から血液を採取し、死後十一時間経過した患者の遺体の臓器から採取した細菌と、重症患者の血液から採取した細菌を顕微鏡で観察した。すると、両者の細菌は、形や構造などがまったく同じであった。かくて北里は、顕微鏡下の微生物が、何世紀も謎であった見えざるペストの正体であると確信するのだ。

そのときの様子を北里は『〝ペスト〞病の原因調査第一報告』で、前記につづいてこう記している。

右研究に着手の当日、余等は「ペスト」患者の一屍躰を得て、これを剖見《ぼうけん》するの幸機を得たり。すなわち青山教授刀を執てこれを行ひ、余はその鼠蹊腺腫《そけいせんしゅ》、心臓内の血液、肺、脾、肝の諸臓器を採りてこれを検したるに一種の細菌夥しく存在するを認めたり。しかれどもその屍躰は死後十一時間を経過したるものなるがゆえに、果してこの細菌は「ペスト」と如何なる関係を有するものなるやはこれを審判するに由なかりしも、先ずこれを培養基に種植し、また脾臓の一片を採りて試にこれを南京鼠《なんきんねずみ》に接種せり。

しこうしてこの日また重症患者（躰温攝《たいおんせっ》

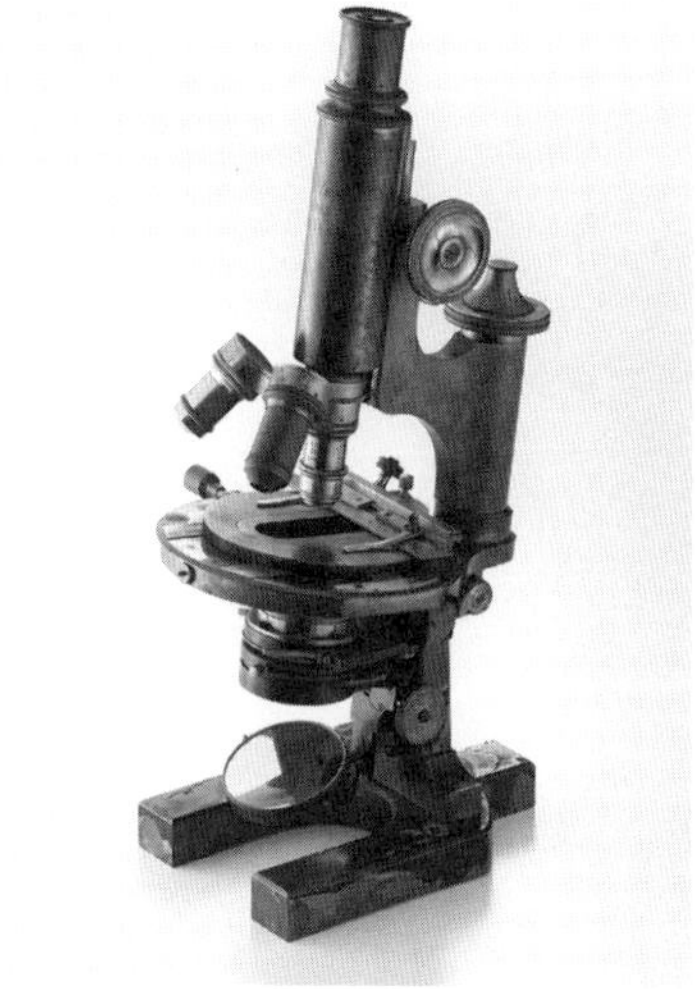

▲北里柴三郎が愛用した顕微鏡（カールツァイス、1890年製）

氏《し》四十度五分、腋窩《えきか》腺腫を有す）の指頭《しとう》より法に倣《なら》ひ血液を採取し、これを黴菌學《ばいきんがく》的試験に供したりしに、また前者と相均しき細菌の鏡下に顕然《けんぜん》たるを見たり。

（『〝ペスト〟病の原因調査第一報告』北里柴三郎、傳染病研究所、明治二十七年）

その後北里は、昼夜の別なく顕微鏡に食い入り、さらにペスト菌の証明とその特性の研究に没頭した。一方青山は、ケネディ・タウン病院の一番奥まった物置（解剖室）に陣取り、遺体解剖のメスを握りつづけるのだった。

研究に着手してから二週間後の六月二十八日夜、青山は微熱があったため、解熱剤のキニーネ・チンキを飲んでベッドに入った。翌二十九日、ペスト菌の研究が無事完了することを祈念して、黒死病調査の便宜を図ってもらったラウソン副院長をはじめとする香港政庁の要人や、中川領事をはじめとする日本領事館員たちを青山たちが宿泊する香港ホテルに招いて、感謝と慰労を兼ねた晩餐会がおこなわれた。

晩餐会の途中、北里とともにホスト役を務めていた青山が突然倒れた。周囲の者が駆け寄って抱き起こすと、青山は左脇の下の痛みを訴えた。体温計を右の脇の下に当てると三十九度三分の高熱だった。青山につづいて、伝染病研究所助手の石神亨も高熱を発してうずくまった。

ラウソン副院長の指示で、青山と石神は、香港で高度医療を担う病院船「ハイゼア（Hygeia）号」に緊急入院させられた。二人は入院するとただちに血液検査をされ、腺ペストと診断された。青山と石神の指先に小さな切り傷が認められたため、ペスト患者の遺体から検体を採取する過程で指先の傷口からペスト菌が侵入し感染したものと思われた。その後二人は人事不省《じんじふせい》に陥った。

六月三十日、北里は「青山石神黒死病に罹りたりその他は皆健康」（午後五時五十二分香港発）の電文を内務省衛生局の高田局長宛に送った。明治二十七年（一八九四）七月一日日曜日未明、香港から内務省衛生局に電報が入ったことを嗅ぎつけた東京朝日新聞の記者は、青山と石神が黒死病に罹ったことを号外を出して速報した。

青山と石神が不治の病といわれる黒死病に罹ったことはどのように日本に伝えられ、報道されたのか。その経緯を知るために、私は千代田区永田町の国立国会図書館に出掛けた。折しも新型コロナウイルスの感染拡大への対応として密の状態を避けるために、国会図書館では一日の来館利用者数を八〇〇名に制限し、入館するには事前にインターネットなどで抽選予約をおこなう必要があった。そのため、私は国会図書館のホームページ（https://www.ndl.go.jp/）から入館申込み予約手続きを完了させたうえで後日永田町の国会図書館に出掛け、サーモグラフィー発熱検知装置や登録利用者カードの呈示などを経てようよう入館した。

国会図書館新館四階の新聞資料室で、北里からの電報を受けた明治二十七年七月一日発行の『東京朝日新聞　号外』を収めたマイクロフィルを借り受けて投影機に掛けると、「青山博士、石神大軍醫黒死病に罹る」の見出しが目に飛び込んできた。

号外には、香港の北里から内務省の高田衛生局長に送った「青山石神黒死病に罹りたりその他は皆健康」の電報を掲載し、その電文を受けて浜尾新帝国大学総長は伊藤博文首相の邸宅を訪ねてこれを報告し、各大臣が伊藤首相邸に集まって臨時官邸会議を開き、徳大寺実則《とくだいじさねつね》侍従長がこの旨を陛下に上奏したことが記されていた。

青山博士、石神大軍醫黒死病に罹る

今日在香港北里博士より発したる左の電報内務省衛生局へ達したり。

「青山石神黒死病に罹りたりその他は皆健康」

明治二十七年六月三十日午後五時五十二分発

同　　　七月一日午前一時五十分着

在香港北里技師

高田衛生局長殿

右青山博士は本日の吾本誌にも記したる如く、北里博士と共に香港到着後、深く流行地に入りて、前後第五回の解剖を為し、北里博士はその都度血液を採取して遂にその病因を確かめ、すなわち北里博士の病因発見、青山博士の病理解剖は汎《ひろ》く欧州の醫學社会に傳賞《でんしょう》せられて、黒死病々源発見の名誉は挙げて二博士の双肩《そうけん》に担ふところなり。その後なお北里博士は黴菌の性質、青山博士は黒死病治療術に就き目下専ら研究中なりしに、今や測《はか》らずもこの不幸の報道に接したるは国家の為に実に悲痛の血涙《けつるい》を注がざるを得ざるなり。

この電報の達するや浜尾大學校長は直に伊藤首相邸を訪問せしに、あたかも同邸に於ては臨時官邸会議を開かれ居り各大臣会合中なりしが、一同非常の驚愕にて夫《それ》より井上内相は早速見舞の電報を発しまた徳大寺《とくだいじ》侍従長にこの旨通知し、同侍従長より直に上奏におよばれたるやに漏承《もれうけたま》はる。

石神大軍醫も先に北里青山両博士と同行せしところの人なり。聞くところに依れば両氏共に危篤なりとの事。（「青山博士、石神大軍醫黒死病に罹る」『東京朝日新聞　号外』明治二十七年七月一日）

東京朝日新聞が右の号外を出した二日後の七月三日から『郵便報知新聞』や『時事新報』など新聞各社が一斉に青山と石神の黒死病罹患を報じた。

なかでも『東京朝日新聞』は、一昨日の号外につづいて二人の病状と今後の見通しを詳しく伝えた。そこには、青山、石神両氏が危篤状態にあり、わけても重篤な青山博士は特旨をもって正六位に除せられたこと。また、七月二日に新たに北里から電報が入り、「二三日立てば予後分かる」と、二人の生死を含めた病状の最新情報を伝えている。

左は、『東京朝日新聞』の七月三日付けの続報である。


一昨日特に号外を発して報道したる如く、青山博士と石神海軍大軍医は香港に於て黒死病因研究中、測《はか》らずも同病の侵《おか》すところとなりて、頗《すこぶ》る危篤の容体なりとの事につき、早速、徳大寺侍従長よりその旨叡《えい》聞《ぶん》に達せられしところ、昨日青山博士は特旨をもって位《くらい》一級を進め正六位に叙《じょ》せられたり。

昨日さらに内務省へ達したる電報はすなわち左の如し。

「青山石神先づ同邊《どうへん》二三日立てば予後分かる」

七月二日午前十時四十五分発　午後二時三十分着　在香港　北里技師
右電報に依れば、今両三日を経過するうちには生死とも確かめ得るとの事にて、衛生局員の話に多分全癒《ぜんゆ》すべしといへり。

（「青山、石神両氏の黒死病」『東京朝日新聞　第二八七九号』明治二十七年七月三日）

一方、青山危篤の知らせを文部省からの電話で知った朋友の森林太郎は、青山の家宅を来訪し、青山危篤の報を青山夫人に伝えた。そのときの夫人の対応について、細菌学者で医学史家の藤野《ふじの》恒三郎《つねさぶろう》大阪大学名誉教授は著書『藤野・日本細菌学史』（二一三頁）で左のように筆録するなど、青山夫人は少しも取り乱すことなく気丈に受け答えたことが後世に語り伝えられている。

「主人（青山胤通）は出発の際、今度は生きて還れぬかも知れぬが、研究だけは立派になし遂げて置かねばならぬと非常な決心で出掛けましたから、私も、主人がペストに感染したと聞きまして、最早無き命と諦めております」と健気な覚悟のほどを示されたという。

（「ペスト研究室感染」藤野恒三郎『藤野・日本細菌学史』近代出版、一九八四年）

なお、青山夫人が森に言ったとされる言葉の出典元を確認するため、私は国会図書館で青山胤通の伝記本を片っ端から読み通した。そして諦めかけたころ、ようよう出典元と思われる資料を突き止めた。『東京日日新聞』政治部副部長を務めた明治大正期の敏腕記者鵜崎熊吉《うざきくまきち》が執筆し、青山内科同窓会が編纂した伝記『青山胤通』(昭和五年刊)に、その経緯が記されていた。

それによれば、青山孝子《こうこ》夫人が森林太郎から青山危篤の知らせを聞いた経緯はこうである。

このころ青山の家宅は神田裏猿楽町にあり、近くに東京大学医学部を森林太郎と同期に卒業した陸軍軍医賀古鶴所《かこつるど》の家があった。賀古の家には電話が備えられていたため、文部省では香港から電報が着く度に賀古家を介して青山の留守宅に伝えることになっていた。

新聞の号外で青山が黒死病に罹って倒れたことを知った森林太郎は、青山の安否を心配して神田の賀古邸を訪ねると、ちょうどそこに文部省から電話があり、青山が危篤に陥ったからほどよく家族に伝えてもらいたいという連絡が入った。賀古と森はしばらく愕然としていたが、相談の末、森が夫人に伝えることになり、青山邸に向かった。

左は、伝記『青山胤通』の第七章「ペスト研究」で、森が猿楽町の青山の留守宅を訪ね、孝子夫人と対面した際の鵜崎の筆による叙述である。


流石に気の毒で明らさまに言ひ出しかねてをるのを早くも察した夫人は襟を正し、私は最早覚悟を定めてをりますから、真相を話していたゞきたいとのことに、さらばとて森(林太郎)氏は香港から文部省へ危篤の報があったことを包まず語った。

夫人は少しも取乱した風がなく、主人も出発の際、今度は生きて還れぬかも死れぬが、研究だけは立派に為し遂げて置かねばならぬと非常な決心で出掛けましたから、私も主人がペストに感染したと聞きまして、最早無き命と諦めております。唯だ仕事が充分出来てをるかどうか、これ一つが心懸りでございますと、夫人の健気なる覚悟を聞いて、流石に青山博士の夫人であると感動して辞した。（「第七章　ペスト研究」鵜崎熊吉『青山胤通』青山内科同窓会、一九三〇年）

当時のペストの致死率が九五パーセント（京都大学人文科学研究所附属現代中国研究センター研究報告、二〇一六年）であったことなどを考えると、死を覚悟しなければならない危険な任務であったことは確かである。それゆえ、青山は日本を出発する際、「今度は生きて還れぬかも死れぬ」と夫人に言い遺し、夫人は森から危篤の知らせに接した際、「最早無き命と諦めております」と気丈に答えたのだろう。

なお、国立科学博物館には青山胤通に関する多くの書簡が所蔵されている。これまで未整理だった書簡を近年、順天堂大学医学部医史学研究室（青山文書の会）が解読し、その調査報告を「青山胤通家関連文書」と題して日本医史学会の機関誌『日本医史学雑誌』に発表した。

次いで私は、国会図書館新館二階の雑誌カウンターで掲載誌の『日本医史学雑誌　第六一巻第四号』（二〇一五年十二月二十日発行）を借り受け、その文書に収載された一三〇通におよぶ書簡を読み進むうちに、猿楽町で留守宅を預かる青山孝子夫人から香港の青山胤通に宛てた一通の書簡を見出した。

左は、森から危篤の知らせを受けた後の明治二十七年八月某日に、孝子夫人が香港で倒れた夫に宛てて草した手紙の全文の手抄である。

青山胤通　様

その後は如何《いかが》被為渡《おおせわたらせ》候《そうろう》やと、この地《ち》の酷暑にくらべ御地は嘸《さぞ》かし非常の事と存日々御案じ申上候のみ。只折々宮本氏より御一同御替《おかわ》りなき由、御報《ごほう》伺ひ安心致居。新聞之うへにては御取調も万事御都合よく相運び、本月上旬には御帰朝の途に御付きのよふ書のせ候。

これじつに悦ばしく存居候《ぞんじおりそうろう》ところへ、思ひがけなき御病気の電報にてじつに愕《おどろ》き、いかになさんと途方にくれ申候。宅へは見舞人引きりなく大混雑にて、小林（夫人の実家）父日々つめきり居申候。最初の御報知にてはとても御目にもかゝられぬ事と存、只々なみだにくれ候のみ。じつに心細く存候いしがその後度々の電報にて先御快復の見込ありとの御様子伺ひ、いきかへりたる心地いたし申候。北里氏初皆々居られ候ゆえ御手当は十分の事とは存候得ども、定めて何かにつけ御不自由の事と存、手なれたる看護人にてもさし向け度《たい》と心配いたし候ところ、その辺も決して心配無之と衛生局より御申越しにて安心致候。何卒々々御大切に御養生被遊《あそばれ》一日も早く御全快目出度御帰朝待《めでたくごきちょういまち》居候。

当地一同無事、取わけよし坊（長女芳《よし》）は少しの障りもなく機嫌よく日々大あばれにて「おとうちゃんと日光へ鮎をたべに行くのだ」と申居。いろいろ申上度存候共《もうしあげたくぞんじそうらえども》、余りの驚きにいまだ胸も静まり不申《もうさず》。思ふ半分認め兼、右あらあら申上候。予は小林父より可申上候《もうしあぐべきそうろう》。めて度《たく》かしこ。

胤通　様　御もとに　　　留守宅より　こふ子　拝

（「青山胤通家関連文書」青山文書の会『日本医史学雑誌　第六一巻第四号』日本医史学会、二〇一五年）

左の手紙の趣意はおよそ次のとおりである。

「香港での取り調べも万事順調に運んでいると聞き、じつに悦ばしく思っているところへ、思いがけず病気の電報に接し、大変驚き途方にくれています。自宅にはひっきりなしに見舞客が訪れ、私の実家（小林）の父が毎日来て心配するなど、大変混雑しています。最初の電報では、とてもお目にかかれることはないものと只々涙にくれ、じつに心細くございましたが、その後の度々の電報にて、ご快復の見込みありと伺い、少しは生き返る心地がいたしました。北里氏はじめ皆々さまがおられますので、手当は十分の事とは思いますが、何かにつけてご不自ではと案じ、手なれた看護人をさし向けたいと心配いたしましたが、その辺も決して心配なきようにとの衛生局からのお返事にて、安心いたしました。どうぞ何卒お体をお大切にご養生され、一日も早くご全快され、めでたくご帰朝されますようお待ちいたしております。

こちらはみな無事で、取りわけよし坊（長女芳《よし》・当時三歳の愛称）は少しの障りもなく機嫌よく日々大あばれにて「おとうちゃんと日光へ鮎をたべに行くのだ」といって、お帰りを楽しみにしています。いろいろ申し上げたいことはありますが、驚きのあまり、いまだに心が落ち着きません。めでたくかしこ」。

孝子夫人の手紙には、森林太郎から危篤の知らせを受けた孝子夫人が途方にくれ、涙にくれ、一日も早く帰朝されることを長女芳とともに待ち望んでいることを、香港の青山胤通に宛てて切々としたためられている。それは、森に「最早無き命と諦めております」といったとされる対応と対照的ですらある。けだし森に対しては気丈に対応し、夫に対しては心細い夫人の胸の内を包み隠さず綴ったものと思われ、いずれにしても精一杯の感動的な対応である。

一方、黒死病調査団の香港派遣の必要性を為政者に説き、内務省に働きかけた福澤諭吉は、このときたまたま東京を離れていた。黒死病調査団のうち二名が黒死病を発症したという知らせを出先で聞くと、すぐに帰京し、馬を走らせて大手町の内務省庁舎に駆けつけた。そして「北里を殺してはならぬ。学問のために大切な男だ」といって、北里をただちに召還するよう衛生局の局員たちに詰め寄った。

このとき福澤から強い要請を受けた人物に、福澤の旧知の友で内務省衛生局の初代局長を長年務めた長与専斎《ながよせんさい》がいた。その対応に苦慮した長与は、伝染病研究所助手の高木友枝《たかぎともえ》（明治三十三年内務省衛生局防疫課長）に意見を求めると、高木は、「今呼び戻せば北里の命は助かろうが、その名は死んでしまう」といい、北里の名誉を汚《けが》すことになることを憂慮して召還することに反対した。

このときの経緯を、福澤諭吉が創刊した『時事新報』は、明治二十七年七月三日付けで「青山博士、石神大軍醫黒死病に罹る」の見出しを掲げて伝えている。そこには、青山と石神の容体の見通しについて伝えるとともに、「内務省は昨日北里博士に電報を発し、助手を残して直ちに帰国すべき旨、申し送りたり」と、七月二日に内務省は北里に対して助手の石神を残してただちに香港から帰国するよう電報を送ったことが記されていた。


黒死病取調のため先般北里博士と共に香港に赴きたる醫学博士青山胤通氏ならびに海軍大軍醫研究所助手石神亨氏は、黒死病に罹りたる旨、一昨日北里博士より内務省へ電報ありしよし。

また、昨日北里博士より内務省に達したる電報には、病人は両人とも同様両三日を経過せざれば生死分らずとありしよし。

内務省は昨日北里博士に電報を発し、助手を残して直ちに帰国すべき旨、申し送りたりと云ふ。

（「青山博士、石神大軍醫黒死病に罹る」『時事新報　第四〇一〇号』明治二十七年七月三日）

北里は内務省から帰国命令の電報を受け取った。しかし、北里には黒死病を調査するという日本政府から与えられた任務があった。わけてもこのころ北里はペスト菌の発見という目前の最重要研究に無我夢中で取り組んでいた。そのため、北里は内務省衛生局の帰国命令をなかば無視し、ペストの研究に孜々《しし》として専心するとともに、研究室への行き帰りに必ず病院船「ハイゼア号」に立ち寄って青山と石神を見舞い、二人の容体を逐一電報で高田衛生局長に知らせた。

香港からの北里の電報は日本の新聞各紙で毎日伝えられた。七月六日午後三時に届いた北里の電報には、「二人とも快方に赴《おもむ》く」とあり、近く全快する旨が記されていた。しかし、翌七日午前八時二十二分に北里が発した電文は、「青山昨夜より心臓の働き甚《はなは》だ悪し」であった。僅か一夜のうちに青山の容体が悪化し、重篤な状態に陥ったのである。青山の容体の急変ぶりに右往左往する様子を、明治二十七年七月八日付け『時事新報』は「青山博士の病状」の見出しを付けて次のように伝えている。

北里博士より昨七日午前八時二十二分香港発にて高田衛生局長に達したる電報は左の如し。

「青山昨夜より心臓の働き甚《はなは》だ悪し」

一昨六日午後発の電報は二人とも快方に赴《おもむ》くとあり、かつ北里博士は日を期して帰朝の途に上るとまで決心する程なれば快復の見込み充分なりしものと見えたるに、僅か一夜の中に容体一変したるは誠に歎《なげか》わしき次第なれ。しかし、治療看護共に怠りなければ、快方に赴くその望みなきに非《あら》ざるべし。

一昨六日午後三時頃着したる北里氏よりの電報には、「二人とも次第に快方に赴く」とありて、容体次第に軽快を報じ、当日東京より高木医師が慰問の為め香港に出張する旨の電報に接したる。北里氏は、「慰問に来るは承知せり、小生は都合に依り十一日の出船にて帰朝する積《つも》り。それにても、慰問の来《きた》るまで待つべきや」との返電を発したり。この返電は一昨六日の夜に入り着したるものにて、前後の電報を参照して考ふれば、青山、石神両氏の容体次第に軽快に赴き最早快復疑ひなしと見込みて、十一日出発帰朝と定めたるならん。されど別項に見ゆる如く昨朝着の電報は青山氏の容体一変したる事を傳へたれば、北里氏が十一日に出発する事もあるいは見合せとなるならんと云へり。

（「青山博士の病状」『時事新報　第四〇一五号』明治二十七年七月八日）

香港における青山と石神の治療は、ラウソン主治医の下、二人の英国人ドクターと二人のナースが当たった。加えて、帝国大学医科大学助手の宮本と同大学学生の木下が昼夜を徹して片時も離れず献身的に付き添った。当時、黒死病は病原体が特定されてはおらず、当然治療法も分かってはいなかった。そのため治療といっても、痛みの直接の原因である腫大したリンパ節を切除するか、ウイスキーを気付け薬として与え、水で高熱を抑えるなどの対症療法を施すことくらいしか方法はなかった。

ジェームズ・ラウソンが残した病床記録『ラウソン・レポート（The Epidemic of Bubonic Plague in 1894. Medical Report.）』によれば、青山は六月二十九日に入院し、そのとき体温は四十度六分であった。ただちに少量のブランディー（気付け薬）と嘔吐を抑えるためにカロメル（下剤）を口に含ませられ、また体温を下げるために水で濡らしたスポンジが三十分ごとに交互に頭部にあてがわれた。その後、腫大した腋窩《えきか》リンパ節が切除され、二時間ごとにキニーネ・チンキ（解熱剤）、ジギタリス浸出液（強心剤）、クロロホルム水溶液（麻酔剤）が投与され、さらに牛乳、卵、肝油《かんゆ》、ブランズエッセンス（Brand's Essence）などの流動栄養食と炭酸アンモニウム（消化剤）が与えられた。

こうした二十四時間の完全看護の甲斐あって、およそ一ヶ月後、青山の病状は奇跡的に快方に向かった。石神もまたほぼ同様の経過を経て順調に回復し、八月十日に帰国の途に就いた。また、九死に一生を得た青山は発症からおよそ二ヶ月後の八月二十一日に石神の後を追うように香港を発ち、同月三十一日にようよう帰国した。

帰国と同時に青山には、特旨をもって従六位の位から位階を一級進められ、正六位勲四等旭日小綬章が授けられ、また石神には正七位勲五等賜双光旭日章が与えられた。

感染病の究明のために抜擢されて遥々日本から駆けつけた帝国大学の医学博士が、現地に到着して早々に研究対象であるペスト菌に罹患してしまったことは弁明のしようのない失態である。そのため、青山の自尊心は少なからず傷ついたことは十分に想像される。だが、意外にも青山は、公言がはばかられるはずの香港での出来事を「香港に於ける〝ペスト〟調査の畧報《りゃくほう》」と題するレポートに詳しく書き残しているのだった。

そのレポートによると、青山が香港に滞在したのは六月十二日から八月二十一日までの延べ七十一日間であった。青山は、そのうちの六月二十八日から八月二十一日までの五十五日間を自身が罹患したペストの治療ならびに療養のために費やし、ペストの病理ならびに臨床的研究に当てられたのは、六月十四日から六月二十八日までの僅か十五日間に過ぎなかった。

そうした事情を率直に吐露したうえで、レポートの最後を青山は、「このように短い調査日数のなかで困難も多かったものの、幸いにも十九体もの遺体を解剖し、さらに四十五人もの患者を診察するとともに、中国の病院において夥しい患者の観察をおこなうなど、所期の目的の多くを達成し、ここにこうしてその概略を報告できることは、私の密かに満足するところです」と結んだ。

▲ジェームズ・ラウソン（James A.Lowson, 1866-1935）

その青山の短い文章から、感染爆発を起こした香港に入り、多くの患者を診た貴重な体験を私事の都合によって隠蔽することなく、感染症治療の一日も早い確立とその向上のために少しでも自分の経験を役立てたいという、医学者としての良心と矜持をくみ取ることができる。
左は、青山が書き残した「香港に於ける〝ペスト〟調査の畧報」からの抜粋である。

調査日子《にっし》の短きことこの如にして困難もまた多かりしが、幸に屍を解くこと十九患者を診せしこと四十五その餘支那病院に於て夥《か》多《た》の患者を観察し殆《ほと》んど所思《しょし》を遂《と》げ、こゝに諸君にその結果の概畧《がいりゃく》を報告することを得るは予の竊《ひそか》に満足するところなり。

（「香港に於ける〝ペスト〟調査の畧報」青山胤通『順天堂醫事研究會雜誌 第一九一号』順天堂醫事研究會、明治二十七年十二月十五日）

青山が病院船「ハイゼア号」に入院していたころ、北里は日々増大する感染者から採血し、その血液中に存在する細菌を精力的に検査した。研究に着手した当初から、北里はペスト患者の遺体に存在する夥しい数の細菌を採取し、培養するとつねに同じ細菌が発育するのを観察していた。たとえば、腺腫《せんしゅ》の内容物や脾臓の一片を覆蓋《ふくがい》ガラスの容器に塗布し、これを染色して顕微鏡で観察すると、つねにその細菌だけが夥しい数に純粋培養された。また、脾臓の内部にその細菌が簇《むら》がるように集まっていることを確認した。さらに、腺腫などの各臓器に存在する菌と血液中に存在する菌とを比較すると、臓器中の菌のほうが菌の中部のアニリン色素がより強く染色した。
次に、これを血清に培養して検査すると、腺腫の内容物から採取した菌と血液から採取した菌は、発生に異なることは認められず、まったく同じ種類の細菌であることに疑問の余地はなかった。かくて、初めて棒状の細菌を発見してから四週間後、さまざまな検証の末に、北里はペスト菌であると特定するのである。

この歴史的発見を、北里は『〝ペスト〟病の原因調査第一報告』ではこう詳述する。

> また日々各患者の血液を採りてこれを試験せしに、その血中常に上に記載せるが如き細菌の存在するを認めたりと雖《いえど》も、その数の多寡《たか》に至りては元より一定ならず、時に数多の標本を検して僅かにその二三のみを見しが如きこと往々これあり。然りと雖も解剖せし屍躰（その数十五以上）の腺腫《せんしゅ》、脾、肝、肺、脳、腸等の諸臓器および心臓内の血液等には必ず常に夥多《かた》に該菌の存在するを見ざることなく、またこれを培養基に種植《しゅしょく》するに常に同一なる黴菌《ばいきん》の発育するを見たり。もし試みに腺腫の内容物あるいは脾臓の一片を覆蓋硝子《ふくがいガラス》に塗布し、これを染色して顕微鏡下に検視《けんし》するときは、該菌夥《おびただ》しく存在して殆ど純粋培養の観をなす。
>
> また脾臓内に於ては所々に該菌の簇集《ぞくしゅう》することあり。しこうして腺腫および他の諸臓器に存在する該菌は、これを血液中のものに比するに菌の中部「アニリン」色素に染色すること強し。然りと雖もこれを血清に培養して後検するに、腺腫内容物より採りて発育せしめたるものも、血液よりしたるものも、その発生の状共に異なることなくして、全く同一種の黴菌たるや毫《すこし》も疑《うたがい》を容《い》れさるところなり。
>
> 以上の如く腺腫の内容物、内臓および指頭より得たる血液等を取て培養基に種植する時は、必ず常に同一なる黴菌の純粋培養を得るをもってこれを視れば、余は該菌の「ペスト」と密着の関

係を有するものたることを確認したり。

（『〝ペスト〟病の原因調査第一報告』北里柴三郎、傳染病研究所、明治二十七年）

北里はペスト患者の臓器から最初に病原菌を採取して以来、十五日間の間に病原菌の純粋培養や顕微鏡による観察、南京鼠《なんきんねずみ》を用いた動物実験など、さまざまな細菌学的検証を積み重ねた。そして、『〝ペスト〟病の原因調査第一報告』の最後で次のように結論し、ペスト菌発見の第一報としたのである。

蛇足ながら、結論部の冒頭に「么微機生躰《ようびきせいたい》」という見慣れない言葉があったので調べてみると、ドイツ語の「mikroorganismus《マイクロオーガニズムズ》」の和訳で「微生物」を指していう。

黴菌《ばいきん》性傳染病にしてその么微機生躰《ようびきせいたい》（微生物）の人の血液中に存するを知られたるもの、僅かに二者あるのみ。すなわち脾臓脱疽《ひぞうえそ》菌、回帰熱螺旋状《かいきねつらせんじょう》菌（麻剌里亞《マラリア》患者の血液中に存する「プラスモヂウム」はここに算せず）これなり。しかるに今や「ペスト」患者の血液中、新たに左の性質を有する細菌の存するを得たり。

第一　該菌は唯《ひと》り「ペスト」患者の血液、腺腫およびその内臓中にのみ存するものとす。

第二　他の傳染病にして未だこの如く細菌を有するものあらず。

第三　この細菌を動物に接種《せっしゅ》するにも人躰に於けると同一の症候《しょうこう》を呈す。

以上の理由、すなわち黴菌學上の三原則に拠り、該菌は「ペスト」の原因なることを確証《かくしょう》するに足る。ゆえに、「ペスト」は一種の黴菌性傳染病なりとの断案《だんあん》を下すことを得べし。

（『〝ペスト〟病の原因調査第一報告』北里柴三郎、傳染病研究所、明治二十七年）

北里は、発見した菌がペスト菌である理由として、「一、ペスト患者の血液や脾臓など内臓にだけ存在し」、「二、他の伝染病の患者には存在せず」、「三、動物に接種すると人のペスト患者と同様の症状を起こす」ことの三点を挙げた。こうして北里は確かな根拠《エビデンス》を示し、病原体を特定するための原則（本書一〇六頁参照）を満たすことから、「ペスト菌」であると結論を下したのである。

北里は研究を開始した六月十四日にペスト菌を発見し、その後様々な試験を重ねて、ペスト菌である理由を丹念に検証した。そして六月十四日から十八日までの五日間に、五体の遺体の臓器と三十人の重症患者の血液を検査し、そのすべてから同じ棒状の細菌（桿菌《かんきん》）を検出した。さらに六月二十八日の検査終了日までの十五日間に、十六体の遺体の臓器と五十人の重症患者の血液から、同様の菌を確認したのだった。

明治二十七年（一八九四）六月十四日、香港ケネディ・タウン病院の一隅でペスト菌を発見した北里は、発見から二十三日後の七月七日にドイツ語論文「〝ペスト〟病の原因調査第一報告（Vorlaufige Mitteilung ueber den Bubonenpest.）」を書き上げる。そしてその日のうちにドイツ語論文を、その研究によって得られたペスト菌株を添えて恩師のいるコッホ研究所に宛てて送った。

次いで北里はドイツ語論文を邦訳し、「〝ペスト〟病調査復命書」と標題を付けて七月十五日付けで内務大臣井上馨伯爵宛に送り、その内容は七月三十一日と翌八月一日の『官報』（第三三二六号と第三三二七号）に連日掲載された。

他方、北里はペスト菌を発見した事実を国家医院のラウソン副院長に伝え、ラウソンはその概要を世界五大医学雑誌の一つ『ランセット（The Lancet）』誌のイギリス・ロンドン編集部に報告した。すると編集部は、『ランセット』誌八月十一日号に「香港に於けるペスト（The plague at Hong-Kong.）」という見出しを掲げ、北里がペスト菌を発見したことを北里がスケッチしたペスト菌の図入りで速報した。その後北里は同論文の英訳をランセット誌の編集部に送り、同誌八月二十五日号は「腺ペスト菌（The Bacillus of bubonic plague.）」と題する北里の論文を掲載した。

こうして北里は、青山と石神を見舞いながらペスト菌発見の報告論文をドイツ語と日本語と英語で書き上げ、関係各所に送った。そして当初の予定（香港滞在日数三十日間）より滞在日数を八日先延ばし、北里は香港で発見したペスト菌株を携えて七月二十日に香港を発ち、帰国の途に就いたのである。

明治二十七年八月一日、『東京朝日新聞』は「北里博士着京の模様」と題して北里の帰京の様子を伝えている。記事によれば、北里を出迎えた人々のなかには六月二日に帝国ホテルで開かれた告別会に参加した浜尾帝国大学総長、小金井帝国大学医科大学長、高田衛生局長らの顔があった。また、ペスト菌発見の快挙を成し遂げた北里が新橋駅に帰着する予定であることを新聞報道などで知った多くの国民が自発的に新橋駅に集まり、数千人もの一大歓声で北里を出迎えたことなどが記されていた。

北里博士一行は予期の如く一昨日午後九時新橋着の汽車で着京《ちゃっきょう》せり、出迎人《でむかひにん》は松岡内務次官、文部大臣代牧野文部次官、濱尾大學総長、三浦（東京）府知事等をはじめとし、（小金井）醫科大學長、（高田）衛生局長、傳染病研究所員その他の人々凡《およそ》数千名の多きに及び、その着京せしや一大歓声に迎へられて先づ上等待合室に入り、出迎者の重なる人々に挨拶し、それより自宅に向ひしが、門前迄行を送りし者も少からず、一時は非常の混雑なりしと、また研究所にては大國旗《だいこっき》を交叉《かうさ》して祝意を表せり。（「北里博士着京の模様」『東京朝日新聞　第二九〇二号』明治二十七年八月一日）

北里が帰京したのは彼が日本を発ってから五十五日後の七月三十日であった。その二日後の八月一日、日本は清国に宣戦布告する。――日清戦争がはじまったのである。

真の発見者は北里かエルサンか

北里柴三郎のペスト菌発見のニュースは世界各国で大きく報じられた。たとえば、七月二十九日にドイツの『ホッシセ・ツァイトゥング』紙が、八月十一日に香港の『デイリー・プレス』紙が、八月十四日にアメリカの『ニューヨーク・ヘラルド』紙が、北里のペスト菌発見をこぞって伝えた。

ところが北里が香港でペスト菌を発見したほぼ同じころ、パスツール研究所の細菌学者アレクサンドル・エルサン（Alexandre Yersin, 1863-1943）も香港でペスト菌を発見していた。香港で感染者が続出したころ、フランス領サイゴンにいたエルサンは、パリのパスツール研究所本部の要請で香港に派遣され、香港の仮設研究所でペスト菌を発見したのだ。エルサンはその研究成果を記した論文とその研究によって得たペスト菌株をパリのパスツール研究所に送り、同年九月発行の『パスツール研究所年報（Annals Institute Pasteur）』に彼の論文が掲載されたのである。

一方北里は、香港で採取した記念すべきペスト菌株を日本に持ち帰り、さらに詳しく調査した。日本で改めて調査したものの一つに、グラム染色があった。細菌の多くは透明に近いため、顕微鏡で細菌を見やすいように紫などに染色して観察する。グラム染色はデンマークの細菌学者ハンス・グラム（Hans Gram, 1853-1938）が開発した一般的な染色手法で、グラム染色で紫色に染まる菌を「グラム陽性」、脱色して紫色に染まらない菌を「グラム陰性」と呼び、陰性か陽性かは細菌の特性を知る指標の一つとされた。

じつは、北里は『〝ペスト〟病の原因調査第一報告（明治二十七年七月七日香港に於て）』で、グラム染色について言及することを控え、「該菌には彼《か》のグラム氏複染色法を用ひ得るや否は後日を俟《ま》てこれを報道すべし」として後日報告するとだけ記していた。なぜこのときグラム染色に関する言及を保留したのかは定かではなく、さまざまな憶測を呼んでいる。そのなかには、グラム染色に用いる染色液を助手が香港に携行するのを忘れたのではないかと推察する向きもある。

帰国後北里はペスト菌に対してさまざまな追試をおこない、その調査結果を「〝ペスト〟病原因調査第二報告」と題して明治三十年一月二十五日発行の『細菌学雑誌　第一八九七巻第一四号』に発表した。私は、その報告書を閲覧するために国立国会図書館のデジタルコレクションにアクセスし、検索したが、残念ながら同図書館のデジタルコレクションに収められてはいなかった。

次に私は、科学技術振興機構（ＪＳＴ）が運営する日本最大級の科学技術情報プラットフォーム「J《ジェイ》－《・》S《ス》T《テ》A《ー》G《ジ》E」(https://www.jstage.jst.go.jp/) にアクセスし、検索すると、幸い『細菌学雑誌　第一八九七巻第一四号』に収載された「〃ペスト〃病原因調査第二報告」を見付けることができた。早速ダウンロードして閲覧すると、その五頁目に果たしてグラム染色に関する記述があり、そこには「グラム氏液に浸漬するもその菌は脱色することなし」とあった。つまり、北里が発見したペスト菌はグラム陽性であると報告したのである。

じつはエルサンはペスト菌を発見した際にグラム染色をおこない、グラム陰性であると論文に記し、『パスツール研究所年報』に発表した。北里は、当然この論文を読んでいるはずである。そのうえで北里は、日本に持ち帰ったペスト菌をグラム染色した結果、グラム陽性であったと、エルサンとは異なる報告を講演などで述べるとともに、「〃ペスト〃病原因調査第二報告」で発表したのである。

ほぼ同時期に香港でそれぞれ独自にペスト菌を発見した二人が、異なる結果を出したことに、世界中の細菌学者は大きな関心を寄せた。エルサンはペスト菌はグラム陰性菌であるといい、北里はペスト菌はグラム陽性菌であるという。二人の報告が正しいとすれば、ペスト菌にはグラム陰性菌とグラム陽性菌の二種類が存在するのだろうか？　それとも、どちらかが真のペスト菌でもう一方はじつはペスト菌ではなかったのではないか？　そんな疑問が自然に湧き上がった。

真っ先に北里のペスト菌に対して批判の狼煙《のろし》を上げたのは、黒死病調査の共同研究者の青山胤通帝国大学医科大学教授だった。帰国後北里がペスト菌はグラム陽性を示したと講演で公表しているのを知った青山は、「一八九四年香港に於けるペスト流行に就いて (Ueber die Pestepidemie in Honk-kong im Jahre 1894.)」と題するドイツ語論文を明治二十八年九月発行の『帝国大学医科大学紀要』に発表した。その論文で青山は、「エルサンが発見したペスト菌はグラム陰性であるのに対して、北里が発見したペスト菌はグラム陽性であるという。真のペスト菌はエルサンが発見したグラム陰性菌であり、北里が発見したと言っているのはペスト菌ではなく、ペスト菌と形が似ている連鎖球菌ではなかったか」と推察し、ペスト菌の真の発見者はエルサンだと推論した。

青山は命の危険を承知のうえで黒死病の調査のために香港に赴き、あまつさえ多くの遺体と向き合い命を賭して病理解剖をおこなった。にもかかわらず黒死病に掛かり、志半ばで戦線を離脱することを余儀なくされた。その当の青山にとって、北里がペスト菌発見の功績を独り占めしたことに忸怩たる思いがあったことは容易に想像することができる。

青山につづいて、緒方正規《おがたまさのり》帝国大学医科大学（衛生学）教授と山際勝三郎《やまぎわかつさぶろう》帝国大学医科大学（病理解剖学）教授が北里のペスト菌発見を否定した。二人は、明治二十九年（一八九六）に台湾・台北府で発生したペスト調査に赴き、その結果を「〝ペスト〟病研究復命書」にまとめ、復命書は明治三十年四月十九日ならびに二十一日発行の『官報』（第四一三五号、第四一三七号）に掲載された。そのなかで、ペストの病原菌は、北里が報告したグラム陽性菌ではなく、エルサンが報告したグラム陰性菌であったと結論したのである。また、この調査報告書を読んだ中浜東一郎《なかはまとういちろう》東京市医師会初代会長は、緒方や山際らが分離したグラム陰性のペスト菌を重要視し、北里の発見したペスト菌は贋物《にせもの》であると公言してはばからなかった。

さらに、青山胤通の親友で帝国大学医科大学の教授たちとも親交のある陸軍軍医森林太郎は、「北里と中浜と」と題して北里のペスト菌に関する論評を執筆し「觀奕生《かんえきせい》」の筆名で『読売新聞』に投稿し、論評は明治三十二年十二月二日付け『読売新聞』の投稿欄「茶ばなし」に掲載された。

その記事で筆者（森林太郎）は、北里と中浜の双方に深交のある私は二人を評するのに適任だと自認したうえで、北里が発見したペスト菌は贋物でエルサンが発見したペスト菌こそ本物であると断じた。それは欧州ではすでに常識になっているのに日本でいまだに問題になっているのは、内務省衛生局かなにかが政府の威光を笠に着て北里を援護しているからで、緒方や中浜らが北里が発見したペスト菌を否定したのは真理を愛する者のためにした行為でじつに愉快である、と述べている。

さらに、北里が香港で発見したペスト菌がたとえ本物であったとしても、北里とともに香港に赴き九死に一生を得た青山よりも高等な勲位（青山の正六位に対し北里は正五位）を博したことを認めることはできない。まして、北里の菌が贋物であったことを見れば、北里といえども少しは自省《じせい》するだろう、と北里を厳しく断罪した。

左はその記事の抄録である。


北里といふ男は、意志の強い、どっしりとした、少し小憎らしいところのある、頗《すこぶ》る処世《しょせい》の才に長《た》けた男だが、己《おれ》は多少この男を好いて居《お》る。中浜といふ男は才子らしい、いつも忙しさうで、付き合って見れば存外無邪気で、先づ処世には迂拙《うせつ》な男だが、己はまた、多少この男とも好いて居る。そこでこの度の病原菌争いに、己が公平な判断を下すに最も適当して居るかと自《みずか》ら信ずる。

北里の香港から捕《つかま》へて帰った菌が贋物《にせもの》で、仏蘭西《フランス》のエルザン《ママ》が見出した菌が本ものであったといふ事は、欧羅巴《ヨウロッパ》ではとっくに知れて居る。それがこっちでまだ問題になって居たのは、衛生局や何かゞ政府の威光をもって北里を援護して居たのである。この度緒方や中浜が手近なところに材料を得て、北里に手づめの談判を遂げたのは、真理を愛するものゝ為めにはじつに愉快だ。

ペストを診断するには、ペスト病原菌を明知《めいち》せねばならぬから、緒方、中浜が北里のために不利益な事を公言したのは、公衆衛生上に至当な仕方だといふには、誰も意義はあるまい。〈中略〉

さて、北里は帰朝した。帰朝して學術界に於いては緒方等大學の諸家と対立し、その結果は一個の傳染病研究所となって現れたが、流石《さすが》は根抵の堅い大學の事だからびくともしない。〈中略〉

その北里は地歩を占めた後に、いかなる學問上功績を挙げたか。第一には香港ペスト事件といふがある。内務省は北里を派《は》し、大學は青山を派して、彼《かれ》は細菌學上、此《これ》は臨床上の調査とした。公平な目から二人の功績をみるときは、たとえ北里の捕へた菌が眞物《ほんもの》でも、或いは青山の功績と高下《こうげ》は無いかも知れぬ。しかるに北里は、菌を見出したといふので、彼《か》の自らペストに罹って、九死を出《い》でゝ一生を得た青山よりも、高等な勲位を博した。今その菌が贋物であったといふことを自ら承認せねばならぬ場合に立ち至って見れば、北里たるものは少しは自ら省《かえり》みざることを得ない筈《はず》ではあるまいか。　（「北里と中浜と」観奕生投『讀賣新聞　第八〇四八号』明治三十二年十二月二日）

筆名による森の北里に対する公々然《こうこうぜん》たる酷評には、北里への押さえがたい嫌悪さえ感じられる。それは、同時期にともにドイツに留学し、世界に名を上げつつあった朋友・北里への激しい「対抗《ジーラ》(Zähler)」の意識の現れでもあった。

「ペスト菌はグラム染色において陰性か陽性か」という学術上の問題は、日本国内では「北里が発見したペスト菌は果たして本物かそれとも贋物か」という、北里の人間性を問うゴシップ的な話題として新聞各紙を賑わせた。

一方、ペスト菌は国際会議においても大きな議論のテーマになった。折しも一八九七年にイタリアのベニスで第十回万国衛生会議が開催された。この会議で、北里とエルサンのどちらが見出した菌がペストの病原体かという問題が議題の一つに持ち上がったのである。

ペスト菌の第一発見者は北里とエルサンのどちらかについて、世界の研究者が集う国際会議の場で連日にわたって論議され、その妥当性が討議された。そして、議論は学会を二分する大きな問題へと発展し、それは次第に二人の恩師であるコッホとパスツールの代理戦争の様相を呈したのである。

このときの会議の議事録を読むと、ドイツの細菌学者ウィルヘルム・コッレ（Wilhelm Kolle, 1868-1935）らは、北里が香港で純粋培養してコッホ研究所に送ったペスト菌株の標本と、エルサンが香港で独自に純粋培養してパスツール研究所に送ったペスト菌株の標本がそれぞれの研究室で厳重に継体保存されていることを突き止め、両者の菌株を詳しく比較分析した。その結果、北里の菌もエルサンの菌もどちらもグラム染色に脱色して陰性を示し、両者ともに正真のペスト菌であることが判明した。しかもその後香港から感染拡大したインド・ムンバイやイギリス・ロンドンなどのペスト患者から採取した菌も、北里やエルサンと同じグラム陰性菌であることが実証されたのである。

次いで、北里とエルサンがペスト菌を発見した日と発表した日が比較検証された。その結果、北里は一八九四年六月十四日にペスト菌を発見し、翌七月七日に論文発表した。対して、エルサンは六月二十三日にペスト菌を発見し、翌七月三十日に論文発表したことが明らかとなった。

つまり、北里もエルサンもそれぞれ独自にペスト菌の発見と純粋培養に成功し、北里がエルサンより九日早くペスト菌を発見したことが世界の病原性微生物学者の前で正式に確認され公表されたのである。爾来、ペスト菌の発見者は、〝Kitasato & Yersin〟と、〝Kitasato〟の名を前に置いて併記されることになり、ペスト菌は「キタサト・エルサン菌」と呼ばれるようになるのである。

だが、国際会議の場で公式に決着がついた後も、真のペスト菌発見者の問題は長年にわたって蒸し返された。特に日本国内においては、北里が帰国後の講演でペスト菌をグラム陽性であると発表し、そのことを緒方教授や山崎教授らは厳しく批判した。その後北里も、ペスト菌をグラム陽性と発表したことが誤りであったことをみずから認め、エルサンが報告したとおりグラム陰性であることを追認したこともあり、中浜や森が主張するように北里をペスト菌の発見者として認めないという論調が大勢を占めることになったのだ。

ではなぜ北里は、「〝ペスト〟病原因調査第二報告」でペスト菌をグラム陽性と誤った結論を出してしまったのか。その理由について、たとえば大阪医学校（現在の大阪大学医学部）佐多愛彦《さたあいひこ》教授（のち学長）は、北里が香港で発見した菌株を日本に持ち帰る際に他の菌が混じったのではないかと、細菌汚染の可能性を挙げている。北里がペスト菌がグラム陽性であると報告した「〝ペスト〟病原因調査第二報告」は、香港から持ち帰った菌株を継体培養した菌株を用いてグラム染色をおこなった結果であり、菌株の保存中に何らかの理由で肺炎球菌などのグラム陽性菌が汚染を起こしたのではないかと指摘する。北里が香港からベルリンのコッホ研究所に送った菌株を検証した結果、エルサンが報告したのと同じグラム陰性を示したのはそのためだという。

とまれ一人でも多くの性命を救うためにみずからの命を賭して香港に雄飛し、永年の謎であった目に見えない悪病に果敢に立ち向かった北里は、香港で世界初のペスト菌発見という成果を得た。しかし、発見したペスト菌に自分の名前の一部が付けられるかどうかは、北里にとってさほど価値のないことのように思えたのかもしれない。むしろ、解決しなければならない研究課題は、ペスト菌の感染経路の解明や消毒・診断・予防法の確立など、山ほどあった。そのため北里は帰国後引きつづいてペストの研究に取り組むとともに、ペスト菌の侵入を水際で防ぐ防疫体制やそのための法整備の必要性を政府に働きかけ、ペストから国民を守るために感染予防と防疫体制の構築に努めたのである。

未知の病原体を捕獲することに血道を上げる多くの病原性微生物学者のなかにあって、北里は学名に名前を残すことに終始する微生物の狩人たちとは明らかに一線を画し、病原体を捕獲することよりもむしろ治療法や予防法の研究に積極的に取り組んだ。

なぜなら、病原体の探索は、病原体の特性を検証し、その治療法と予防法を確立するためにこそあるからだ。つまり、夥しい数の感染者の生命を犠牲にして謎の感染症の正体を突き止めたとしても、それだけでは感染者の生命を救うことも非感染者の健康を守ることもできない。生命や健康に貢献しない医学は医学ではない。その明確な論理こそ北里の言動の源泉にほかならない。

一方、北里とエルサンの二人の意思とは別に、ペスト菌の発見者に関する論争はその後も長い間くすぶりつづけ、思いがけないところでときおり蒸し返された。その背景には、フランスのパスツール研究所（一八八七年開設）とドイツのコッホ研究所（一八九一年開設）のしのぎを削る国際競争があり、それに加えて、日本国内においては北里所長の伝染病研究所と青山教授の東京大学医学部による度重なる対立が問題をさらに複雑化させた。

そして、第十回万国衛生会議でペスト菌の発見者は北里とエルサンの二人であると公式発表されてから七十年、北里が没してから三十六年後の一九六七年、国際微生物学連合の公的機関誌『ＩＪＳＢ』（二〇〇〇年よりＩＪＳＥＭに改称）において、ペスト菌の学名は「エルシニア・ペスティス（*Yersinia pestis*）」（学名は国際命名規約に即しイタリック体で表記した。以下同）と記載され、このときペスト菌の発見者である〝Kitasato〟の名が消えたのである。

なぜペスト菌の第一発見者である北里の名が消えたのか。そこには、こんな経緯が隠されている。それまでペスト菌の学名は「パスツレラ・ペスティス（*Pasteurella pestis*）」であり、一八八〇年にルイ・パスツールが発見したニワトリ・コレラ菌に似ていることから、パスツールの名にちなんで命名された。一旦命名した学名を変えることはできない。にもかかわらず学名が改変されたのは、パスツール研究所のアンリ・モラレ（Henri Mollaret, 1923-2008）ペスト部部長を中心とするグループがペスト菌が属するパスツレラ属の分類を改めることを提案したことにはじまる。

モラレらの提案は翌年の国際微生物学連合で可決され、一九六七年発行の『ＩＪＳＢ』に新たに改訂された細菌分類が掲載された。それによってパスツレラ属に分類されていた六種類の細菌は、パスツレラ（*Pasteurella*）、エルシニア（*Yersinia*）、フランシセラ（*Francisella*）の三種類の分類に改められた。

この際、ペスト菌の学名も「パスツレラ・ペスティス」から、「エルシニア・ペスティス」に変更されたのである。「パスツレラ」が「パスツール」にちなんだように、「エルシニア」は「エルサン」にちなんで命名されたかのように一般に理解され、これがのちにペストの発見者はエルサンであると強く印象づける誘因となったのである。

なお、細菌分類の改訂を提案したパスツール研究所のアンリ・モラレ部長は、ペストの研究者であると同時にアレクサンドル・エルサンの研究者でもあり、エルサンの代表的な伝記『見えない敵との闘い――パスツール最後の弟子エルサンの生涯（原題 = Yersin : Un pasteurien en Indochine）』（人文書院、二〇一五年）を著すなど、エルサンに関する論文や著作を数多く残している。

こうしたモラレらの働きかけによって、ペスト菌の学名がエルサンの名を冠する表記に改められ、北里の名が消される結果となったのである。

北里の没後にペスト菌の第一発見者の名が学名から消えたことを知ったサンフランシスコ陸軍研究所のデビッド・ビベル（Devid J. Bibel）とカリフォルニア大学公衆衛生学部のT・H・チェン（T. H. Chen）の二人の若いアメリカ人研究者は、第三者の客観的な立場から北里の発見の真偽を明らかにするため、関係する膨大な資料を徹底的に分析した。香港におけるペスト菌発見時の状況確認、第一報告論文の対比、論文の主張と矛盾点の有無、細菌学上の分析検証、菌株の細菌汚染の可能性など、多項目にわたる検証と評価をおこない、その結果を『ペストの診断――エルサン・北里論争の分析（Diagnosis of Plague : an Analysis of the Yersin-Kitasato Controversy.）』と題する論文にまとめた。その結論部には「北里が香港で記したペスト菌発見の第一報告論文は、ペスト菌の特徴を精緻に詳述しており、北里にこそ世界初のペスト菌発見の栄誉を与えるべきである」と記されていた。

この総括的論文は、一九七六年（昭和五一）発行のアメリカ微生物学会（ASM=American Society for Microbiology）の機関誌『バクテリアロジカル・レビュー　第四〇号（Bacteriological Reviews, 40）』に十九頁（六三三―六五一頁）にわたって掲載され、ペスト菌発見に関する北里とエルサンをめぐる論争に終止符が打たれた。じつに香港でペスト菌が発見されてから八十二年後のことである。

なお、エルサンはその後、フランス領インドシナ南部のナトラン（現在のベトナム・ニャチャン市）に獣疫研究所を設立し、地元の畜産農家の指導に当たるとともにフランスからのインドシナ独立運動を積極的に支援した。また、インドシナ総督の要請でインドシナ医薬学校（現在のハノイ医科大学）を設立し、その初代学長を務めた。

他方、北里はペスト治療の手引書の執筆に取り組み、ペストの定義から感染経路、消毒、診断、予防まで、ペストに関するもっとも詳しい綜説「ペスト（ＰＬＡＧＵＥ）」を書き上げる。その論稿を北里の門弟で伝染病研究所助手の中川愛咲《なかがわあいさく》（のち仙台第二高等学校教授）が英訳、一八九八年発行の『二十世紀の医療　現代医科学（Twentieth Century Practice of Modern Medical Science）』に収められた。同書は現代医療のバイブルとして世界中の多くの医学者に読まれ、ペストの治療と予防方法の啓蒙・普及に大きな役割を果たしたのである。

ペストとネズミと猫

香港から帰国後、北里はペストの撲滅と予防のためにペスト菌の感染経路の研究に取り組んだ。

彼はペストの感染経路を研究する手がかりを、すでに香港で摑んでいた。

香港でペストの調査に当たった際、患者の家のあちらこちらにネズミの死骸が放置されていることに気づいた北里は、十四世紀にヨーロッパでペストが流行したとき、市街にクマネズミ（人家に多く棲息するネズミ）の群れが現れたという古事を思いだし、一匹の瀕死のネズミを捕獲して研究室に持ち帰った。そしてそのネズミの体から、ペスト患者から採取したペスト菌と寸分違わぬペスト菌を確認する。さらに北里は人間よりも先にじつはネズミがペストに感染し、感染したネズミを媒介にして人間に感染させることを突き止める。つまり、ペストは人獣共通感染症であったのである。

そうして北里は、ペストの感染経路を断つためには、ペスト菌を保菌するネズミを駆除する必要があることを提唱するのである。

のちに北里は、「譚叢ペスト」と題する随筆を『大日本私立衛生会雑誌』に寄稿した。そのなかで彼は香港でのペスト調査を振り返りながら、ペスト菌とネズミとヒトとの関係についてこう述べている。


明治二十六年香港にペストの流行した当時、吾々は研究調査のために同地へ出張したが、香港の市街を歩いて見ると、鼠の死んだのを彼方《あっち》にも此方《こっち》にも抛《な》げ捨ててあったから、どうしてこの様に鼠が死ぬだろう、何かこれはペストとの関係ではありはせぬか、余り不思議な事だと一日この斃鼠《へいそ》を検査して見ると、果して鼠の体からペスト菌を発見し、而《しか》もこれがペスト患者の病原菌と寸分違って居ない。

「これは面白い事を発見した」

とこれから段々研究の歩を進めて見たところ、人よりも先きへ鼠の方がペストに冒されて居たではないか。こうなって来るとこの病気の本家本元は鼠だか或いは人間だか疑問を生ずるに至ったが、遂に最後にこういう証拠が挙げる事が出来た。

「ペストは鼠族間に流行する傳染病であるから、最初鼠がこの病気に罹りてその病毒が遂に人間に感染して腺ペストを発し結局人間の流行病となるのである」

と云う事が明瞭になったゆえ、どうしてもペスト流行の際は、先ず第一番に鼠族を警戒せねばならぬ事になった。

（「譚叢ペスト」北里柴三郎『大日本私立衛生會雜誌　第四〇二号』大日本私立衛生會、大正五年十月二十五日）

十九世紀末に起きた史上三度目のペストのパンデミックは、国際貿易都市・香港が発生地となったために貨物船などに紛れ込んだネズミによって世界各地に感染拡大し、死者数は約一〇〇〇万人と推定される。一方、六世紀のローマ帝国で起きた一度目のパンデミックと十四世紀の中世ヨーロッパで起きた二度目のパンデミックの死者数は、合わせると少なくとも一億人以上と試算される。

つまり、香港で起きた三度目のパンデミックの死者数は、交通手段の発達した国際化の時代にあったにもかかわらず一〇〇〇万人とそれ以前の二度のパンデミックに比べて比較的少ない犠牲者に留まった。その大きな理由の一つに、北里がペスト菌を発見した後もペストの研究をつづけたことがある。

北里は香港でペスト菌を発見し、帰国した後も引きつづきペスト菌の感染経路の特定や防疫方法の確立など、ペスト予防のための研究を総合的に推し進め、その成果が感染拡大を抑え込む大きな要因となったのである。そこには、たんに微生物の狩人として新たな病原体を発見するだけに留まらない、北里の信念にも似た想いが貫かれていた。それは、一人でも多くの性命を救うことを願って衛生学をめざした当初の志を、北里がつねに抱きながら感染症の研究に向き合ったからにほかならない。

さて、日本でペストが確認された記録をひも解くと、明治二十九年（一八九六）三月二十九日に横浜に入港した英国郵船「ゲーリック号」に香港から搭乗した中国広東省出身の十七歳の青年が、航海中に発病したことが最初である。患者は横浜市の中国人病院に入院したが、手当の甲斐なく四月一日に亡くなり、同日、山手中国人墓に埋葬された。中国人死亡の連絡を受け、調査に当たった神奈川県警察部衛生課の福《ふく》田《だ》常《つね》太郎《たろう》課長は、発病中の症状から死因がペストであることを疑い、関係機関に連絡するとともに、警戒に当たった。そのときの経緯を後年福田は「神奈川県に於ける〝ペスト〟発生概要」（『日本伝染病学会雑誌　第二巻第一号』日本伝染病学会、一九二七年）に記録している。

一方、ペストに似た症例の知らせを受けた伝染病研究所の北里は、日本初のペストか否かを調査するため、伝染病研究所の高木友枝部長を横浜に差し向けた。高木はただちに横浜の中国人墓地に駆けつけ、警察署長らの立ち合いのもとで墓地を掘り起こし、屍体の病理解剖をおこなった。そうして得られた検体を顕微鏡で検査すると果たしてペスト菌と同様の棒状の細菌（桿菌）が検出され、培養試験や動物試験などの結果、それが一昨年、北里が発見したペスト菌と同じであることを確認した（「横浜市の〝ペスト〟病」高木友枝『細菌学雑誌　第一八九六巻第五号』日本細菌学会、明治二十九年四月十五日発行）。

　こうして、日本のペスト患者第一号は横浜で確認されたが、適切な除染作業をおこなったことによって二人目の感染者を出すことなく、ペストの感染拡大を未然に防ぐことができたのだった。

　国内で最初にペストの感染拡大が確認されたのは、香港でペストの流行が起きた五年後の明治三十二年（一八九九）のことである。この年の十一月五日、台湾から帰国した広島の会社員がペストを発症し、手当の甲斐なく亡くなった。死亡した会社員の足取りを追った結果、台湾から船舶に乗って門司港で下船し、広島に着いたときに発症したことが判明した。

　こうした事態に備えて北里は事前に防御策を講じていた。伝染病予防の大切さを担当大臣や所管官庁に説いて回り、明治三十一年に「伝染病予防法」を成立させることにこぎつけた。そこには北里が主張した、船舶や列車の検疫、患者の隔離治療、感染地域の消毒、上下水道の整備など、必要な条項がすべて網羅されていた。しかし、北里の建議によって伝染病予防のための法整備をしたにもかかわらず、なお、ペストの感染を食い止めることはできなかった。

　広島でペスト患者が死亡した後、神戸で少年がペストを発症し、つづいて大阪で少女が発症した。その後も岐阜、浜松、沼津と、東京に向かって感染拡大し、僅か一ヶ月足らずの間に四十人のペスト患者が発生し、そのうち三十六人が死亡した。このとき北里は、自身が所長を務める伝染病研究所の総力をあげて隔離治療や感染経路の解明などに取り組み、所長みずからその陣頭指揮を取った。そうした懸命の努力によって感染拡大は一応の収束を見たのである。

ペストの国内感染を未然に防げなかった苦い経験から、その後北里はペストのおもな感染経路であるペスト保菌ネズミの恐ろしさを説き、「ペストネズミはペスト患者よりも恐ろしい、なぜなら人は隔離できるがネズミは隔離できないからである」といって感染拡大のリスク低減と感染経路を遮断するためにネズミを駆除することを奨励した。

こうした北里の呼びかけに応えて、松《まつ》田《だ》秀《ひで》雄《お》初代東京市長は明治三十二年十二月二十九日におこなわれた臨時東京市会で、「鼠一匹につき五銭で市が買い上げる」ことを議会に提案し可決成立させたのである。翌日の『報知新聞』朝刊は「鼠二十万疋の買上、一疋五銭、百疋五円」の見出しを付けて、こう伝えている。

> ペストといふ悪疫一度神戸に発生したるより、日本中の騒ぎとなれるが、その悪疫は神戸よりいつか大阪に入込み、同地を荒し初めたり。しかるに二十日間程経て、岐阜に入込み、やがて沼津に来れり。何やらその足向は東京へ来るらしきにぞ、東京市も気が気でなき容子、迂《う》潤《かつ》為し居らば、沼津より汽車にて入込み来り、知らぬ顔にて市内何れかの家屋裏に潜み、鼠を食物となし居らんも知れずとて、ここに松田市長はいしくも一の方法を東京市参事会へと持出されたり。その方法こそは、鼠二十万疋の買上げなれ。
>
> その理由といへば、ペストとは鼠の親類にて鼠の体内を宿とすれば、それを滅すはこれペストの拠るところなからしむ訳なり。既に神戸にては一疋八銭に買ひたる先例もあれば、一先づ鼠買上げの為め、金一万円を支出しなば、一疋五銭として、凡そ二十万疋を買殺しに為し得らるべし

とて、去る二十七日参事会へと持出したるところ、同会も成程ペスト入込みの予防は、これも早道と合点されけん。昨日にわかに臨時市会を催し、特にこの決議を求むる事となれり。

（「鼠二十万疋の買上、一疋五銭、百疋五円」『報知新聞　第八一五五号』明治三十二年十二月三十日）

こうしてはじまった東京市のネズミ買上げ作戦の成果はめざましく、東京市民の手によってその後毎年二十万匹余りのネズミが捕獲された。これを東京市が買上げ、集められたネズミは昇汞水《しょうこうすい》（消毒液）を入れた樽に詰め込まれ、火葬場で焼却された。このとき、火葬されたネズミの霊を供養するために東京各所に鼠塚が建てられた。

東京メトロ広尾駅から歩いて三分。学校法人北里研究所にほど近い渋谷区広尾五―一―二十一に、臨済宗の古刹瑞泉山祥雲寺《ずいせんざんしょううんじ》がある。山門を潜ると境内の左手に墓地が広がり、墓地を入ったすぐ右手に関東大震災や東京大空襲など、さまざまな禍難《かなん》を越えて鼠塚（明治三十五年建立）が人知れずひっそりと建っている。高さ三メートルの自然石に「鼠塚」と大きく刻まれた石碑が立ちつくし、碑の裏側には「数知れぬ／ねづみもさぞやうかぶらむ／この石塚のおもき恵みに」の歌をかろうじて読み取ることができる。この鼠塚は明治期に流行ったペストを抑えるために、数多《あまた》のネズミが犠牲になったことを今に伝える数少ない記念碑である。

祥雲寺に鼠塚が建立された六年後の明治四十一年（一九〇八）六月十二日、北里の招きに応じてドイツからロベルト・コッホが来日し、日本国民はこぞって細菌学の父として高名なコッホ博士を熱烈に歓迎した。このときコッホは日本の行く先々で来日記念公演会をおこなった。コッホはその講演の一つで、ペストを撲滅するために一家で手軽にできることとして猫を飼うことを提案し、「生物を制するには、生物をもっておこなうのがよい。それゆえ、ネズミを捕まえる猫を飼うのがもっともよい方法である」といって飼猫《かいねこ》を奨励したのである。

コッホの呼びかけに呼応《こおう》するように、内務省中央衛生会（会長、石黒忠悳）は明治四十一年十二月十日の定会において「〝ペスト〟予防上猫飼養奨励の件」が検討され、飼猫を奨励する決議がおこなわれた。

なお、中央衛生会は、明治十二年にコレラが大流行した際、対応策を検討するために主要な医学者を招集して結成され、以後、内務省に常設された衛生行政の諮問機関で、『中央衛生会　第二十九次年報』（中央衛生会、明治四十二年）によれば、決議の当日は北里柴三郎、青山胤通、森林太郎、緒方正規、中浜東一郎、高木兼寛、三宅秀《みやけひいず》、長谷《はせ》川泰《がわたい》の各委員が出席していたことが記されている。

▲広尾・祥雲寺の鼠塚（著者撮影）

この内務省中央衛生会の決議に即応して、警視庁は所管の各戸に一軒ずつ猫を飼うことを呼びかけた。ちなみに、当時内務省には衛生局のほか、地方官庁として東京市に警視庁が置かれ、警視庁が市内の各所に配置する交番の巡査がネズミの捕獲・回収や猫の飼育の奨励などに当たることになっていた。

『読売新聞』は明治四十二年二月九日付けの朝刊トップ記事で、「飼猫の奨励に就いて」と題して警視庁の飼猫奨励活動を詳しく伝えている。記事は警視庁の飼猫奨励活動がおこなわれた経緯について紹介し、警視庁の飼猫奨励活動の端緒はコッホの講演にあることを指摘する。そして、コッホの言を待つまでもなく我々国民が主体的に飼猫をおこなうよう呼びかけ、一般国民への飼猫に関する啓蒙の一助としたのである。


警視庁にては去る六日をもって一の告諭《こくゆ》を発し、ペスト予防の為めに鼠を捕ふることを奨励し、それには猫の飼育が肝要なりとして、管下《かんか》各戸に猫を飼ふことを勧めたるが、なお近日をもって巡査を派し各戸に就きて一々《いちいち》猫を飼ふべきことを説き回らしむる筈なりと云へり。

猫が鼠を捕ると云ふことは昔より分かり切ったることにして、三歳の小児にも熟知せる事実なり。しかるに東京市府の民が今さら警視庁よりこれを教はると云ふに至っては、一寸可笑《ちょっとおか》しきことの様に思はるれども、昨年コッホ博士が来朝したる時、日本の醫学博士達に向かって、ペストの予防には捕鼠《ほそ》が第一なり、捕鼠は猫に限ると云ふことを教えたるにして、その結果、中央衛生会が飼猫奨励の決議となり、内務省の各府県に対する訓諭《くんゆ》となり、警視庁の今回の告諭もまた内務省の訓諭に従ひたるものにして、各府県とも警視庁と前後して同様の告諭を発したる次第なるが、同じ木の端《はし》にても下駄となれば踏み付けらるゝも、佛像となれば拝礼を受くると等しく、「猫が鼠を捕る」と云ふ平凡なる話も一度《ひとたび》世界の大醫《たいい》コッホ氏の口より出づれば、先人未発《せんじんみはつ》の真理の

如く崇拝せられて一国の政府が国民に訓諭を発する程の大事件となるも妙なり。〈中略〉
日本の家屋はその構造の上より頗《すこぶ》る鼠の侵入に便《べん》にして、また猫を飼ひて鼠を捕らしむるにも便なり。すなわち日本に於ける鼠の駆除は猫を用うるをもって最も適当とする位のことはコッホ博士を待たずとも知り得たことの様にして、併《しか》も実際はコッホ博士に聞きて始めて飼猫を奨励するが如き、じつに国民が研究心の足らざるを表白《ひょうはく》せるものにあらずや。一事が万事なり、我輩はこれを機会として国民が今少しく総べての事物に研究心を起こし、物の改良進歩に鋭意して、現状に満足するの隠居心を去らん事を切望せんと欲す。
（「飼猫の奨励に就いて」『讀賣新聞　第一一三六九号』明治四十二年二月九日）

▲来日した恩師ロベルト・コッホと北里柴三郎（広島・厳島神社にて明治41年8月15日撮影）

市中の全戸を対象とした巡査によるきめ細かな飼猫運動によって、東京で猫を飼うことが流行した。そして、東京市内の飼猫の数は二万四六三七匹に達し、九軒に一軒は猫を飼うまでになったのである。
こうして、北里のネズミ駆除の推奨に呼応した松田市長のネズミ買上げ作戦の実施と、コッホの飼猫の奨励をきっかけにした警視庁の飼猫運動の展開が功を奏し、国内のペスト患者は急速に減少していった。そして大正十五年（一九二六）ころには国内におけるペストは終息し、ペスト菌はほぼ消滅したのである。

第二章

医道論と衛生学

「医者にだけはならない」と言い放った少年

北里柴三郎は、阿蘇の山麓の小国郷北里村《おぐにごうきたざとむら》（現在の熊本県阿蘇郡小国町北里）で代々庄屋を務める北里惟信《これのぶ》とその妻・貞《てい》を両親に、九人兄弟（四男五女）の長男として、嘉永五年十二月二十日（新暦一八五三年一月二十九日）に生を享《う》けた。

なお、北里の郷里・北里村では、「北里」の姓は地名と同じ「きたざと」と呼ばれたが、後年北里がドイツ語論文の署名に「Kitasato《キタザト》」（ドイツ語では「sa」を「ザ」と発音する）と記し、英語圏ではそれを「キタサト」と発音することから、一般に「きたさと」と呼ばれるようになった。手元の辞書で「北里柴三郎」を引くと、『世界大百科事典』（平凡社）では「きたざと」、『広辞苑』（岩波書店）では「きたさと」と表記している。また、熊本県阿蘇郡小国町北里にある北里柴三郎記念館は「きたざと」と呼び、東京都港区白金にある北里柴三郎記念館は「きたさと」呼んでいる。つまり、北里の読み方は、熊本とドイツでは「きたざと」、東京と英語圏では「きたさと」一般に呼ばれ、二通りの読み方が並存しているのである。

北里柴三郎は、八歳になると父の姉の嫁ぎ先の橋本家に預けられ、漢学者の橋本龍雲《りゅううん》から四書五経を教わるなど、二年間厳しく躾けられた。十歳になると今度は母の実家の豊後森藩士・加藤《かとう》海助《うみすけ》に預けられ、儒学者・園田保《そのだたもつ》の塾で漢籍や国書を四年間学んだ。その後、家に戻った柴三郎は軍人（当初は武士だったが版籍奉還後軍人に変更）になりたいと兵学寮（のちの士官学校）への入学を申し出た。しかし、両親は柴三郎が軍人になることを許さなかった。

このころ、熊本藩最後の藩主・細川護久《ほそかわもりひさ》（のち侯爵）は家臣たちの将来を案じて、藩内の子息なら誰でも入学できる学校を建てることを考え、明治四年（一八七一）二月、熊本城の一角の古城の地に西洋医学の藩校・古城医学校を新設した。父・惟信は、藩主が開校した古城医学校に入学し、医者になるよう柴三郎に勧めたのである。

だが、以前から医学を賤学《せんがく》と見なしていた柴三郎は、「医者にだけはならない」と言い放ち、一歩も引き下がらなかった。しかし、両親に加えて親戚一同もこぞって反対したため、柴三郎は親のいうことを一旦聞き入れ、明治四年、父の勧める藩新設の古城医学校（同年七月廃藩置県により熊本医学校に改称、現在の熊本大学医学部）に入学することにした。ここで初めて北里は医学に触れることになった。

古城医学校は、学費を藩が全額負担し無料であったこともあり、藩内各地から多くの子息が集まった。また古城医学校は、全寮制で、生徒は城内の学校の敷地に建てられた寄宿舎で寝食をともにし、同級生には同郷の藩医の子息・緒方正規《おがたまさのり》（のちの東京帝国大学医科大学長）もいた。

授業時間は午前の二時間と午後の二時間の合計四時間で、実習と見学にはそれ以外の時間が充てられた。北里は入学はしたものの医者になるつもりは毛の先ほどもなく、とりあえず将来に備えて外国語の勉強に力を注いだ。そんな彼を医学と結び付けたのは、長崎医学校から請われて古城医学校に着任したオランダ人軍医コンスタント・マンスフェルト（Constant Mansveldt, 1832-1912）だった。

マンスフェルトは日本語を解せず、もっぱら母国オランダ語で会話した。そのため授業では、マンスフェルトが話すオランダ語を日本人の助教が翻訳して生徒に伝えた。マンスフェルトは北里の向学心の高さを買い、授業が終わると毎晩学校の敷地内にあるマンスフェルトの居宅に自由に出入りすることを許した。

ある日北里は、マンスフェルトから将来なにになりたいかを尋ねられた。返事に困った北里は、少し考えてから申し訳なさそうに、軍人になりたいと正直に答えた。このときマンスフェルトは、医学も社会に貢献できる重要な勉強なので語学の勉強と同様おろそかにせず精進するよう諭したのである。

かつて親に対して、「医者にだけはなりたくない」と豪語した北里が、医学に興味を抱くきっかけは、オランダで発明されたという顕微鏡を覗いたときのことである。

マンスフェルトの許しを得て、何気なく器機の上のレンズに眼をあてがうと、球形や円筒形など、さまざまな形をした黴菌（バクテリア）が所狭しと動き回っている光景を生まれて初めて目の当たりにした。普段目にすることのできない微生物というミクロの世界が広がっていることに驚愕し、北里は好奇の目を輝かせた。顕微鏡の下で繰り広げられている未知の多彩な世界を垣間見て、医学の素晴らしさに魅せられた彼は、それ以降、引き寄せられるように医学に興味を抱き、語学の勉強とともに医学の勉強にも身を入れて取り組むのだった。

マンスフェルトは、北里が二年生になると彼を助手に抜擢し、解剖学、組織学、顕微鏡学、生理学、病理総論などの授業の通訳を任せた。そのため北里の語学と医学の知識は、みるみる上達していった。熊本医学校での任期を終えたマンスフェルトは、北里と別れる際、もし君が医学の道を進むのであれば、郷里を出て東京の医学校に進み、卒業したらさらに国を出て欧羅巴《ヨーロッパ》に留学するよう北里に助言し激励した。

明治八年（一八七五）十一月、北里はマンスフェルトの勧めに従い、郷里を出て神田区泉町の東京医学校（明治十年に東京大学医学部に改称）に入学した。熊本医学校で同級だった緒方は途中で東京医学校に転入したため、同級生の緒方から三年遅れての入学だった。

▲コンスタント・マンスフェルト（Constant Mansveldt, 1832-1912）

熊本医学校ではマンスフェルトに眼を掛けられたが、東京医学校では教師陣に眼を付けられた。その主な原因の一つに、東京医学校の教師がマンスフェルトとは対照的に権威的であったことが挙げられる。教師の居丈高《いたけだか》な態度と倨傲《きょごう》な物言いに反発した北里は授業中に公然と教師を批判し、また教師の論文の不備を指摘したことなども教師の機嫌を損なう大きな誘因となった。後述するが、北里と東京大学との向後の長年にわたる因縁を遡ると、この在学中の北里と教師陣との対立に端を発している。

北里は東京医学校に入って、生徒の個性と主体性を重んじたマンスフェルトの教育方針に改めて感謝した。そして、熊本医学校を出る際にマンスフェルトが語った言葉を思い出した。「医学の使命は、病気から性命を守り予防することにある」。その言葉に導かれるように、北里は予防医学を生涯の仕事とすることを決意するのである。

明治十年四月、神田区泉町の東京医学校は東京開成学校と統合され、法学、理学、文学、医学の四学科と東京大学予備門から構成する東京大学として創立し、校舎は本郷区本富士町の旧加賀藩上屋敷跡地に落成した。

後年、黒死病調査のために北里とともに香港に赴く青山胤通と出会ったのは、ともに学んだ東京大学である。二人が登場する最初の記録は、北里と同級生の河本重次郎《こうもとじゅうじろう》（大正十一年、東京帝国大学名誉教授）の回顧録の中にあった。

河本は、明治十八年に東京大学医学部を首席で卒業し、ベルリン大学留学後、明治二十二年に帝国大学医科大学眼科学初代教授に就任する。その河本は、東京大学のお雇いドイツ人教師で外科医のユリウス・スクリバ（Julius Scriba, 1848-1905）が、授業中に一級上の青山胤通に質問したときのエピソードを『回顧録』（河本先生喜寿祝賀会事務所、一九三六年）に次のように書き残している。

「スクリバ（外科学）教師から質問された青山は即座に答えることができずに窮《きゅう》していると、教室の後ろの方でそれを見ていた同級の北里が、何気なく少し笑った。それを聞き漏らさなかった青山は、激高し、骨格標本の大腿骨を握りしめて振り向き、北里の頭を殴ろうと襲いかかって来たことがあった。青山は学生時代から体格も気力も人並み以上に強靭で、ひとたび怒れば近寄ることもできないほど手の付けようがなく、人に愛されるというよりも人に敬《うやま》われ畏《おそ》れられる人だった」と。

左記は、河本重次郎の『回顧録』の一節である。

> 在る時、青山君がスクリバに何《な》にか問はれて、答へが旨く行かなんだ、ところが上の方で見て居た余が級の北里君が、何の気もなく少しく笑った。青山君は大《おお》いに怒って、手に持って居た大腿骨の頑頭で、振り向き乍ら、北里君の頭を打たんとしたことがあった。〈中略〉
>
> 青山君は、体軀《たいく》も偉大にして、精神気力、また大なるところあり。衆人のおよばざるところであった。兎に角、一種の豪傑《ごうけつ》であったに相違ない。その一旦憤怒《ふんぬ》あるや、虎豹《こひょう》の如く、殆《ほと》んど近くべからず、ゆえに人に愛せらるゝと云ふよりは、寧ろ敬畏《けいい》せられたる方なり。
>
> （『回顧録』河本重次郎、河本先生喜寿祝賀会事務所、一九三六年）

そのころ北里は、東京大学在学中に数十名の仲間を誘い「同盟社《どうめいしゃ》」という学生結社を組織し、その活動を主導した。同盟社は、「いやしくも志を天下に有する者は雄弁でなければならない」という主旨によって結成され、毎週土曜日に本富士町の大学構内で演説会を開催し、活発に討論をおこなった。北里はその主将として政治、外交、軍事、教育、医療などあらゆる分野の問題を扱い、時代の青年らしく、みずから憂国の士を任じた。

北里の演説の自筆原稿が、港区白金の北里研究所北里柴三郎記念室に残されている。和紙に綴じられた原稿の表紙には角張った楷書で『医道論』の演題が墨書きされている。表紙を捲《めく》ると、二つ折りの罫和紙に肉細の文字が、写経のように規則正しく並んでいる。

北里が弁じた医道論を約言すると、「国の基本は国民の健康にあり、医学の基本は人びとが健康を保てるように性命を病気から守り、病気を未然に防ぐ」ことにある。そこには、北里が医学を志した若い正義感と、その後の生涯を貫いた高潔な信念が何よりも雄弁に述べられている。医道論を概言するとこうである。

「日本では昔から医学を賤学《せんがく》と見なし、大志を抱く者は決して医学を志すことはない。それは医者が自分の生計と栄華のために医療をおこない、権力者や富豪におもねることばかりを考えるため、大志を抱く者は医者を嫌って遠ざけるからである。

今日の東京大学の医学生の全部が金持ちの子ではなく、その半数は国民の血税を学資とし、税金は国民が一日も休む暇なく困窮の中で納税した金である。その血税を無駄遣いし、自分の実力で学問が進歩するのだから国が資金を出すのは当然だと勘違いをしているのなら、とんでもないことである。このような卒業生が大学や病院に就職すると栄華を求め、さらに医学を志す者がいなくなる。今から医学をめざす者は、大いに発憤してこの悪弊を絶ち、医学の基本に立ち返らなければならない。私の意見に賛同の有志は一緒に憤怒し、この悪弊を今から洗い去ろうではないか」。

北里が学生時代に草したこの『医道論』は、衛生学と細菌学を研究課題の大きな柱に据え、未知の感染症の究明のために多くの障害を乗り越えて邁進した彼の波乱に満ちた生涯を、図らずもこのときすでに示唆していた。北里は、医道論の精神をその後の人生において一貫して持ちつづけ、それは終生変わることはなかった。
漢文調の原文の概説を左に筆録する。

医道論

昔の人は、医は仁の術、また、大医は国を治すとは善い事をいう。医の真の在り方は、大衆に健康を保たせ安心して職に就かせて国を豊かに強く発展させる事にある。人が養生法を知らないと身体を健康に保てず、健康でないと生活に満たせる訳がない。人民に健康法を説いて身体の大切さを知らせ、性命を病気から守り、病気を未然に防ぐのが医道の基本である。

ところが、医者という地位にいて勉強せず、ただ自身の生計を目当てに病気を治すことだけに勤め、甚だしき自分の栄華だけを祈る。そうなると病気が減るより、寧ろ増えるのを欲するようになり、仁術どころか医道の賊《ぞく》である。ある人が、お前の言うようにすると医者は皆、研究を怠る様になると言うが、それは未だ私の意を解していない。病気を未然に防ぐ為には、病気の原因と治療、つまり、医術を徹底的に理解しないと達成出来ない。真の医を施すには医術の充分な研究が必要である。医学を志す者は理論技術とも甲乙なく徹底的に研究する必要がある。

日本では昔から医学は賤学《せんがく》と見做《みな》され、大志を抱く者は決して医学を志向しない。医学を賤学と見るのは、医道が衰退した為で、医者自身が為した天罰である。医者が自分の栄華だけを祈り、権力者や富豪に迎合《げいごう》することばかりを考えた為め、識者から軽蔑され、だから大志を抱く者は医業を嫌って遠ざける。従って医学は発展せず、人民もその任務の重要性を知らない。これが医学が衰退し、真の医道を探究できない原因で、じつに悲嘆の至りだ。だから、今から医学に入る者は、大いに奮発勉励《ふんぱつべんれい》し、この悪弊を捨て、医道の真意を理解せねばならない。

今の学生の風潮をよく見ると、その意志は薄弱で贅沢に走り、うわべを飾るだけで満足している。医学生の全部が金持ちの子ではなく、東大生もその半数は人民の血税を学資としている。人民は日夜辛苦して一日も休む暇なく困窮の中で納税した金なのに、それを無駄遣いして知らぬ顔をし、自分の実力で学問が進歩するのだから国が資金を与えるのと思い違いをしているのなら、とんでもないことである。このような者が就職すると栄華を求め、更には病気を未然に防ぐより増えるのを欲するようになれば、人民や国に対しても面白くない。自分に賛同の有志は一緒に憤怒し、この悪弊を今や洗い去ろうではないか。〈後略〉

明治十一年四月某日

北里柴三郎　述

（『医道論』北里柴三郎、私家版、明治十一年）

明治十六年（一八八三）四月、北里は明治八年十一月に入学してから七年五ヶ月かけて東京大学医学部を卒業した。同期の多くの卒業生は病院などの診療機関に就職し、医学士として高待遇で迎えられたが、北里は医者になる気はなかった。東京大学で医学の教育を受けたとはいえ、たかだかその程度の知識や経験ですべての患者を診察し、治療してよいものだろうかと疑問を抱いたのである。折しもこの年、国民が健康的に生活するために必要な衛生事業を担う行政組織として新たに内務省衛生局（現在の厚生労働省の前身）が創設されることを知り、早速北里は衛生局に入局することにしたのである。

後年、北里の高弟の宮島幹之助《みやじまみきのすけ》（一九〇三年伝染病研究所入所、一九三八年北里研究所副所長）と高野六郎《たかのろくろう》（一九〇九年伝染病研究所入所、一九四九年北里研究所所長）が編纂し、北里が生前みずから校閲した伝記『北里柴三郎傳』（北里の死の一年後に北里研究所から刊行）がある。今日『北里柴三郎傳』は北里の一次資料として貴重だが、その伝記のなかで東京大学を卒業した北里が進路選択に当たり、国の衛生事業に関わろうと決心する様子を、こう記している。

左は、『北里柴三郎傳』（北里研究所、一九三二年）の「進路」の項からの抜粋である。

▲北里柴三郎の演説原稿「医道論」。18罫和紙8枚に楷書体で墨書きされ、原稿の所々に演説の際の区切りと思われるカギ印（⌴）が付けられている（北里柴三郎記念室所蔵）

可なりに長かったが學窓《がくそう》生活もいつの間にか過ぎて、（北里）先生は日本に於ける醫學の最高教育を修了して醫學士となった。併《しか》し先生は診療に従ふの意志はなかった。最高教育を受けたとはいえ、これだけの知識、またこれだけの経験で、有らゆる疾病を診断して治療し得るものであろうかと疑った。地方の病院長や醫學校長に喜び勇んで赴任する同輩の心中を先生は忖《はか》りかねたのである。講義の切賣りなら出来ぬこともなかろうけれども、病院長を神様の如くに思って集まる患者に、自信のない治療や訳の分らぬ処方を与えられようか。〈中略〉かくて熟慮を累ねた後、衛生局に這入ったならば面白かろうと思ひ付いた。醫學の政治、国を醫する衛生事務、これこそ吾が素志《そし》に近いものであると先生は吾が膝を叩いた。

（「進路」『北里柴三郎傳』宮島幹之助・高野六郎編、北里研究所、一九三二年）

明治十六年四月、東京大学医学部を卒業した北里は、同窓生が棒給月額二〇〇円（現在の約二〇〇万円に相当）の高給待遇で地方の病院長や医学校長に就任するなか、敢えて七〇円（現在の約七〇万円に相当）の給与で内務省衛生局に入局する。北里が勤める内務省衛生局の直属の上司が、長与専斎局長であった。長与はその後の北里の人生の節目にたびたび登場し、大きな影響を与えることになる。

長与専斎は、北里より十四歳年長で、大村藩（現在の長崎県大村市）に代々仕える漢方医の家系に天保九年（一八三八）に生まれている。長じて大坂の蘭学者緒方洪庵《おがたこうあん》の適塾《てきじゅく》（大阪大学の前身）に入門し、福澤諭吉の後任として塾頭となったのち、長崎精得館（のちの長崎医学校）でマンスフェルトとともに医学教育に取り組んだ。そしてマンスフェルトはその後、熊本医学校に赴任し北里や緒方らを指導した。一方長与は、明治四年（一八七一）に岩倉具視《いわくらともみ》使節団に加わり欧米の医療ならびに衛生行政を二年間視察して帰国し、北里が入学する前年の明治七年に東京医学校の校長に就任した。

長与専斎がおこなったものの一つに、「衛生」という言葉の造語がある。今日「衛生」を『広辞苑』

で調べると、「健康の保全・増進をはかり、疾病の予防・治療につとめること」と説明される。この「衛生」という概念を初めて意識した日本人が長与専斎だった。長与は、岩倉使節団の一員としてドイツ・ベルリンを訪れた際「ヒギエーネ（Hygiene）」と呼ばれる国民の「健康保護」を担う行政組織の重要性に気付き、荘子の『庚桑楚篇《こうそうそへん》（衛生の経）』の語句から「衛生」を採用し内務省衛生局を明治八年に創設、みずからその初代衛生局長に就任した。なお、長与が「衛生」の語源とした「ヒギエーネ（Hygiene）」は、ギリシャ神話の医神アスクレピオス（Aesculapius）の娘のひとりで、健康を守る神として崇められたヒュギエイア（Hygieia）に由来する。爾来、長与は内務省衛生局長として十六年もの長きにわたって衛生行政を牽引し、「日本の衛生の父」と呼ばれることになる。

▲長与専斎（1838-1902）

さて、かつて熊本医学校で北里と机を並べた緒方正規は、ロベルト・コッホの助手でのちにコッホ研究所の所長になるフリードリヒ・レフラー（Friedrich Loeffler, 1852-1915）から先進の細菌学を学び、明治十七年（一八八四）十二月にドイツ留学から帰国した。そして、東京大学医学部で衛生学講座の講師に就く。また緒方は翌十八年二月に長与が局長を務める内務省衛生局の御用掛を拝命し、衛生局東京衛生試験所に兼勤した。

神田区和泉橋の東京衛生試験所では、十坪ほどの二室が細菌学の研究に充てられていた。緒方はこの細菌学研究室に、高解像度の油浸レンズ顕微鏡をはじめ、コッホ氏消毒釜、平板培養器、孵卵器などドイツ製の最新機器を取り揃え、国内で発生する各種伝染病の細菌学的調査をおこなうとともに、結核ならびに脚気の基礎研究を開始させた。

その緒方の助手についたのが北里だった。北里を緒方の助手としたのは、コッホ流の細菌学の研究手法を北里に触れさせたいという、長与ならびに緒方の配慮からだった。長与や緒方に支えられて、北里は細菌学の研究に着手する。それからほどなくして北里は、緒方のようにコッホの下で研究したいと、ドイツ留学を希望するようになっていた。

東京衛生試験所で北里が最初に手がけたのは、東京市内で発生した鳥の集団死の原因究明だった。明治十八年四月、麹町区富士見町の某華族邸内で飼われていたアヒルの謎の集団死が発生し、通報を受けて北里がその調査に当たった。北里は死んだアヒルの血液や臓器を顕微鏡で観察した。すると、そこに細長い棒状の細菌（桿菌）を確認した。その細菌をシャーレのなかで純粋培養し、検証した結果、パスツールが明治十三年（一八八〇）に発見したニワトリ・コレラ菌であると特定したのである。

次に北里が手がけたのは、同年九月初めに長崎で集団発生した原因不明の伝染病だった。このとき、四三〇〇人余りが罹患しそのうち半数以上が死亡した。北里は内務省から調査を命じられてただちに長崎に出張した。同月二十日に、長崎の隔離病院に収容された数十人の患者の便から病原菌を採取して純粋培養し顕微鏡で観察した。このとき、コンマ型の桿菌（コンマバチルレン）を確認した北里は、病原菌はコッホが明治十六年（一八八三）に発見したコレラ菌であると結論を下す。これが日本で最初のコレラ菌の検出である。

その後、北里は長崎で採取した菌株を東京に持ち帰って再度追試し、コレラ菌であることを確かめると、その調査結果を「虎列刺《コレラ》病原菌取調復命書」と題する報告書にまとめて、長与衛生局長に提出した。その報告書の摘要は「虎列刺病原菌取調復命書」の見出しで、明治十九年一月十五日付け『読売新聞』に掲載された。

先に虎列刺《コレラ》病原菌取調《とりしらべ》のため長崎湾に派遣せる内務省准判任御用掛《じゅんはんにんごようがかり》醫學士北里柴三郎君復命書の摘要《てきよう》左の如《ごと》し。

患者数人の糞便を検《けん》し、滞在中数十人におよびしその真性《しんせい》虎列刺症と認むるところの者には常に必らず無数のコッホ氏コンマバチルレンを見る。そのコンマバチルレンの大きさは結核コンマバチルレンよりも稍小《やゝしょう》にして多少湾曲形を成《な》せり。試験室の温度は摂氏《せっし》二十四度内外なりし。右試験の成績を由《よ》りてこれを観《み》れば本年長崎湾流行の虎列刺は真性亜細亜虎列刺《アジアコレラ》たること疑《うたが》ひなし。

〈中略〉

帰京の後、東京試験所に於て携帯し来るところのものを培養ゼラチンに接種するに、刺痕溝《しこんこう》に沿ひて漏斗《じょうご》状の陥没《かんぼつ》を生じる事《こと》コッホ氏の言《こと》に符号し、これと顕微鏡にて検すれば無数のコンマバチルレンなり。もって益々《ますます》その真性虎列刺たる事《こと》を証《しょう》するに足《た》れり。

（「虎列刺病原菌取調復命書」『讀賣新聞　第三二九七号』明治十九年一月十五日）

一般にコレラの病原体は、食べ物を介して人間の体内に侵入する。口から入ったコレラ菌は、胃を通過して小腸で活動を開始し、大腸内で爆発的に増殖する。このとき増殖したコレラ菌は大腸内で毒素を生産し、これが腸内の粘膜細胞を侵食して激しい下痢と脱水症状を引き起こす。放置すれば、四人に三人までが死亡した。コレラの治療がまだ定まっていなかったこのころ、感染がほかの地域に拡大することなく終息できたのは、北里の素早い病原菌の特定と、早期に適切な対処がとれたためだと推察される。

北里の「虎列刺病原菌取調復命書」の報告を受けて、長与局長は北里の病原菌を特定する実験手法の手際のよさと正確さを高く評価し、北里をドイツに留学させるよう内務省に申し入れた。しかし、このとき内務省ではドイツ留学はジョン万次郎の嫡子で東京大学医学部を卒業した中浜東一郎(のちの東京衛生試験所所長)に決まっており、すでに内務卿の決済も済んでいた。

困った長与は、陸軍軍医監の石黒忠悳《いしぐろただのり》に相談し、改めて中浜と北里の二人を留学させるよう省議に諮った。だが、内務省会計課長は、内務省から一名を派遣する予算確保さえ容易ではないのに、まして衛生局から同時に二名を派遣させるなど慣例になく、また予算上においても不可能であると主張して譲らなかった。

やむなく石黒忠悳は、予てから懇意の仲であった山縣有朋《やまがたありとも》内務卿に、もう一名の留学資金の追加決済を直接申し入れた。こうした長与と石黒の懸命の働きかけによって、北里はドイツに留学できることになったのである。かくて明治十八年十一月四日、北里は内務省より「衛生学術上取調トシテ独逸国被差遣候事」の辞令を受け取った。こうして北里は、留学資金として年額六〇〇円（現在の約六〇〇万円に相当）を受給し、念願のドイツ留学が叶えられたのである。

北里がドイツに向けて東京を発つ前、緒方はベルリン大学の恩師レフラーに宛てて「北里君は貴下の御尽力によりロベルト・コッホ先生の御指導を乞いたいと希望しております」としたためた紹介状を手渡していた。北里は、緒方の紹介状を携えて、横浜港に停泊するフランス汽船「メンザレー号」に乗り込んだ。同乗者には、同じ内務省衛生局の留学生で、北里と留学選考を競った中浜東一郎の姿があった。

微生物学の都・ベルリンにて

明治十九年（一八八六）二月、マルセイユから列車でドイツの首都ベルリンに着いた北里は、クロスター街にあるベルリン大学を訪れ、ロベルト・コッホが主宰する衛生研究所を訪ねた。コッホの高弟のフリードリヒ・レフラーに緒方の紹介状を差し出し、コッホの弟子になりたい旨を説明したが、その日コッホはあいにく不在だった。

翌日、北里はレフラーに案内されて教授室に通され、そこでコッホとの運命的な出会いを果たす。一方コッホは、そのときの北里の印象をのちに「余はその時北里がよく獨逸《ドイツ》語を話すのに驚いたに過ぎなかった」と述べている（『北里柴三郎傳』三十五頁）。いずれにしても、このとき北里は世界各国からコッホの下にやって来る多くの研究者のなかから、入門することを許された。そして翌日から北里は、コッホから与えられる実験課題に誠実に取り組むのである。

北里の仕事は、実験課題に対して実験計画を立て、それに必要な実験器具を準備するところからはじまる。まず準備の段階で、シャーレや試験管、ゴム管など、使用する実験器具の一つ一つを自分の手で限なく丁寧に洗った。細菌学が黎明期の当時、まだ個々の細菌の特性が十分に分かってはおらず、滅菌や殺菌の方法も定まってはいなかった。北里は正確な実験結果を得るために、自分で確かめながら徹底した除菌消毒をおこない、シャーレなどの実験器具のなかに雑菌などが混入する可能性を極力排除することに努めたのである。

北里がコッホの信頼を得るのに、さほど時間は要しなかった。北里の仕事ぶりを見た同僚たちは皆一様に驚嘆した。「正確」と「勤勉」を美徳とするドイツ人ですら、北里のように周密で正確な実験を幾度も繰り返しおこなうことなどできそうにないと思えたからだ。レフラーは新入りの北里についてコッホに報告した。「北里は珍しい男です。我々ドイツ人にも彼ほどの勤勉家はまずいないでしょう」と。

一八八七年四月十六日、ミュンヘン大学のマックス・フォン・ペッテンコーファー（Max von Pettenkofer, 1818-1901）教授の下で衛生学を学んでいた森林太郎は、この日、北里のいるベルリンを訪ねた。森はミュンヘン大学で衛生学を学んだ後、コッホの下で最新の細菌学に触れることを希望し、その旨を旧友の北里に手紙で伝えていた。

四月二十日、北里は森を伴ってコッホの部屋に入り、コッホに森林太郎を紹介した。そして、彼が細菌学を学ぶことを希望していることをコッホに告げると、コッホは「北里が面倒を見るのであればよいだろう」と、森の半年余りの短期留学を認めたのである。この日、森林太郎は『独逸日記』（明治二十年四月二十日の条）に、「二十日。北里、余を誘ひてコッホ Koch を見る。従学《じゅうがく》の約を結ぶ」と書き記している。

森はベルリンに下宿を定め、五月から衛生研究所に通い、コッホの助手のゲオルク・フランク（Georg Frank, 1856-1910）ならびにカール・フレンケル（Carl Fraenkel, 1861-1915）から細菌学の講義を受けた。その後、細菌学の実習として「下水道の病原菌について」という課題を与えられた森は、ベルリンの下水を採取してそのなかにどのような種類の病原菌がどの程度存在するかを調査した。森はそれを半年間の期日のうちになんとか報告書にまとめ上げ、十一月にコッホに提出すると、ミュンヘンに戻って行った。

そのころ北里は、コレラの研究をしたいという希望をコッホに伝えていた。それが叶えられて、「コレラ菌における乾燥および温熱に対する抵抗力等について」という研究テーマがコッホから課せられた。北里はコッホの期待に応えるためにコレラ菌のさまざまな環境下での挙動を検証し、予防法の確立に向けた研究に取り組んだ。

コレラの研究が佳境にさしかかったころ、日本から石黒忠悳陸軍医務局次長（明治十九年から陸軍医務局次長）が来独した。石黒は一八八七年九月にウィーンで開催される第六回万国衛生会議に日本政府を代表して出席するために日本を発ち、ミュンヘン大学に留学中の森林太郎軍医を伴ってウィーンに行く途上、視察を兼ねて北里のいるベルリンに立ち寄ったのである。ところが、石黒と北里は会うなり口論になった。

森に呼び出された北里は、石黒が逗留するホテルの一室を訪ねた。すると石黒は、「ドイツ留学の三年目の最後の一年をミュンヘン大学で衛生学を学ぶように」と北里に告げた。北里がそれを固辞すると、「これは官命である」と石黒は強い口調で北里に言い渡したのである。

石黒の威圧的な物言いに反発した北里は「細菌学は最新勃興の学問で門外漢のうかがい知るところではなく、一年や二年程度ですべてを学び終えるものではないことだけは貴官もお分かりだろう」と反論した。すると石黒は言下に、「上司の命に背く積もりか」と気色ばんだ。

北里の留学先の移動の話を、石黒は北里の直属の上司の長与に相談し、事前の承諾を取り付けていたはずだ。おそらく北里は長与からその話を内々に聞き、固辞したと思われる。そのため、わざわざ石黒はウィーンの万国衛生会議への途上、北里と学生時代からの朋友であった森を伴いベルリンに立ち寄ったのだろう。

石黒は、日本が先進国と肩を並べるためには、広い分野で世界水準の知識をいち早く導入普及させる必要があると考えていた。このとき、内務省から北里とともにドイツに留学していた中浜東一郎は、ミュンヘン大学のマックス・フォン・ペッテンコーファー教授の下で衛生学を学んでいた。石黒は、ペッテンコーファーの下で衛生学を学ぶ中浜とコッホの下で細菌学を学ぶ北里を交代させれば、より多くの世界的な知識を効率的に吸収することができると考え、北里に残り一年の留学期間をミュンヘン大学のペッテンコーファー教授の下で衛生学を学ぶよう、直接本人に言い渡しに来たと推察できる。

ペッテンコーファー教授は、「衛生学の父」と呼ばれる近代衛生学の第一人者である。生活環境と病気の関係に注目し、上下水道の整備などの衛生行政に大きく貢献するとともに、中浜東一郎のほか、緒方正規や森林太郎などの多くの日本人留学生を受け入れ、指導した。また、ペッテンコーファーは病気の発生理論の意見の違いから、「細菌学の父」と呼ばれて頭角著しいロベルト・コッホとしばしば激しく対立したことで知られている。

なかでも代表的なものに、コレラの原因をめぐるペッテンコーファーとコッホの対立がある。コレラはインドのガンジス川流域のベンガル地方で古くから知られ、サンスクリット語で「死にいたる腸の病」を意味する「ビスシカ」と呼ばれて恐れられていた。それまでコレラはベンガル地方の風土病として局地的流行（エンデミック）を起こしたものの、他の地域に広がることはなかった。しかし、イギリスの植民地政策の拡大とともに世界各地に拡散し、さらに十九世紀の産業と輸送の近代化の波に乗ってイギリスを中心に世界的大流行（パンデミック）を引き起こしたのだった。

一八四九年、ミュンヘン大学の助教授であったペッテンコーファーは政府のコレラ対策委員会の一員としてコレラ研究を開始し、さまざまな疫学調査の結果、「コレラ土壌説」を発表した。彼の説によれば、コレラの病原体は腸内に存在し、それ自体には感染能力がないが、糞便となって土壌のなかの腐敗物質と触れ合うことで環境汚染物質をつくり、それが直接の病因となってコレラを発症させるという。そして、ペッテンコーファーはコレラ対策として上下水道を整備する重要性を訴えたのである。その提言に基づいておこなわれた上下水道の整備は、その後のコレラ感染の抑止に大きな効果を挙げた。その功績が高く評価され、一八七六年にペッテンコーファーはドイツ初となる衛生学講座をミュンヘン大学に創設しその初代教授に就任、公衆衛生学の権威としての地位を確立したのである。

一方コッホは、一八八三年にコレラ患者からコンマ型の桿菌を発見し、この細菌こそ、コレラの原因のコレラ菌であると発表した。

コレラ研究の第一人者を自認するペッテンコーファーは、コッホの「コレラ細菌説」を認めず、ことごとにコッホと対立した。しかし、その後さまざまな病原菌が発見され、細菌学が隆盛を迎えるにつれて、コッホとのコレラ病因論争は、次第にペッテンコーファーが劣勢になっていった。そうした状況を打開するために、ペッテンコーファーはみずからコレラ菌を飲み、コレラに罹らないことを示すことで「コレラ土壌説」の正しさを証明し、コッホの「コレラ細菌説」が誤りであることを白日の下に晒そうとしたのである。

一八九二年十月七日、ペッテンコーファーは周到な準備のうえでコレラ菌自飲実験を決行した。胃酸を中和するために重曹液を飲んだあと、致死量に相当する約一〇億個のコレラ菌の水溶液を飲み干した。だが、ペッテンコーファーになんの症状も現れなかった。二日目に軽い下痢は起こしたものの、コレラを発症することはなかったのである。

なぜ、ペッテンコーファーはコレラ菌を飲んでもコレラを発症しなかったのか。その理由をめぐって、さまざまな理由が取りざたされた。ペッテンコーファーが飲んだコレラ菌は、実験室で培養を繰り返すうちに弱毒化したのではないか？　あるいは、ペッテンコーファーが長年のコレラ研究のうちにどこかでコレラに感染し免疫を持っていたのではないか？　などの説が指摘されたが、その理由はいまなお不明のままである。いずれにしても、ペッテンコーファーがコレラに罹らなかったのは幸運だったというほかない。

コッホに心底傾倒し、自然に話し方から仕草までコッホに似てきた北里は、コッホと学説が対立するペッテンコーファーに師事する積もりは毛頭なかった。むしろ北里は、日本が先進国と肩を並べるためには、世界最高の学者になることが必要だと考えていた。それゆえ、コッホの下で世界最先端の細菌学を学び、コッホが認めるような世界的な研究成果を上げるまでは移動することも帰国することもできないと心に固く決めていたのである。西洋で学んだ先進医学を国のために役立てたいという気持ちは同じであっても、官僚の石黒と研究者の北里とではおのずと考え方が異なった。二人が真っ向から激しくぶつかり、互いに一歩も引かなかったのも当然だった。

▲石黒忠悳（1845-1941）

上司と朋友の激しいやり取りを間近で見ていた森は、機転を利かせて北里を石黒の部屋から連れ出し、その場をなんとか収めた。石黒は陸軍省医務局と内務省衛生局の二つの局の人事権を掌握する高官である。その石黒の命に背くことは退官をも覚悟のうえの振る舞いであったことは、北里本人も十分承知していただろう。

このとき森は、北里を隣の自分の部屋に引き入れ、「官命に反抗するとは、君は一体どういう積もりか」と北里に詰め寄った。すると北里は、「自分の望みが容れられなければ、衛生局を御免蒙るだけだ」と返答した。「君は直ぐこれだから不可《い》ぬ《か》」と森は呆れるしかなかった。このとき森は、北里が研究をつづけることが適わぬのであれば、退官して自費ででも研究をつづける決意であることを聞く。

北里がそこまで真剣にコッホの下で研究を継続したいと考えていることを知った森は、その夜、北里の下宿に訪ねて来て、「とにかく石黒に細菌学の実状を説いて納得させた。このうえは、君より石黒に対し、貴下の御尽力に依り今後もこの地で勉強出来る様にして頂きたいと頼むがよい」と北里に告げるのである（『北里柴三郎傳』四十一頁）。

石黒がベルリンに立ち寄ったのには、北里に留学先の移動を申し渡すこと以外にじつはもう一つ、大きな理由があった。

当時日本はコレラが流行し、その予防策に苦慮していた。その対応の陣頭指揮に当たったのが、ほかならぬ石黒だった。一方コッホはコレラ菌を発見した後、各国のコレラ対策と感染状況の関係を検証し、効果的な対策法の調査を進めた。石黒はコレラ予防に有効な具体的な対策についてコッホから直接教えを受けるため、在日公使館員のバロン・フォン・シーボルト（Baron von Siebold, 1846-1911）を介してコッホと会見する日取りを事前に打ち合わせていた。

日本では、幕末から明治期にかけてたびたびコレラが猛威を振るった。コレラに罹ると激しい下痢と嘔吐に襲われ、経口水の補給を怠れば、数時間のうちに死亡することもあった。あっという間にコロリと死んでしまうことから、「狐狼狸《コロリ》」と称して大いに恐れられたのである。

石黒がコッホと会ってコレラ対策の指導を仰いだころの統計資料によれば、明治十九年（一八八六）に日本全国でコレラが大流行し、コレラの患者数は一五万五九二三人を数え、死者数は一〇万八四〇五人に上った。一つの病気で一〇万人以上の死者を出し、しかも感染者に対して七〇パーセントの致死率は極めて高く、コレラ対策は衛生行政にとってまさに国の存亡に関わる焦眉の問題であった。

なお、明治十九年の日本人の平均寿命を調べると、男性が四四・四六歳、女性は四八・九二歳と驚くほど低く、そこにはコレラをはじめとする急性感染症が大きく影響したと推察される。事実、明治十九年の一年間の感染症死亡者数を多い順に列挙すると、一位が一〇万八四〇五人のコレラ、二位が一万八六七八人の天然痘、三位が一万三八〇七人の腸チフス、四位が六八三九人の赤痢であり、一位のコレラが群を抜いて高く、コレラは日本人の平均寿命を短くしている主要な原因であったことが分かる（『医制百年史・資料編』厚生省医務局編）。

このとき石黒は、ベルリン大学衛生研究所にコッホを訪ね、彼に直接、コレラ対策に関する種々の質問をおこなっている。のちに著した回顧録『懐旧九十年』で、石黒はコッホとの問答をこう書き残している。

一日《いちじつ》コッホ氏をその研究所に訪問しました。

丁度北里柴三郎君がコッホ氏の助手をしていた時で、万事好都合でした。コッホ氏が指示された地図の日本のところには、我が国でコレラの流行した年々とその患者数がチャンと記入されてあります。これはその時々に氏が一々書き入れたものらしく、その用意周到なのに驚きました。氏は各国の流行状況および予防施設の実際等をそれぞれ詳しく調べているとのことで、我が国の実状について詳細な質問があり、私の方からも種々尋ねましたが、そのうちに我が国の農業で糞便を肥料に供するがコレラ患者の糞便を消毒するに苦心する由《よし》を申したところ、コッホ氏は「それは容易なことで、石灰を糞便の消毒に使用することが一番よろしい。」と言われたので、私はこの簡便な消毒法をその夜直ちに内務省の長与衛生局長のところへ通知しました。

これが糞便消毒に石灰乳を用いた始めであります。（『懐舊九十年』石黒忠悳、博文館、一九三六年）

現在、日本でコレラはほぼ撲滅状態にあり、検疫対象から除外され病原コレラの検出はおこなわれなくなった。それは上下水道の整備など、石黒忠悳や長与専斎らの長年にわたる努力の末に築き上げた衛生行政を礎に、その衣鉢を引き継いで発展させた北里柴三郎をはじめとする多くの医学者たちの研究成果によるところが大きい。

その後、石黒からミュンヘンへの移動を申し渡されたことを北里から聞いたコッホは、石黒に細菌学の研究状況を説明したうえで、信頼する愛弟子の北里をこのままここに留めるよう石黒に申し入れた。北里がコッホから厚い信頼を得ていることを知った石黒は、コッホの丁重な申し入れを快諾し、森を伴ってベルリンを発った。森の咄嗟の機転とコッホの丁重な申し入れによって、北里はドイツ留学の三年目の一年間を引きつづきコッホの下で細菌学を学ぶことが許されたのである。

もしもこのとき石黒が許していなければ、その後の細菌学の歴史は変わっていたかもしれない。

▲石黒忠悳を迎えたドイツ医学留学生、ベルリン・フリードリヒ通りの写真館にて1888年6月3日撮影（＊は本書に名前が登場する人物）
前列左より＊河本重次郎（のち帝国大学医科大学眼科教授）、＊山根正次（のち警察医長）、＊田口和美（のち帝国大学医科大学解剖学教授）、片山国嘉（のち帝国大学医科大学法医学教授）、＊石黒忠悳（のち陸軍軍医総監）、＊隈川宗雄（のち帝国大学医科大学医化学教授）、尾沢主一（留学中客死）。中列左より＊森林太郎（のち陸軍軍医総監）、武島務（のち陸軍三等軍医）、＊中浜東一郎（のち東京市医師会初代会長）、佐方潜造（のち函館病院長）、島田武次（のち宮城病院産科長）、谷口謙（のち陸軍軍医監）、瀬川昌耆（のち瀬川小児病院長）、＊北里柴三郎（のち伝染病研究所長）、江口襄（のち陸軍一等軍医正）。後列左より＊浜田玄達（のち帝国大学医科大学産婦人科教授）、加藤照麿（のち宮内省侍医）、北川乙次郎（のち和歌山県立病院長）。

一八八九年の破傷風菌の純粋培養という世界初の輝かしい成功も、翌年の血清療法の確立という人類初の快挙もなく、さらにいえば世界から「感染症学の巨星」と北里柴三郎が呼ばれることもなかっただろう。

同時に、これによって中浜東一郎はコッホから細菌学を学ぶ機会を失うことにもなったのである。

幻の「脚気菌」発見論争

ベルリン大学に留学した翌年（一八八七）、北里は大きな論争に巻き込まれることになる。騒動のきっかけは、オランダ領東インド・バタヴィア（現在のインドネシア・ジャカルタ）で脚気の研究をしていたオランダ・ユトレヒト大学の細菌学者C・A・ペーケルハーリング（C.A.Pekelharing, 1848-1922）が、脚気は脚気菌によって発症する多発性神経炎であると発表したことだった。

コッホから細菌学を学んだペーケルハーリングは、脚気患者の血液から多くの球状の細菌（球菌）を確認し、脚気菌を発見したとしてそれをオランダの神経科医C・ウィンクラー（C. Winkler, 1855-1941）との共同論文「脚気について（Beri-Beri.《ベリベリ》）」にまとめ、一八八七年発行の『ドイツ医学週報　第三九号（Deutsche Medicinische Wochenshrift, 39)』（八四五―八四八頁）に発表したのである。

脚気は、パンを主食とする欧米には少なく、米を主食とする日本や東南アジア諸国に多く見られる病気である。オランダのペーケルハーリングが脚気患者の多い東南アジアで脚気の病原菌を発見したというニュースは、世界各国に伝えられた。なかでも脚気に長い間悩まされてきた日本人にとって、脚気菌の発見は朗報として受け捉えられた。

日本では脚気は古くから死病として知られ、特に幕末から明治・大正期にかけて猛威を振るった。たとえば第十三代将軍徳川家定《とくがわいえさだ》は、将軍になって四年後、三十四歳の若さで亡くなった。つづいて第十四代将軍となった徳川家茂《いえもち》も、将軍になって七年後、二十歳の若さで病に倒れ、御典医の手当ての甲斐なく亡くなった。二人の将軍を相次いで襲った不治の病は、当時「江戸《えど》煩《わずら》い」と呼ばれていた。その原因不明の流行り病は、脚がむくみ、歩行困難をともなうことから、脚の病気、略して「脚気」と呼ばれた。

脚気は一般に脚の怠《だる》さを感じることからはじまり、その後、脚のむくみや運動障害、心臓肥大などを発症する。さらに病状が高進すると、呼吸困難や心悸亢進《しんきこうしん》（動悸息切れ）などの脚気衝心が現れ、放置すれば多くの場合、悪心や嘔吐をともないながら一日ないし三日のうちに死亡した。

明治に入って脚気はさらに蔓延し、多くの人びとが脚気に罹って倒れた。第百二十二代天皇睦仁《むつひと》陛下（明治天皇）も例外ではなかった。明治十年（一八七七）七月十六日、侍医によって明治天皇が初めて脚気と診断された経緯が、『明治天皇紀』（宮内庁編、吉川弘文館）に記録されている。

十二日、六月下旬より寝御《しんぎょ》おやすみののち転筋《てんきん》（こむらがえり）の発すること数回ありしが、この日初めて御脚《おみあし》部に浮腫《ふしゅ》（脚のむくみ）あるを発見す。左脚ことに甚《はなは》だし。尿量減少し下腹部の張満（腹のふくれ）するに悩ませらる。侍醫その腎臓病ならんことを疑う。

十六日に至り腎臓に故障あらせられざること明白となり、ついで脚気症と確定す。

（『明治天皇紀　第四巻』明治十年七月十二日の条）

このころ日本では、脚気の原因をめぐって海軍と陸軍が激しく対立した。それは、航海訓練で多くの脚気死亡者を出したことにはじまった。明治十六年九月十二日、南米遠航を終えた軍艦「龍驤《りゅうじょう》」が品川港に帰港した。このとき、九ヶ月におよぶ航海訓練の間に艦内で脚気が猖獗を極めた。乗組員三七六名のうち四割以上の一六九名が次々と倒れ、うち二五名が死亡し遺骨となって帰還するという大惨事が起きたのである。

この事態を重く見たときの海軍省医務局長高木兼寛は、英国留学中に学んだ疫学の知識を生かして、脚気発症の因果関係の究明に軍を挙げて取り組んだ。高木は、脚気は栄養素の不均衡が長期間つづくために起きたもので、一種の栄養失調を伴って発症する疾患であるとする仮説を立て、その仮説を検証するために、海軍の兵食をこれまでの白米中心から麦飯中心に変更した。

高木の仮説の正しさはすぐに証明された。翌十七年、大惨事となった軍艦「龍驤」とまったく同じルートで南米遠航を終えた軍艦「筑波」が、品川港に着岸。麦飯を採用したおかげで脚気患者は激減し、一人の死亡者も出すことなく全員無事生還したのである。

高木が海軍の兵食を白米から麦飯に変更したのに対し、陸軍軍医監石黒忠悳は、陸軍の兵食はあくまでも白米食を堅持した。さらに石黒は明治十八年、『脚気談』を上梓し、その著書のなかで、脚気は不衛生な環境で細菌を媒介にして空気感染によって起きる伝染病だとする説を展開した。

また、陸軍軍医の森林太郎は、ドイツに留学中の明治十八年十月、「日本兵食論大意」と題する報告論文をまとめて石黒忠悳宛に送り、論文は明治十九年一月発行の『陸軍医学会雑誌』に掲載された。森の衛生学者としての初の論文「日本兵食論大意」は、白米を主食とするわが国の食事と、パンを主食とする西洋の食事とを栄養学的に比較検討したものだ。そのなかで森は、日本の兵食は西洋の兵食に対して、四大栄養素である蛋白質、炭水化物、脂肪、無機質の摂取比率に大きな差は認められず、なんら遜色がないと結論した。その主意は、高木の「脚気栄養失調説」が栄養学上、いかに根拠がないかを指摘するとともに、石黒が主張する脚気伝染病説に沿うものであった。

脚気をめぐる石黒と高木の見解の相違は、陸軍と海軍の対立へと拡大し、やがて国家を二分する論争を巻き起こした。その歴史的背景には、ドイツ陸軍を手本とする細菌学を中心としたドイツ医学の薫陶を受けた日本陸軍では理学を重んじる風潮があるのに対し、イギリス海軍を手本とする疫学を中心としたイギリス医学の訓育を受けた日本海軍では経験的実証主義によって物事を判断する傾向が強いという、大きな考え方の違いがあった。この石黒の陸軍と高木の海軍の対立に、心ならずも北里が巻き込まれ、それがいつしか北里と東京大学との確執へと進展することになるのである。

脚気菌を発見したと主張した細菌学者は、ペーケルハーリングのほかに、じつはもう一人いる。ペーケルハーリングが東インドで脚気菌を発見する前の明治十八年（一八八五）四月六日、内務省御用掛を兼務する緒方正規は「脚気病菌発見の儀開申《かいしん》」と題する報告論文を内務卿の山縣有朋伯爵宛てに提出し、その内容は「脚気病毒素発見（内務省報告）」の見出しを付けて明治十八年四月七日と八日の『官報』（第五二六号と第五二七号）で連日発表された。さらに緒方は同論文を医学雑誌社（東京医事新誌局）に送り、同月十一日と十八日発行の『東京医事新誌』（第三六七号と第三六八号）に連載されたのである。

緒方はその論文で、脚気患者の血液から細長い棒状の細菌（桿菌）を発見し、その菌をネズミなどの動物に注射するとその動物に歩行困難や腱反射の低下など、脚気と同様の症状が現れたため、この菌が脚気の病原菌であると結論したのである。

脚気菌発見のニュースを聞いた北里は、ペーケルハーリングと緒方の実験報告を入手し、二人の報告書に目を通した。そこに、コッホの高弟のレフラーがやって来て、北里に脚気菌発見の真偽を尋ねると、北里はペーケルハーリングと緒方の実験手法にはいずれも重大な不備があるとして、二人の脚気菌の発見は信用することができないと答えた。

北里が脚気菌の発見を明確に否定したことに驚いたレフラーは、そのことを公表すべきだと北里に勧めた。が、北里は公表を躊躇《ためら》った。緒方は北里と同い年の同窓だが、細菌学の恩師であることに変わりがなかった。また、緒方はコッホに推薦状を書いてくれた恩人であり、緒方の推薦状をレフラーを介してコッホに渡すことができたからこそ、いまの北里があった。わざわざ恩師であり恩人でもある緒方の論説を自分が否定しなくても、いずれ他の研究者が指摘するだろうと考えたのだ。

しかし、緒方の恩師であり、それらの事情をすべて承知していたレフラーは、私情で学問を歪めることはあってはならないといって、なおも北里に公表するよう迫ったのである。

レフラーの言葉に納得した北里は、彼の勧めに応じてペーケルハーリングと緒方の脚気菌発見について、それぞれに論評した原稿をドイツの医学雑誌『細菌学・寄生虫学中央雑誌　第三号（Centralblatt für Bakteriologie, Parasitenkunde und Infektionskrankheiten., 3）』（一八八八年発行）に寄稿した。その論評で北里は、ペーケルハーリングと緒方がおこなった脚気菌を分離培養する際の実験手法に大きな不備があることを指摘し、ペーケルハーリングと緒方が発見した細菌は脚気の病原菌ではなく、他の細菌であると結論した。

北里が報告書を一読しただけで脚気菌ではないと即断したのには、確かな理由があった。それはコッホが感染症の病原体を特定する際の指針として「コッホの四原則」を提出し、北里はその「コッホの四原則」に忠実に従ったからである。

ドイツの片田舎の医師であったコッホは、一八七六年に炭疽菌の分離培養に成功した。さらに炭疽菌を動物に接種して炭疽に感染させ、その病巣から再び炭疽菌が分離培養できることを実証してみせた。それは単なる現象論でなく、科学的な実証実験によって伝染病（感染症）と細菌（病原体）との因果関係を証明した世界で最初の報告であった。さらにコッホは、同じ手法で一八八二年に結核菌を発見し、翌一八八三年にコレラ菌を発見する。

コッホはこれらの経験から、後進の細菌学者のために、病気と病原体との関係を客観的に証明する方法として「コッホの四原則」を提唱した。爾来、数多くの病原体がコッホの原則に則って発見され、その後微生物学は急激な進歩を遂げるのである。

コッホが「コッホの四原則」を提唱した理由。それは、病巣から微生物を発見しても、それが病気の原因である病原体であると簡単には断定することができないからだ。自然界には夥しい数の微生物（病原体）が存在し、人間の体から数多くの微生物が検出できる。そのため、たとえ脚気患者からある特定の微生物を検出したとしても、それが脚気の原因となる病原体であるかどうかをすぐに断定することはできない。

北里は、コッホから左記に示した「コッホの四原則」を叩き込まれた。北里の研究が他の病原性微生物学者より抜きん出た理由の一つは、多くの病原体を発見したコッホからその厳格な実験手法を厳しく伝授されたことにある。

「コッホの四原則」
一、ある一定の感染病には一定の微生物（病原体）が検出できること。
二、その微生物を分離培養（純粋培養）できること。
三、分離培養した微生物をある動物に感染させて同じ感染病を起こすことができること。
四、感染した動物の病巣部から同じ微生物が分離培養できること。

北里は病原体を特定する「コッホの四原則」（四を省き、「コッホの三原則」ともいう）に即して、脚気菌ではないと判断し、論評を発表したのだった。

北里の論評を読んで激怒したペーケルハーリングは、オランダから反論の手紙をコッホの下に書き送ってきた。コッホから手紙を見せられ、その対応を問われた北里は、「ペーケルハーリングの培養を追試しましょうか」と答えた。北里の言葉をコッホがペーケルハーリングに手紙で伝えると、ただちにペーケルハーリングから脚気菌の菌株がコッホの下に送られてきた。

早速北里は、ペーケルハーリングが培養した菌株を追試した。その結果、ペーケルハーリングが培養した細菌はブドウ状の球菌（ブドウ球菌）であった。つまり、ペーケルハーリングが脚気菌と称しているのは、じつはどこにでも棲息するブドウ球菌（*Staphylococcus*）で、実験過程で混入したブドウ球菌を脚気菌だといっているにすぎなかったのである。コッホは北里の追試報告書を同封し、「再試験をせられてはいかが」と書いた手紙を添えてペーケルハーリングに送った。

それからおよそ一年が経過したある日、コッホは北里に紹介したい人がいるといって、久しぶりにベルリンの研究所を訪ねてきたコッホの弟子のオランダの細菌学者を北里に引き合わせた。それがペーケルハーリングだった。コッホを交えて、北里とペーケルハーリングは胸襟を開いて夜遅くまで語り合った。細菌学に真剣に取り組む姿勢に互いに共感し、その後二人の親交は長くつづいたのだった。

一方日本では、陸軍を中心に脚気が蔓延し、その対策に苦慮していた。そんな矢先に、コッホの下で先進の細菌学を学んで帰朝し、東京大学医学部の初代衛生学教授に就任した緒方正規が教授就任後に最初の研究成果として報告した「脚気菌発見」の発表は、日本の医師界から脚光を集め、歓迎された。

明治十八年（一八八五）、緒方は「脚気病菌発見の儀開申《かいしん》」と題する論文を山縣有朋内務卿に上申《じょうしん》し、その論文が明治十八年四月七日と八日の『官報』で掲載された。そこには「脚気患者の血液中より一種の黴菌を採取し、これをゼラチン培地に種植し、またこれを諸動物に接種せしが、諸黴すべて真の脚気に適応するをもって、これを真性の本病々原と確定し、これを〝脚気黴菌〟と命名した」と、脚気菌を発見した過程が詳しく記されていた。

明治十八年四月十四日午後三時、春雨がそぼ降るなか、神田一ツ橋の東京大学講堂で、緒方正規教授を講師として「脚気病毒発見大講演会」と題する催しが盛大に執りおこなわれた。講堂には加《か》藤弘之《とうひろゆき》東京大学綜理、浜尾新東京大学綜理補、三宅秀東京大学医学部長、長与専斎内務省衛生局長、長谷川泰東京府病院長、橋本綱常《はしもとつなつね》陸軍軍医総監、佐藤進《さとうすすむ》陸軍軍医監、高木兼寛海軍省軍医総監など、大学や軍部の医療関係者およそ一〇〇〇人が集まった。

満場の聴講者の拍手を浴びながら、フロックコート姿の緒方教授が演台の前に立ち、脚気菌発見の経緯を語り始めた。

緒方はその講演で、「多くの脚気患者の血液や内臓から炭疽菌に似た未知の棒状の細菌（バチルレン）を発見した。さらに、ゼラチン培地を用いて純粋培養したバチルレンをネズミ、ハト、ウサギ、イヌ、サルに接種し、それらの動物に対してピンセットや注射針で突いたところ、耳や鼻などの上半身では反応があるのに対して膝などの下肢では反応がないなど、脚気と同様の症状を示した。これらのことから、この未知のバチルレンは脚気菌であると断定した」と述べた。

緒方が脚気菌を発見した背景には、明治期に脚気患者が続出したという状況があった。脚気の蔓延を受けて日本政府は、明治十五年に東京大学医学部医院に脚気専門病室を新設し、脚気患者の研究治療に当たった。ドイツ留学から帰国し東京大学医学部教授に就任した緒方正規は、明治十八年に脚気病審査委員に命じられ、脚気の原因を解明する研究を任される。そして同年、緒方は東京大学医学部脚気病室の脚気患者から未知の細菌（バチルレン）を発見する。緒方は、これが脚気の原因である脚気菌だとする論文「脚気病菌発見の儀開申」を発表したのである。

緒方の脚気菌の発見を、日本の医学会は諸手《もろて》を挙げて歓迎した。わけても、緒方の発見と講演を我がことのように喜んだのは、『脚気談』ですでに脚気細菌説を唱えていた陸軍軍医監石黒忠悳である。

この日、緒方の講演の後を受け、「脚気病毒発見大演説会」の標題が掲げられた演壇に石黒軍医監が立ち、ドイツ帰りの緒方が最先端の手法を駆使して脚気菌を発見したことは、じつに喜びに堪えないと、緒方への感謝の言葉を述べた。そのうえで石黒は、かねてからの自論であった脚気細菌説を証明し、真理を世に明らかにしてくれた緒方をこの世に二人といない同心の友（千歳《せんざい》の知己《ちき》）とすると語り、脚気菌を発見した緒方を褒めそやした。

左は、当時の医学雑誌『東京医事新誌』（明治十八年四月十八日発行）に紹介された、「脚気病毒発見大演説會記事」のなかの石黒の演説の抜粋である。

脚気病毒発見大演説会を聞く機会を得られましたことを、大変光栄に思います。また、医学士緒方君に向っては、研究のご苦労とご演説に御礼申し上げます。

さて、緒方君は内務省と文部省の命を奉じてドイツに留学し、殊に衛生学研究の方面では世界的泰斗《たいと》とみられるペッテンコーフエ《ママ》ル君、コッホ君らについて親しく修学されること数年、最近最も行われるところの黴菌検査および培養試験法に熟練され、東洋人がまったく知らないだけでなく、東洋に来ている西洋人もまた、いまだかつて誰も試みたことのない精密な方法によって脚気患者から黴菌を明確に発見し、動物実験を行って、今日我々の眼に黴菌の正体とその病原性を示されたことは、じつに私の欣びに堪えないところであります。

また、内務省衛生局と東京大学の両官庁は、多くの人の中から君を選んでドイツに留学させ帰朝のあとは充分な材料を支給して、この発見に便宜を与えたことは、両官庁がそれぞれ本分をつくされたと言えましょう。〈中略〉

私もここ数年来、脚気黴菌説を信ずるものでありますために、脚気を論ずる人の説が黴菌に近いものであるのを聞きますと大いにその説を信ずる傾向にあります。今、緒方君の説を聞いて悦んでいるのもまさにそのためであります。

最後にひと言述べたいと思います。それはほかではありません、私の宿論と同じ學説であって、真理を世に明らかにされた緒方君をもって千歳《せんざい》の知己《ちき》と致します。

（「脚気病毒発見大演説會記事」『東京醫事新誌　第三六八号』東京醫事新誌局、明治十八年四月十八日）

緒方の「脚気病菌発見の儀開申」の論文発表と「脚気病大演説会」の研究報告会を受けて、東京大学医学部医院の医療従事者たちは、脚気は感染病であり空気感染によって拡大すると認識した。そして脚気患者に対しては、新設した脚気病室の風通しのよい清潔な環境で隔離することが予防と治療のための最善の方法であるとの考えのもと、隔離治療の徹底に努めるのである。

かくて、ドイツ留学から凱旋帰国した新進気鋭の細菌学者の帰国後の最初の研究報告会は、原因不明の謎の病気として長年その対策に苦慮していた脚気の原因を明らかにし、日本の医学研究者を刺激しただけでなく、一般市民の細菌学への関心を大いに盛り上げる効果をもたらしたのは確かである。

その後、北里は緒方の脚気細菌説に対する論評を再び執筆し、「緒方氏の脚気〝バチルレン〟説を読む」と題する論稿を明治二十二年（一八八九）一月二十五日発行の医学雑誌『中外医事新報』に寄稿した。その記事は、国立国会図書館（https://iss.ndl.go.jp/）のデジタルコレクション（https://dl.ndl.go.jp/info:ndljp/pid/1739087/2?tocOpened=1）に収められ、インターネットを介して全文を読むことができる。

左記は、北里が『中外医事新報』に寄稿した論評「緒方氏の脚気〝バチルレン〟説を読む」の結語部分の全文である。


しかれども抄録者は著者緒方氏の考説に左袒《さたん》すること能《あた》わざるを悲しむ者なり。著者は殊更《ことさら》に述べて曰く、余はグラーム氏の複着色法に由りて余が発見したるバチルスを着色することを得て、これを従来知られたるその他の么微有機体《ようびゆうきたい》（微生物）と識別することを得たりと。しかれども唯憾《ただおし》むらくは、あたかもこの複着色法に由りて善《よ》く着色するところの么微有機体はその数に乏しからざることを。ゆえにこの着色法は唯《ひと》り氏のいわゆるバチルスのみに特有のものに非らざるなり。また氏がクルツールに就き説述《せつじゅつ》せるところのものはさらに価値を有せざるものとす。氏は板上の集落の外状に就きては毫《ごう》も記述するところ無きなり。

　著者は唯そのクルツールのみをもって動物試験を行い、脚気患者の血液或いはその他の病毒に感染したる器官をこれに応用せざりしは、そもそも迷誤《めいご》の甚しきものと謂わざるべからず。何となれば氏の法をもってすれば、血液もまたバチルスと等しく試験動物に対して同一の発病性の性質を有するか、将《は》たまた接種したるバチルレンは真に脚気患者の血液より由来したるや、これを知るに由無ければなり。
氏が説くところの脚気患者の血液の酸性反応およびその療法に至りては、敢えて論難《ろんなん》を下すを須《もち》いずして可なり。

（「緒方氏の脚気〝バチルレン〟説を読む」北里柴三郎『中外醫事新報　第二一二号』中外醫事新報社、明治二十二年一月二十五日発行）

北里はその論評の大半を緒方の脚気〝バチルレン〟説を紹介するために割き、最後の結語で脚気の原因が病原菌であると断定した緒方の主張に対して、確かなエビデンスを示しながら論理的に筋道を立てて否定した。

北里はこの論評の結語部分で、「しかれども抄録者は著者緒方氏の考説に左袒《さたん》すること能《あた》わざるを悲しむ者なり」と、心情としては恩師の緒方が導出した説に味方したいが、かといって研究者として脚気細菌説に同意することはできないと、その苦しい胸の内を吐露している。

北里は、恩師の緒方に対する非礼を詫びる前述の一文を添えたうえで、脚気〝バチルレン〟説を論難《ろんなん》する。その肯綮《こうけい》はおよそ次のとおりである。

「しかしながら私は、緒方氏の学説に味方することができないことを悲しむ者である。なぜなら、同氏は、グラム複染色法によって未知のバチルス（脚気菌）を従来知られている他の菌から識別出来たとことさらに強調しているが、残念ながらこの染色法で染まる菌の種類は決して少なくなく、そのため氏の主張する脚気菌に特有の特徴であると認めることはできない。また氏は、純粋培養についても述べているが、これはさらに価値のないものである。

氏は培養した菌だけで動物実験をおこない、直接脚気患者の血液や臓器を用いなかったことはもっとも基本的な誤りであると言わざるを得ない。なぜなら、この実験だけでは脚気患者の血液中の菌と培養菌とが試験動物に対して同じ病原性をもつものであるかどうか、また接種した培養菌が本当に血液中の菌に由来したものなのかどうかがまったく不明であるからである。

緒方氏が説く脚気患者の血液の酸性反応やアルカリ性薬品を用いた中和療法にいたっては、あえて言及する必要はないであろう」。

ただし、ここで注意したいのは、北里の「緒方氏の脚気〝バチルレン〟説を読む」は、緒方の脚気〝バチルレン〟説の実験方法の不備を指摘したものであり、「脚気は細菌が原因による感染症である」という緒方の主張そのものを否定しているのではないということである。言い換えれば、北里の論評の主旨は緒方がおこなった検査手法の誤りを示すことにあり、脚気が感染症であることを否定しているわけではない。

それは、北里が他の論稿で、「脚気は感染症であると思われる」と述べていることからも明らかだろう。当時北里は、個人的には脚気は感染症であろうと推察していた。ちょうどそのとき、ペーケルハーリングと緒方が相次いで脚気菌の発見を発表し、北里は期待して二人の論文に目を通したと思われる。だが、いずれの実験手法にも大きな不備があることを認めた北里は、レフラーの助言を受けてその事実を公表した。そして、二人が発見したという脚気の病原体は残念ながら他の菌であるとし、脚気菌であることを完全否定したのである。

ペーケルハーリングや緒方に限らず、多くの細菌学者は脚気が感染症だと考えていた。その背景には当時、炭疽菌（一八七六年）、結核菌（一八八二年）、コレラ菌（一八八三年）、破傷風菌（一八八四年）など、未知の病原菌が相次いで発見され、これまで多くの原因不明であった不治の病の原因が次々と究明されたという歴史的事実があった。そのため、日本を中心にコメを主食とする東南アジアでしばしば蔓延する脚気も、感染症ではないかと多くの医学者は考えたのだった。

さらに、ライプツィヒ大学医学部内科を卒業し、明治九年（一八七六）にお雇いドイツ人教師として東京医学校に赴任したエルヴィン・ベルツ（Erwin Bälz, 1849-1913）も、日本特有の脚気という病気に興味を抱き、大学の講義で「脚気は細菌による多発性神経炎である」と説明し、学生たちに教授した。ベルツは明治三十五年（一九〇二）に東京帝国大学医科大学を退官するまで、二十六年もの間、東京大学の教師を務めた。そのベルツの講義を受けた多くの卒業生が、脚気は感染症という先入観をもって医学者になったことを考え合わせると、緒方をはじめとする多くの医科大学卒業生が、脚気菌の発見を信じて疑わなかった遠因は、けだし大学時代に受けた講義にあったのである。

鷗外森林太郎との激論

北里にとって緒方は最初に細菌学の手ほどきを受けた恩師であり、ドイツ留学に際してコッホに推薦状を書いてもらった恩人でもあった。それゆえ北里は論評に先立って、「緒方氏の考説に左袒することと能わざるを悲しむ者なり」と、緒方に対して詫びの一文を書き添えている。

しかし、北里が寄稿した「緒方氏の脚気〝バチルレン〟説を読む」は、師に対して弓を引く行為と見做《みな》され、北里は恩を仇で返す不忠者として批判の的となった。たとえば、帝国大学綜理（総長）の加藤弘之は、「弟子が恩師を批判するとは何事か」と叱責し、北里を「師弟の道を解せざる者」として人目をはばかることなく避難した。

また、陸軍軍医の森林太郎は、緒方の説を批判した北里を、「識を重んぜんとする余りに果ては情を忘れしのみ」と厳しく論駁《ろんばく》し、その論稿を「情と識」と題して、『東京医事新誌　第五八四号』誌上で発表した。そのなかで森は、脚気菌の問題で世間がかまびすしいが、ベルリンに留学中の友人である北里が先輩の緒方博士に対してなんのはばかる様子もなく、自分の意見を主張したことに、「恩を感じないのか」とか、「徳に欠けるのではないか」とか、北里に対してさまざまなことが世間で言われている。しかし北里の行為はそうではなく、知識に偏ったために人の情というものを忘れてしまった結果である、と指摘した。

左は、「医学博士森林太郎」の署名入りで発表された論稿「情と識」の鈔録である。

情と識　　　　　　　　　　醫學博士　森林太郎

脚気菌の問題世間に囂《かま》しかりし程に、伯林《ベルリン》に客たる友人北里柴三郎は先輩たる緒方博士に対して憚《はばか》るさまもなく、おのが意見を述べしを恩少しとも云ひ徳に負けりとも云ふ人あれど、こは必ずしも然《しか》らず。北里は識を重んぜんとする余りに果ては情を忘れしのみ。

（「統計に就ての分疏　第一、情と識」森林太郎『東京醫事新誌　第五八四号』東京醫事新誌局、明治二十二年六月八日）

森林太郎の「情と識」に答えて、北里は同誌『東京医事新誌』に反論に書き送っている。あまりに多くの者から非難された北里は、一人一人に反論していたのでは拉致があかないと考えたのだろう。論争に手慣れた森鷗外を相手に選び、自分の率直な考えを述べ、森の批判に対して正々堂々と真っ向から反駁《はんばく》したのである。

左は、『東京医事新誌』に公開された「与森林太郎書」と題する北里の、森の批判に対する反論の手紙である。

小生の緒方氏へ対したる脚気病菌の意見を例に挙げられ、傍ら世人《せじん》の生を評して恩少し徳に背《そむ》けりなど云い囃《はや》すことを御弁解被下候《くだされそうろう》たる段、奉謝《しゃしたてまつり》候。しかるに貴説に由れば、生（北里）は識を重ぜんとする余りに、果ては情を忘れたりとの事に候。成程《なるほど》御説は一応御尤《ごもっと》もの様に候《そうら》え共《ども》、こは未だ生の深意を御洞察被成《なされ》たりと云う訳に到り兼《かね》候。生は情を忘れたるものに非ず、私情を制したるものなり。左に愚見《ぐけん》を陳述可致《いたすべく》候。〈中略〉

今日學術を研究し、もって世に尽《つく》さんとするものは、學事のために常に公情私情の別を立て、今日の學術の進歩の度に随《したが》うにその真理の在るところを究め、後世の人をして当時に在りては研究の道の開けたる丈《た》けはこれを尽したるものなりと評せしむるはこれ學者の學事に尽す一大務《つとめ》に候。左《さ》れば學事のためには忍び能わざるの私情をもこれを制し、公平無私の情をもってこれが研究に従事するに非ざれば終にその真理を究むること能わざるに至るの恐あり。〈中略〉

我が邦の人々は學理に暗らきがゆえにこれを誤魔化すは反掌《はんしょう》よりも易し。只恐ろしきは二、三の人なり、然《しか》しこれは我が邦に固着する支那《しな》風の友情道徳をもって漫《おご》りに駁撃《ばくげき》も致すまじ。もししたときは徳に背くの人なりと、一本頂上よりお見舞申せばそれにて宜しと云う如き人物輩出せぬとも云い難し。傳染病一変して鯖《さば》の中毒症となり、再変して牡蠣《かき》の毒となる。千変万化の世の中に候得《そうらえ》ば、いやしくもこの多事の世に在りて真の學理を研究し、我が邦の醫學をして欧州の醫學と対峙せしめ、後の學者をして憫笑《びんしょう》せしめざらしめんと欲するものは、學事のためには私情を棄てて公情を取り、もって我が邦の醫學を岐路に陥らしめざる様、注意すべきの秋と存じ候。

小生は右の主義を固く守りて動かず。我が學の為めには一身を犠牲に供するもなおかつこれを辞せず。況《いわ》んや私情を制する位《くら》いの瑣々《ささ》たる小事《しょうじ》に於てをや。世人生を呼んで癩となし狂と称し、恩少しく徳に背けりと云ふも、それは世人の評に放任せん。只《ひと》り歎息《たんそく》するは我が邦の醫學真道を踏み迷ふて岐路に陥らんとするの傾き今日に顕われたるを。これのみ邦家醫學の為めに憂苦《ゆうく》罷《まかり》在候《ありそうろう》。頓首《とんしゅ》。

明治二十二年八月五日　柴三郎　拝

森林太郎　足下

（「與森林太郎書」北里柴三郎『東京醫事新誌　第五九九号』東京醫事新誌局、明治二十二年九月二十一日）

森への返信の形をとって、北里は森にこう弁駁《べんばく》する。

「私が緒方氏の脚気菌発見に意見を述べたことを例に挙げ、私の行為に対して世人《せじん》が恩を感じないのかとか、徳に欠けるのではないかと、さまざまなことが言われていることに対してご弁解いただいたようで感謝いたします。森氏の説によれば、私は「識を重ぜんとする余りに、果ては情を忘れたり」とのこと。なるほどごもっともな説ですが、それは私の深意を理解したものではありません。私は「情を忘れた」のではなく、「私情を制した」のです。左にその理由を述べます。

今日、学術研究によって世の中に貢献しようとする者は、学術のためにつねに私情と公情を区別し、今日の学術の進歩によって真理の追究を尽くすことが最大の務めであり、そのためにはたとえどのような私情もこれを制し、研究に従事しなければ真理を究《きわ》めることなどできません。

わが国には細菌学などの最先端科学に明るい者が少ないために、学理を誤魔化し、古くからの道徳観を持ち出して駁撃《ばくげき》し、人として徳に背くと人物批判をおこなったりする者もいます。しかし、わが国が日進月歩の勢いで進展する学理の世界で欧州と対等に対峙しようとするこのとき、学事のためには私情を棄てて公情を取り、わが国の医学を牽引することこそ必要であり、そのことこそ私の務めであると確信します」と。

ともに医学を志し、ドイツに官費留学をした北里と森だが、世界の医学の最前線に立つ北里からすれば、森は第一線からは遠くおよばない。森への手紙の形を借りたこの論稿は、自然界における真理の追究のためにはあらゆる努力も惜しまない北里にとって、処世術に長け、日本の官僚的な人間関係に終始する軍医官僚としての森に対する批判とも助言とも受け取ることができる。

「与森林太郎書」で述べたとおり、北里は学理を真摯に追究するために、私情を棄てて公情を取り、ただ直向《ひたむ》きに学問に向き合った。無論、師である緒方の脚気細菌説を否定することは、できれば避けたいと思ったに違いない。だが、北里は真理の追究のために、この身に多少の犠牲が降りかかろうとも、それを覚悟のうえで恩師・緒方の脚気細菌説を完膚なきまでに否定し、加えて、北里の行為を批判した森を、返す刀で批判した。

旧知の仲の北里と森はこれを境に対立し、「与森林太郎書」以降、森は北里をことあるごとに批判した。さらに北里は、日本の医学界を主導する帝国大学の教授陣から疎まれ、無《な》みされたのである。その結果、ドイツ留学から帰国した北里は、日本でのすべての公的な研究活動の場から閉ざされることになるのだが、それは第四章で縷説《るせつ》する——。

一八八八年一月、三年の留学期間を終えようとしていたとき、北里は長与専斎衛生局長に留学延期を申請する手紙を書いている。その手紙の草稿（下書き）が、北里柴三郎記念室に現存する。それによれば、これまで多くの日本人がドイツ留学をしたが、僅か三、四年で欧州の学術社会から信用を得ることはできず、また専門領域をはっきりと決めていなかったり的はずれであったために学問の世界でトップとして認められた者はいない。そのため帰国して二、三年後には再び欧州に渡航しなければ世界の学者から信用されなくなってしまうと、日本人留学生の現状を厳しく指摘する。そして、留学をした以上、細菌学の専門分野で世界の学者から認められ、信用されるようになって初めて留学の効があると主張する。

そのうえで北里は、日本の留学生が先進国の知識を学ぶだけに終始している現状を打開し、欧米の学術社会から信用される学者になるために細菌学の分野で世界のトップレベルの業績を挙げることをめざしていると、心の裡《うち》を披露し、それは単に学術社会だけでなく日本の国際貢献にもつながると述べる。そしてそれを実現するためには、さらに二年間、留学期間を延期させてほしいというのが、北里が長与衛生局長に宛てた留学延期願の主意である。

左は、明治二十一年（一八八八）一月十六日に北里が手稿した「留学延期願」の草稿の摘録である。

留学延期願　　柴三郎　拝

明治十九年一月より向う三ヶ年間、衛生学術調査のため当独逸《ドイツ》へ派遣され、特に傳染病科を専修するようにとの訓辞を守り、当地到着後はこの学問の博士で病菌学の世界的権威と仰がれている医学士コッホ氏の教室に入り、親しくこの学問を研究しています。

独逸の学事、特に医学で世界トップになった理由はどの点にあるかを観察してみますと、医学を修める者は各々各科専門を持って他に煩わされず、その専門の奥義に達するまで研究し緻密に緻密を重ね、一途に進歩させることに因ります。英仏を初め他国の医学者も遅れを取るまいと勉励していますが、独逸の様に一科に専心して学問に打込む者が少ないため常に先を越されてしまうのです。わが国からもこれまで医学専修のため独逸に留学した者は少なくありませんが、専門領域が漠然としていたり的はずれであったために僅か三、四年の限られた日時では学問の奥義に達した者は少ないのです。帰朝後、一年内外は世界の信用を得たとしても、欧州の学術社会に信用を得たものはなく、二、三年後には再び欧州に渡航しなければ世間に向って一人前に学説を語れなくなるのが普通です。

幸いに官費で独逸留学し学成って帰朝に至れば、専門学科について欧州学術社会の十分な信用を得て東洋で専門領域の調査を担当し、欧州学術社会に報告したとき欧州の学者に信用されるようでなければ留学の効が在ったとは言えません。その上、傳染病科についても幸いに柴三郎が欧州学術社会の信用を得るようになれば、単に学術社会だけでなく、交流や貿易い関して政治上にも益するところもあろうと一心に勉学しています。

しかし、そこまで達するには三年では少し不足でありさらに二年間、すなわち明治二十二年一月より二十四年一月まで独逸留学延期をお願いします。閣下幸に柴三郎の意志のあるところを賢察されてこの延期願いを内務大臣閣下へ御上申の上、できることなら御取計らいのほど懇願いたします。

明治二十一年一月十六日

（「留学延期願の草稿」北里柴三郎、北里柴三郎記念室所蔵）

同年五月四日、内務省長与専斎衛生局長からベルリン大学の北里宛てに国際郵便が届けられ、その手紙には「貴下留學延期之儀、内務大臣閣下へ稟請《りんせい》の上なお二ケ年間留学之義認可相成《あいなり》候」と書かれていた。これによって北里は、二年間の留学延期を正式に認可され、明治二十四年（一八九一）一月までコッホの下で研究することが許されたのである。

第三章

コッホの下で

亀の子シャーレを持った男

東京メトロ白金高輪駅から西に向かって十分ほど歩くと、白金北里通り沿いの白い壁に「北里柴三郎記念館」と書かれた二階建ての建物がある。入り口を入ると正面に北里柴三郎の写真が大きく掲げられており、私は等身大の北里に見詰められてしばらく動くことができなかった。

センター分けに整えた髪型に口髭を蓄えた北里柴三郎が、左手に丸いガラス容器を持ち、眼鏡の向こうからまっすぐにこちらを見据えている。北里の前に置かれた台の上には何種類かの実験器具が横一列に並べられ、その隣に実験に用いる何十匹かのネズミの入ったガラス容器が堆《うずたか》く積み上げられている。実験台の一番前には、容器から出された一匹のネズミが保定台の上で足をたたんで蹲《つくば》っている。この小さなネズミから採取した破傷風菌を足がかりにして、北里は世界的な病原性微生物学者への大きな第一歩を踏み出すのである。

世界に名をなした北里が最初に挙げた業績は、破傷風菌の純粋培養である。この写真は、その世界初の快挙を成し遂げた際に用いた実験器具とネズミを前にして撮影された記念すべき一枚で、一八八九年にベルリン大学衛生研究所の実験室で撮影されたものである。左手に持っているビードロに似た丸いガラス容器は、北里が破傷風の実験のために特別に製作し、形状が亀の子に似ていることから北里は「亀の子シャーレ」と呼んだ。この特製の亀の子シャーレのなかで、彼は当時不可能といわれた破傷風菌の純粋培養を世界で初めて成功させたのだ。

新たな実験装置の開発が、世界初の研究成果をもたらすことがしばしばある。また、たとえばDNA解析に用いられるPCR（Polymerase Chain Reaction）検査装置を開発した米国シータス社のキャリー・マリス（Kary Mullis, 1944-2019）や、タンパク質の同定に用いられる質量分析装置を開発した島津製作所の田中耕一《たなかこういち》（同社質量分析研究所所長）のように、画期的な実験装置の開発がノーベル賞を受賞することも珍しくない。破傷風菌の純粋培養の成功は、亀の子シャーレという独創的な実験装置の開発と、周到な実験手法によって初めてなし得た好例の一つといってよい。そう思って改めて写真を眺めると、北里がカメラに向かって亀の子シャーレを誇らしく掲げているのが見て取れる。

そのころ北里は、ベルリン大学衛生研究所に留学し、憧れのコッホ教授の下で、未知の病原体と格闘する日々を過ごしていた。一方コッホ教授は、炭疽菌（一八七六年）、結核菌（一八八二年）、コレラ菌（一八八三年）を相次いで発見し、これらの細菌がそれぞれの感染症の病原体であることを明らかにした。それらの業績によってすでにコッホは、「細菌学の始祖」として世界中から注目と尊敬を集めていた。

北里が破傷風の研究を始めるきっかけは、コッホ研究室の同僚たちとの口論だった。

当時、ベルリン大学衛生研究所には、世界中からコッホを慕って新進の細菌学者が集い、同じ研究室で互いに競い合った。そのなかには、ジフテリア菌を発見したフリードリヒ・レフラー

(Friedrich Loeffler, 1852-1915)や腸チフス菌の純粋培養に成功したゲオルク・ガフキー(Georg Gaffky, 1850-1918)、さらに、のちに北里と共同で血清療法の研究論文を発表し、ノーベル生理学・医学賞を受賞するエミール・ベーリング(Emil Behring, 1854-1917)や、のちに化学療法を創始しノーベル生理学・医学賞を受賞するパウル・エールリヒ(Paul Ehrlich, 1854-1915)など、その後の近代医学を牽引する若き研究者たちが集っていた。

コッホ研究室では週末の午後にセミナー形式の抄読会《しょうどくかい》が定期的におこなわれ、その日の討議のテーマは破傷風についてであった。このとき、北里は同僚の研究者たちと口論になった。「破傷風菌だけが純粋培養できないとするゲッティンゲンのフリュッゲ博士の説は到底信じられない」。そういう北里に対して、他の研究者全員が一斉に反対意見を主張した。しかし、北里は、「ほかの細菌が純粋培養できるのに、破傷風菌だけが純粋培養できないというのはどうしても納得できない」と反論し、頑として引き下がらなかった。見かねたコッホはセミナーの最後に、「純粋培養に挑戦してみるかね」と北里に告げた。

コッホのその言葉には「そんなに君が言うのなら仕方がない」と、北里に対する諦念《ていねん》の気持ちが滲《にじ》んでいたのかもしれない。しかし、北里はコッホ先生に研究が承認されたという想いで胸が熱くなり、先生の期待に応えようと次の日から昼夜を問わず研究に専念するのである。

北里が開始した破傷風の研究の歴史をひも解くと、たとえば古代ギリシアの医師ヒポクラテス(Hippocrates, B.C.459-377)は、破傷風の患者の詳しい診察記録を残している。また、破傷風の特徴的な症状の一つに筋肉のこわばりがあるが、破傷風の英語表記の「テナス（Tetanus）」は、ギリシア語で「張り詰めた」を意味する「テダノ（Tetano）」に由来する。これらのことから、破傷風の研究はすくなくとも紀元前四、五世紀にはすでにおこなわれていたと思われる。

一八七〇年から七一年にかけてプロイセン王国（ビスマルク宰相）とフランス帝国（皇帝ナポレオン三世）との間で戦われた普仏戦争では、両国の戦死者は約二十五万人に上ったことは、まだ記憶に新しかった。戦死者の内訳を見ると、大砲や銃の弾に当たって散華したほかに、塹壕《ざんごう》戦などによって傷口から侵入した破傷風の毒が体にまわって死亡したケースが意外に多く、その数は死因全体のおよそ三分の一に当たる約八万人にも上ったのである。

破傷風は一般に、傷口などから病原菌が侵入して感染する。受傷後数日の潜伏期間の後にムズムズした不快感や頭痛が起こり、やがて口の周りがこわばり、言葉がもつれ、水を飲み込むことも困難になる。口角が横に広がり、口を閉じることができなくなるために、「破傷風顔貌《がんぼう》」と呼ばれる〝引きつった笑い〟の表情になる。その後、呼吸筋の硬直によって呼吸困難に陥り、全身の激しいけいれん発作が繰り返し発生する。

破傷風の原因が分からなかった当時、死亡率は約八〇パーセントと極めて高く、不治の病として恐れられた。その難病の原因を特定し、治療法を確立したのがほかならぬ北里である。

破傷風の病原菌が発見されたのは、普仏戦争から十三年後の一八八四年、ドイツの医師によってであった。この年、ゲッティンゲン大学を卒業して間もないドイツのユダヤ人内科医アルトゥール・ニコライアー（Arthur Nicolaier, 1862-1942）は、土壌の溶液を注射して人工的に破傷風に罹らせたネズミの化膿した傷口から、太鼓のバチの形のような細菌（桿菌）を発見する。次いでニコライアーは破傷風菌と思われる細菌の純粋培養を試みたが、成功にはいたらなかった。そのため、ニコライアーが発見した細菌が破傷風の病原体であるかどうかは、なお疑問が残っていたのである。

その後も、世界中の細菌学者によって破傷風菌の純粋培養が試みられた。が、そのすべてが失敗に終わった。さらに、コッホと並び称される細菌学の大家、ゲッティンゲン大学のカール・フリュッゲ（Carl Flüegge, 1847-1923）教授もまた破傷風菌の培養を試みた。しかし、つねに他の多くの菌と一緒に培養してしまい、破傷風菌単独の純粋培養をすることはついにできなかった。そのためフリュッゲは、破傷風菌は単独での純粋培養はできず、他の菌との共生によってのみ棲息する特殊な菌であるとする説（破傷風菌共生培養説）を発表したのである。

爾来、破傷風菌の純粋培養はできないとする考えが、当時の医学会の定説となった。コッホ研究室の北里の同僚の研究者たちが、北里に対して「ゲッティンゲンの細菌学の大家の説に異を唱えるとは、大した度胸だな」などとからかい、冷笑したのはそのためだ。

しかし北里には、それがたとえ大家の説であっても、どうしても譲ることのできない信念にも似た強い想いがあった。それは、一人でも多くの患者の命を救いたいという、北里が医学を志した理由にあった。

「医学の使命は病気の原因を特定し、治療ならびに予防することにある」。そう信じて医学を志し、それを実践するためにコッホの門を叩いた北里にとって、破傷風菌の純粋培養は破傷風の原因とその治療法を知るために、避けては通れない問題だった。なぜなら、破傷風菌を発見しただけでは、破傷風の病原体を特定したことにはならず、そのため治療方法を探索することもできないからだ。言い換えれば、病原体の純粋培養をおこなうことによって初めてその感染症の原因が特定でき、治療法の道を拓くことができるのである。

コッホは顕微鏡によって炭疽菌や結核菌、コレラ菌を発見し、さらに、これらの細菌がそれぞれの感染症の病原体であることを証明した。その過程で、コッホは自然界に存在する数多の微生物のなかから一種類の微生物だけを人工的に増やすために、肉のスープをゼラチンで固めた培地を使って純粋培養する手法を確立したのだった。

北里はコッホが確立した純粋培養の手法を用いて、破傷風菌の純粋培養の実験をおこなった。彼はまず、ベルリンの陸軍病院の破傷風患者から膿汁を採取して顕微鏡で観察した。するとさまざまな種類の細菌に混じって、ニコライアーが報告したのと同じ太鼓のバチのような形をした桿菌（破傷風菌）を確認した。その菌をネズミに植え付けると、二十四時間後にネズミに破傷風と同様の症状が現れた。次に、破傷風に感染したネズミから採取した破傷風菌をシャーレの培地に接種したのち、蓋を閉じてシャーレを摂氏二十度から二十五度の温度に保ちながら観察した。しかし、破傷風菌以外の多くの細菌も一緒に培養してしまい、シャーレのなかは雑多な菌で溢れかえった。

十日が過ぎ、二十日が過ぎ、一ヶ月が過ぎても破傷風菌だけを純粋培養することはできず、実験は失敗の連続だった。破傷風菌は共生培養するという、フリュッゲが提唱した「破傷風菌共生培養説」はまったく正しいように思われた。

そんなある日、研究所の同僚のヘルターが連日の実験の失敗に自信を失っていた北里を元気づけようと、北里をホームパーティに誘った。破傷風菌の培養で頭がいっぱいの北里は、とても行く気にはなれなかったが、気分転換が必要だというヘルターの誘いに不承不承同意した。ヘルターの居宅に行くと、ヘルターのガールフレンドがキッチンでドイツ料理「アイアーシュティヒ」を作っているところだった。アイアーシュティヒはドイツの代表的な家庭料理で、日本の茶碗蒸しに似た卵と生クリームの蒸し物である。彼女は蒸し器のフタを開け、蒸し物に串を刺して何かを確認しているようだった。北里は何をしているのか尋ねると、彼女は「なかまで火が通っているか確かめているの」と答えた。

そのとき北里は、ふと少年時代に釘を踏んで怪我をしたことを思い出した。熊本の生家で錆びた釘を踏み抜き、破傷風に罹ったことがあったのだ。幸い軽傷だったため傷はすぐに治ったが、その際、炎症は傷の表面ではなく皮膚の奥で進行した。彼女が蒸し料理に串を刺している姿を見て、北里は破傷風菌は皮膚の奥の空気の少ない環境を好むのではないかという着想が、ふいに心の裡で発芽した。

実験室に戻ると、早速北里は少年時代に足に釘が刺さった状態をシャーレのなかで再現することを試みた。ゼラチンを厚く固めた培地の奥深くに、針の先に付けた破傷風菌を押し込んだ。そうして顕微鏡で観察すると、培地の表面に破傷風菌は現れず、奥深いところにだけ破傷風菌が発生した。北里の目論見は的中した。やはり破傷風菌は酸素を嫌う特性をもつ嫌気性菌だったのだ。

破傷風菌が嫌気性菌であるのなら、破傷風菌を純粋培養するにはそれにふさわしい環境を実験装置のなかでつくればよい。そう考えた北里は、シャーレのなかで人工的に酸素の少ない状況をつくり、その環境下で破傷風菌を培養するよう試みる。

まず必要なのは、実験装置のなかの酸素を少なくするための仕組みをどうするかだ。北里は思案の末に、酸素以外の気体をシャーレのなかに注ぎ込み、その後でシャーレを密閉すれば、酸素の少ない環境をつくりだすことができるだろうと考えた。次いで北里は、気体を発生させる方法を模索した。このとき手近な実験器具の一つに「キップの装置」があった。オランダの化学者ペトルス・キップ（Petrus Kipp, 1808-1864）によって開発されたこの装置は、実験で気体を発生させる際にしばしば用いられた。北里はこれを用いて水素を発生させることにした。

次に問題になったのは、シャーレに水素を注ぎ込んだあと、どうやってシャーレを密閉するかだ。その条件に適う適当なシャーレがなかったため、北里はこの実験のために特製のシャーレの製作を開始した。試行錯誤の末に、シャーレの容器と蓋を一体化した円盤（甲羅）型のガラス容器に、水素の注ぎ口（尻尾）と酸素の排出口（頭）を設けることにした。こうして「亀の子シャーレ」が誕生したのである。

北里の前に、組み立てられた実験器具が、横一列に整然と並べられた。実験台の右端には、フラスコを二つ縦に積み上げたような大きなガラス容器が据えられた。固体と液体を化学反応させて気体を発生させる「キップの装置」だ。下のガラス容器に亜鉛を、上のガラス容器用に希硫酸を入れ、亜鉛と希硫酸を反応させて水素を発生させる。下のガラス容器と左隣にある一回り小さな筒型のガラス容器とは透明のゴム管によって繋がれ、筒型のガラス容器に水素を溜めて不純物を除去する。さらに水素を貯める筒型のガラス容器（不純物除去装置）は、密閉性を高めるために特別に製作した亀の子シャーレと透明のゴム管で繋がれ、亀の子シャーレに水素が送り込まれるぶんだけ酸素が追い出される。酸素が充分に追い出された時点で亀の子シャーレのガラス管部をガスバーナーの火炎で塞ぎ、密閉した亀の子シャーレを摂氏二十度から二十五度の温度でしばらく保ったのちにゼラチン培地を観察する、という仕組みだ。

北里は、思い描いた実験環境をほぼ完璧に実験台のうえで再現することができた。ただ敢えて欠点を一つ挙げるとすれば、それは、実験中にしばしば爆発することだった。

嫌気性菌の培養に最適な環境をつくるために、亀の子シャーレのなかに水素を満たしたのち注ぎ口のガラスを火炎で融かして密閉する必要があった。このときの火炎が亀の子シャーレに充満した水素ガスに引火して大爆発を起こし、ガラス製の実験器具をしばしば破壊したのである。それでも北里は実験をつづけ、何度も失敗してはその度に実験装置をつくり直し、少しずつ条件を変えながら実験を積み重ねていったのである。

そんなある日、一つの亀の子シャーレのゼラチン培地の底に一種類の菌の個体群(コロニー)のようなものが見えた。北里が顕微鏡で目を凝らして観察すると、そこは長さ五マイクロメートル(二〇〇分の一ミリメートル)ほどの太鼓のバチのような形をした桿菌(破傷風菌)で溢れかえり、見事に増殖しているのを確認した。不可能といわれた破傷風菌の純粋培養に成功した瞬間だった。学会の定説を疑う信念にも似た強い気持ちと、実験器具がなければ新たに製作するという開拓精神によって、北里はついに一八八九年四月、世界初の破傷風菌の純粋培養に成功したのである。

北里から破傷風菌の純粋培養に成功したという報告を受けたコッホは、すぐには信じられなかった。コッホが信じなかったのは、北里が培養実験を始めてからまだ二ヶ月しか経っていなかったからだ。病原菌を矢継ぎ早に発見したコッホでさえ、結核菌の発見から結核薬ツベルクリンの開発までにおよそ八年もの年月を費やした。また、細菌学のもうひとりの始祖パスツールも、狂犬病ウイルスの特定から狂犬病ワクチンの開発までに十年近い歳月を費やしている。細菌学の二人の天才の偉業と比べても、決して引けをとらない研究成果を極めて短い期間に成し遂げたことに、コッホは素直に驚き、北里を賞賛した。

▲北里柴三郎記念館の入り口正面に掲げられた等身大の北里柴三郎（ベルリン大学衛生研究所の実験室にて1889 年撮影）

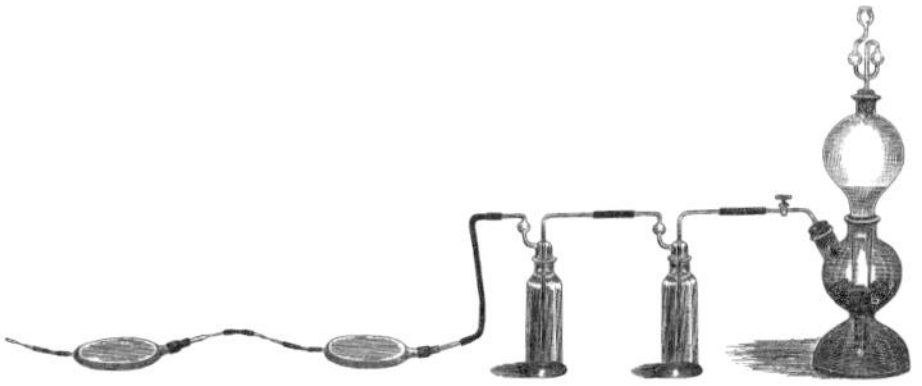

▲破傷風菌の純粋培養のために北里が考案した実験装置。右からキップの装置、不純物除去装置 1-2、北里式亀の子シャーレ 1-2（北里柴三郎閲・淺川範彦著『増訂實実細菌學總論』より）

コッホの薦めで、北里は一八八九年四月二十七日にベルリンで開催された第十八回ドイツ外科学会で「破傷風の病原体について（Ueber den Tetanuserreger.）」と題する講演をおこない、破傷風菌の純粋培養に世界で初めて成功したことを報告した。翌日、『ベルリン日日新聞（Berliner Tageblatt）』（四月二十八日付）は、昨日おこなわれたドイツ外科学会で世界初の快挙が発表されたと、北里の講演を報じた。記事は、「学門を深く極めるために当地ベルリンで勉強中の東京からやって来た若き日本人医師・北里柴三郎氏が、破傷風の病原体の純粋培養に世界で初めて成功した」と大きく報じ、「北里の研究成果の詳細は、近く発売される『衛生学雑誌』に発表される予定」と締めくくった。

北里の講演概要は、『ドイツ医学週報　第一五号（Deutsche Medicinische Wochenschrift, 15）』で速報された。また、『ベルリン日日新聞』が伝えたとおり、純粋培養の実験手法を詳述した北里の論文「破傷風菌について（Ueber den Tetanusbacillus.）」が、一八八九年発行のドイツの医学雑誌『衛生学雑誌　第七号（Zeitschrift für Hygiene, 7）』に発表された。これによって、北里は声価を高め、世界の第一線の研究者と肩を並べる存在に駆け上がったのである。

コッホは晩年北里の招きに応えて、明治四十一年（一九〇八）六月十二日に来日し、七十四日間日本に滞在した。その折りコッホは、北里の高弟の志賀潔《しがきよし》（赤痢菌の発見者）に北里が破傷風菌の純粋培養に成功したときのことを語った。そのコッホからの直話を、のちに志賀は回想録『或る細菌学者の回想』のなかで次のように記している。

ある日、北里は自分（コッホ）の部屋に来て破傷風菌の純粋培養を成し得たといって一本の試験管を示した。しかし破傷風菌の純粋培養は老練のフリュッゲらが数年間苦労したが遂に成功しなかった難問題であるから容易には信用できなかった。

しかるに、その後間もなく北里は破傷風菌のゼラチン培養を持ち来って研究成績を告げた。自分はなお半信半疑であったが、北里の作った培養で動物試験をしてみたところ疑もない破傷風固有の症状を発した。自分は直ちに北里の室に至って大成功を祝したがこの時の自分の喜びは非常なものであった。今日当時のことを追懐するだに愉快に堪えない。

（「コッホ来朝の憶い出」志賀潔『或る細菌学者の回想』雪華社、一九六六年）

Nr. 213.
Sonntag, den 28. April 1889.
Berliner Tageblatt.
Drittes Beiblatt.

▲北里の世界初の破傷風菌純粋培養を報じる『ベルリン日日新聞（Berliner Tageblatt）』（1889年4月28日付）

ノーベル賞に値する感染症治療の先駆

破傷風菌の純粋培養に成功した北里は、多くのコッホの門下生のなかでも高弟に挙げられ、病原性微生物学者・北里の名は世界に知れ渡った。その北里が、次に何の研究に取り組むのか、同僚の研究者たちは注目した。当時は微生物の狩人の全盛期であり、原因不明の感染症がいまだ多く存在したことから、周りの研究者たちは北里はきっと新たな病原菌の発見をめざすだろうと想像した。

しかし、北里が次の研究課題に定めたのは破傷風の治療であった。破傷風の原因である病原体を特定した北里は、破傷風菌の特性を検証し、その治療法を確立することをめざしたのである。そこには、「医学の基本は病を治療し予防することにある」（医道論）という、医学を志した当初の目標に向かう北里の姿があった。そして、北里の研究は抗毒素（免疫体）の研究につながり、血清療法というその後の免疫学への道を大きく開く端緒となるのである。

北里は破傷風の治療法の研究に着手するに当たり、破傷風が毒物による中毒と同じ症状を示すことに着目した。彼はかつて嫌気性菌の培養のために「亀の子シャーレ」を開発したときと同じように、培養液から雑菌を完全に取り除くために特別に細菌濾過器を開発した。この独自に開発した北里式細菌濾過器を用いて破傷風菌の培養液を濾過し、破傷風菌と破傷風毒素とに分離した。こうして得られた破傷風毒素をネズミに投与すると、ネズミは破傷風と同様の症状を起こして死んでしまったのである。これによって北里は、破傷風の直接の原因は破傷風菌それ自体にあるのではなく、破傷風菌がつくりだす毒素にあることを確認するのだった。

また彼は、破傷風菌が生産する破傷風毒素の一つのテタノスパスミン（Tetanospasmin）は一キログラムで地球上のすべての人間を死亡させるほどの猛毒性をもち、これまでに破傷風が度々猛威を振るってきた理由を明らかにした。こうして北里は破傷風の真の原因とその毒性を解き明かしたのである。

次に彼は、破傷風の治療法の研究に取りかかった。まず、破傷風菌の培養液を薄めて毒素の濃度を低くしたものをウサギに注射してみた。すると、ある程度薄めた毒素では死ぬことはなかった。それを徐々に高めながら繰り返すうちに、やがてウサギは致死量の二十倍の毒素にも耐えて死ぬことはなくなった。つまり、ウサギは破傷風の毒素に対抗する「免疫（Immunitat《イモニテイ》）」を獲得したのである。

このとき、北里の脳裏にある発想が着床した。破傷風菌の毒素に対抗する免疫がウサギに備わったのなら、その免疫の働きを破傷風の治療に利用できるのではないか。そう考えた北里は、ウサギの体のどこに免疫の働きがあるかを虱潰《しらみつぶ》しに調べた。肺、脾臓、肝臓、リンパ節などを一つ一つ丹念に調査し、ついに破傷風の毒素に対抗できる免疫の力が、「血液（Blut《ブローツ》）」にあることを突き止めるのである。

ある日北里は、免疫を獲得したウサギの頸動脈から採取した血液をネズミの腹腔に注入した。すると、二十四時間後に破傷風菌そのものを注射してもネズミは何の異常も認められず健康体そのものだった。さらに、免疫を獲得したウサギの血液を放置して凝固させた上澄み液「血清（Serum《ジオン》）」をネズミに注射して同様の実験をしたところ、より強力な免疫効果が得られたのだった。こうして、北里は血清のなかに毒素に対抗する免疫体ができたことを発見するのである。

北里はこの動物の体内に備わった毒素に対抗する免疫体を「抗毒素（Antitoxin《アンチトクシーン》）」と名付け、抗毒素に感染症の治療や予防に有効であることを世界で初めて明らかにした。そして、免疫を獲得した動物の血清を他の動物に接種すると、その個体も毒素に対抗する免疫を獲得することを実証した。つまり、少量の毒素を繰り返し注射することによって免疫を獲得した動物の血清に、治療および予防の効果があることを詳《つまび》らかにしたのである。こうして北里は、「血清療法（Serum Therapy《ジオン・セラピー》）」というまったく新たな治療法を創始した。それは、人類における感染症治療の先駆けにほかならない。

北里は、破傷風菌に苦しむ多くの人びとの性命を救うことをめざして研究に取り組み、血清療法という人類初の感染症の治療方法を編み出した。それによって世界の感染症の撲滅に大きく貢献することになったのである。たとえば、普仏戦争で犠牲になった戦死者のうち、死因の三分の一を破傷風が占め、その致死率は八割を占めた。死にいたる病として恐れられた破傷風が、今日ではさほど驚異ではなくなったのは、北里の世界初の破傷風菌の純粋培養の成功と、破傷風の血清療法の確立の賜物であった。

北里から破傷風菌の純粋培養の手順と血清療法の手法を聞いたコッホは、当時を振り返りこう述懐する。


北里が破傷風菌の純粋培養を得た方法と順序を親しく聞くにおよんで、自分は彼の非凡な研究的頭脳と不屈の精神とに驚いたのである。なお引きつづき破傷風毒素の研究を励めたが、彼は遂に免疫血清を作り上げた。

その頃は未だ伝染病に対する原因療法は一つもなかったのであるが、じつに北里の研究によって血清療法が創始されたのである。

（「コッホ来朝の憶い出」志賀潔『或る細菌学者の回想』雪華社、一九六六年）


北里が破傷風の免疫に関する研究に邁進していたころ、同僚のエミール・ベーリングは、ジフテリアの免疫に関する研究に取り組んでいた。二人から同じ免疫に関する研究報告を聞いていたコッホは、北里が免疫血清療法に向けた画期的な研究成果を出しているのに対し、ベーリングがなかなか成果を出せないでいることを案じ、ベーリングに北里から研究方法の助言を受けるようアドバイスする。その後ベーリングが大変参考になった旨の報告を受けると、コッホは北里とベーリングを呼び、それぞれが進めている免疫に関する研究を、今後は共同で進めるよう指示したのである。

その後北里は、ベーリングと共同で「動物におけるジフテリア免疫および破傷風免疫の成立について（Ueber das Zustandekommen der Diphtherie-Immunität und der Tetanus-Immunität bei Thieren.）」と題する論文を著し、一八九〇年十二月四日発行の『ドイツ医学週報　第一六号（Deutsche Medicinische Wochenschrift, 16)』（一一一三―一一一四頁）に発表した。

その論文はこんな書き出しではじまっている。

> われわれは長い間、ジフテリアと破傷風をテーマに研究に取り組み、治療と免疫の問題について深く考えてきた。そして、ジフテリアならびに破傷風の患者を治療することも、さらにジフテリアならびに破傷風に罹って死ぬことがないよう免疫によって予防することに成功した。では、どのような方法で治療と予防ができるのか。その方法についてこれから詳細に報告する。〈後略〉
>
> （'Ueber das Zustandekommen der Diphtherie-Immunität und der Tetanus-Immunität bei Thieren.' E.von Behring & S.Kitasato "Deutsche Medicinische Wochenschrift, 16" 1890）

北里とベーリングの共同論文の主要部分は、破傷風毒素を用いた動物実験の研究報告によって構成された。その論文によって、破傷風の免疫をもったウサギの血液や血清には破傷風の毒素を破壊する働きがあり、その性質はマウスの体内でも同じ効力があること、そして破傷風の免疫をもったウサギの血清は、破傷風の予防および治療に応用できることを明らかにした。それは、感染症に対するワクチンなどの原因療法がなかった時代に、体外から侵入する毒素を中和することができる物質を体内で創り出すことができることを示し、血清療法というまったく新たな治療法を世界で初めて提示した論文であった。そして論文の最後は、ドイツの文豪ヨハン・ヴォルフガング・フォン・ゲーテ（Johann Wolfgang von Goethe, 1749-1832）が戯曲『ファウスト（Faust）』のなかで悪魔メフィストフェレスに語らせた言葉を引用し、「血液はまったく特別な液体なのである。（Blut ist ein ganz besonderer Saft.）」で結ばれていた。

なお、この論文の核心をなす動物実験のデータは、北里による破傷風の実験報告で占められ、ベーリングによるジフテリアの実験報告は含まれてはいない。そのため論文の主要部分は、北里の破傷風の免疫に関する研究成果に負っていた。

一八九〇年末、第一回ノーベル生理学・医学賞の選考会がおこなわれ、北里とベーリングの血清療法の研究が高く評価されて、二人はともにノーベル賞の最終候補に挙がった。今日では一つの研究テーマに対して複数の研究者が受賞することが珍しくないが、第一回目の選考では、複数の受賞者はまだ想定されていない。そして、二人の免疫の研究に対して第一回ノーベル生理学・医学賞に選ばれたのはベーリングだった。

のちに選考過程の一部が公表され、ノーベル賞の最終候補に上がった北里を推薦したのはブダペスト大学のアルパド・ボケイ（Arpad bokay, 1856-1919）教授で、彼は北里の共同研究者のベーリングも併せて選考委員会に推薦している。北里の推薦者はボケイ教授一人であったが、ベーリングにはほかに四人の推薦者がいた。なお、選考会の業績判断はすべて欧文で書かれた論文に限られていたため、それがベーリングに有利に働いた可能性がある。対して北里には、母国日本からの推薦者は一人もなく、東京大学との確執が北里のノーベル賞受賞に不利に働いたことはいうまでもない。

血清療法は、北里による破傷風免疫の発見を端緒とする。しかして、ノーベル賞が人類に貢献した原理の発明者に与えられる賞であるのであれば、北里にこそ与えられるべきだろう。さもなくば北里とベーリングの共同受賞であるべきである。

第一回ノーベル生理学・医学賞は、なぜ北里ではなく、ベーリングが受賞したのか。その理由が関係者の間で取りざたされた。その理由の有力な一つに、研究過程を承知していない選考委員が、血清療法のアイディアはベーリングが創案したものであり、北里は実験結果を提供しただけだと誤って認識し、その意見が最終的に大きく影響したと見る向きがある。

つまり、ノーベル財団の体制が整っていないまま選考が開始され、誤った評価がおこなわれたというのである。事実、一八九六年十二月にアルフレッド・ノーベルが死去し、遺産の現金化に四年余りを要し、一九〇〇年になってようやくノーベル賞の定款が定められた。その翌年にベーリングが第一回ノーベル生理学・医学賞を受賞するのだが、当初は選考基準が定まらず、選考過程に不備があったとも考えられる。

ベーリングのジフテリア免疫の研究は、北里が破傷風免疫の詳細な実験結果に基づいて創始した血清療法を応用したものであった。それを裏付けるように、ベーリング本人も受賞後の会見で、「北里が破傷風免疫における先駆的で見事な研究成果を挙げたおかげで、ジフテリア免疫の研究は驚くほど短期間でおこなうことができた」と、北里に対して感謝とも謝罪とも受け取れる言葉を述べている。

なお、二人に共同研究を指示したコッホは、のちにこう回想する。

当時、ベーリングはヂフテリアの免疫に就いて研究をしていたが、常に破傷風の研究に導かれて漸次進歩し得た。今日有効なる血清法あるは、北里の破傷風研究に基づいている。これ破傷風の研究が近世の治療医学に一新紀元をなしたと認められる所以《ゆえん》である。爾来、予は北里と幾多の重要なる研究をともにしたが、彼の明晰な頭脳と不屈の忍耐とにいよいよ信頼の念を深うした。

(『ローベルト・コッホ——偉大なる生涯の物語』ヘルムート・ウンガー、宮島幹之助・石川錬次共訳、富山房、一九四三年)

北里とベーリングの二人の研究を指導し、つねに間近で見守ってきたコッホが証言するとおり、世界初の血清法は北里によって創案され、破傷風の研究によって成し遂げられた。第一回ノーベル生理学・医学賞は、破傷風の研究によって血清療法を創出した北里柴三郎が受賞すべきであることは明らかである。

不運にも北里はノーベル生理学・医学賞受賞を逃し、その研究成果に匹敵する正当な評価と栄誉を受けることはできなかった。しかし、ノーベル賞を受賞していなくとも北里の研究の価値は変わることはない。記念すべき第一回ノーベル生理学・医学賞を受けるに十分な仕事を北里は確かに成し遂げていたことを永く記憶に留め、多くの人びとによって北里の研究を正しく評価されることを願ってやまない。

とまれ、北里とベーリングの共同論文「動物におけるジフテリア免疫および破傷風免疫の成立について」によって、初めて人類は感染症の治療法を獲得し、免疫血清療法の時代の幕開けを告げたのである。

結核に罹った漱石と鷗外

一八九〇年、北里が破傷風の治療法の研究をひとまず終えたこのころ、コッホは結核の治療法の研究に取り組んでいた。当時、結核は世界各国で蔓延した死病で、全世界の人口のうち、七人に一人が結核で死亡した。特に成人では患者の三人に一人という高い死亡率を有し、「白いペスト」と呼ばれて恐れられた。

日本では結核は「労咳《ろうがい》」とも「亡国病」とも呼ばれ、家族から労咳患者が出ると近隣から差別を受けることもあり、口に出していうことすらはばかられた。そのため、結核の学名の「ツベクローシス（*Tuberculosis*）」から、医師の間ではその頭文字をとって「ＴＢ」と略称でカルテに記し、また病院内で病名が他に知られないようにドイツ語読みで「テーベー」と呼んだことから、一般の間でもしばしば「テーベー」と隠語で呼ばれたのだった。

明治の文豪・夏目漱石《なつめそうせき》（金之助《きんのすけ》）は、結核を発症したが幸運にも命拾いしたひとりである。牛込馬場下の名主・夏目小兵衛直克《こへえなおかつ》と千枝《ちえ》の末子（五男）として出生した金之助は、内藤新宿の名主・塩原家の養子となるが、明治二十年に結核で夏目家の長兄・大助《だいすけ》と次兄・栄之助《えいのすけ》が相次いで亡くなったため、翌年夏目家に復籍する。その六年後に金之助もまた二人の兄と同様、結核菌に取り憑かれた。

明治二十七年（一八九四）二月初め、金之助は伊香保温泉に逗留していた折り、風邪をこじらせて咳込んでいると、痰のなかに赤い絹糸のような血が混じっているのを発見する。慌てて医師の診察を受けたところ、肺結核であると告げられた。

平成三十一年（二〇一九）に改訂された『定本漱石全集第二十二巻・書簡上』（岩波書店）に、帝国大学文科大学からの旧友・菊池謙二郎《きくちけんじろう》に宛てに、結核に罹ったことを知らせる金之助の手紙が収められている。その手紙によれば金之助は、「いまのところは心配するほどのことはなく、平生どおり勉学してもよいとのこと。痰を検査した結果、幸い痰からバチルレン（結核菌）は検出されなかったので結核はまだ極初期であるらしい。日々滋養のあるものを食べて栄養を怠らぬようにすることを専一とし、摂生すれば全治するとのことである……」という状態だった。

左はその手紙の手抄である。

実は去る二月初め風邪にかゝり候処《そうろうところ》その後の経過よろしからず、いたく咽喉《のど》を痛めそれより細き絹糸の如き血少々痰に混じて喀出仕《かくしゅつつかまつ》り候ゆえ、従来の遺伝と伝染と両方へ転んでも外れそうのなき小生ゆえ直ちに医師の診察を受け候処、ただいまの処にては心配するほどの事はなくやはり平生の如く勉強致してもよろしく、ただ日々滋養物を食し身体の衛養《えいよう》を怠らぬやうにする事専一《せんいつ》なりとてそれより検痰を試み候処、幸ひバチルレン抔《など》は無之《これなく》、されば肺病なりとするも極《ごく》初期にて今の内に加摂生すれば全治可致《いたすべく》との事に御座候。

小生身体上の自覚も至極爽快にて目下は毫《ごう》も平日と異なるところ無之候へども成可《なるべく》滋養物を食し運動を力め「ノンキ」に消光《しょうこう》致をり候。今暑中休暇には海水浴か温泉にて充分保養を加ふるつもりに御座候。尤も人間はこの世に出づるよりして日々死出《しで》の用意を致す者なれば別に咯血《かっけつ》して即座に死んだとて驚く事もなけれど、先づ二つとなき命ゆえ使へるだけ使ふが徳用と心得医師の忠告を容れ清々摂生致をり候。

何となう死《しに》に来た世の惜まるゝ

三月九日　金之助

菊池兄　机下

（「明治二十七年三月九日」夏目金之助『定本漱石全集　第二十二巻・書簡上』岩波書店、二〇一九年）

肺結核の告知を受けて驚いた金之助は、それでも懸命に平生を装い、人間は誰でもこの世に生まれ出た日から死の準備をしているようなものだから、喀血して直ぐに死んでも特段驚くこともないのだけれど、二つとない命なので使えるだけ使うのが得策と考え、医師の忠告どおり摂生に努めている旨を記している。

また、末筆に添えた「何となう死《しに》に来た世の惜まるゝ」の句には、生への諦念と一途さが相半ばする金之助の揺れ惑う心境がよく表れていて心が動かされる。

一方金之助は、同じ結核を煩う親友の俳人正岡子規《まさおかしき》にも菊池と同様の内容を知らせていた。何日かして少し落ち着きを取り戻した金之助は、結核告知の続報として明治二十七年三月十二日付けの子規に宛てた手紙で、「過日は私の病気の件で心配をお掛けしたが、今は平生と変わることなくいたって健康で、滋養物を食べるなどし、養生に努めているので先ずはご安心ください。医者から肺結核の病名を宣告されたときは流石に閉口したが、医者から心配する必要はないといわれ、今では以前よりむしろ健康な気さえする……」と、このぶんなら当分は命に別条がなさそうなので安心してほしい旨を書き送っている。

過日は小生病気につき色々御配慮被下《くだされ》難有《ありがたく》奉謝候。その後病勢次第に軽快に相成、目下は平生に異なるところなく至《いたっ》て健全に感じ居候へども服薬はやはり以前の通致《とおりいたし》候。滋養物も成可《なるべく》食ひ居候。

固《もと》より死に出た浮世なれば、命は別段惜しくもなけれど先づ懸替《かけがえ》のなき者なれば使へる丈《だけ》使ふが徳用と存じ、精々養生は仕《つかまつ》る覚悟に御座候へば、先づ御安心可被下《くださるべく》候。

小生も始め医者より肺病と承り候節は少しは閉口仕り候へども、その後以前よりは一層丈夫の様な心持が致候。医者も心配する事はなし杯《など》申ものから俗慾再燃正に下界人の本性をあらはし候。是丈《これだけ》が不都合に御座候へども、どうせ人間は慾のテンションで生て居る者と悟れば夫《それ》も左程苦に相成不申《あいなりもうさず》、先づ斯様《かよう》に慾がある上は当分命は別条《べつじょう》は有之間敷《これあるまじく》かと存候。

三月十二日　　金之助

子規子　梧下

（「明治二十七年三月十二日」夏目金之助『定本漱石全集　第二十二巻・書簡上』岩波書店、二〇一九年）

さらに金之助は、五月三十一日付けの菊池謙二郎宛ての手紙に「病気も何処《どこ》へやら行方《ゆくえ》知れず相成候」（「明治二十七年五月三十一日」同前）と筆を起こすなど、結核がすでに過去の病気であるかのような口ぶりで、結核が完治したことを周囲の友人たちに伝えている。

▲夏目漱石（1867-1916）

他方、夏目漱石と並び称せられる明治の文豪・森鷗外（林太郎）は、大正十一年（一九二二）七月九日に病歿し、その死因は萎縮腎と発表された。しかし、鷗外の三十三回忌の折、施主で解剖学者の森於菟《おと》（鷗外の長男）が父の主たる死因は結核であったことを公表した。もっとも臨終に際して於菟にも鷗外の本当の死因は知らされてはおらず、知っていたのは鷗外の死を看取った主治医の額田晉《ぬかだすすむ》と、帝国大学医科大学からの親友の賀古鶴所《かこつるど》（元陸軍軍医監）、それに妹婿の小金井良精（東京帝国大学名誉教授）の三人だけであった。

森於菟は随筆「父鷗外の死について」（昭和三十年四月初出、「鷗外の健康と死」と改題し『父親としての森鷗外』に所収）のなかで、額田晉から初めて父鷗外の死の真相を知らされたときのことを、こう記している。

「いつか君にいって置こうと思っていたのだが」と前置きして額田君は話し出した。「鷗外さんはすべての医師に自分の身体も体液も見せなかった。ぼくだけ許したので、その尿には相当に進んだ萎縮腎の徴候が歴然とあったが、それよりも驚いたのは喀痰《かくたん》で、顕微鏡で調べると結核菌が一ぱい、まるでその純（粋）培養を見るようであった。鷗外さんはそのとき、これで君に皆わかったと思うがこのことだけは人に言ってくれるな、子供もまだ小さいからと頼まれた。それで二つある病気の中で腎臓の方を主にして診断を書いたので、真実を知ったのはぼくと賀古（鶴所）翁、それに鷗外さんの妹婿小金井良精博士だけと思う。もっとも奥さんにも平常のことをきいたとき、よほど前から痰を吐いた紙を集めて、鷗外さんが自分で庭の隅へ行って焼いていたと言われたから、奥さんは察していたかも知れない。」

この「母が知っていたかも知れない。」ということは私も思い当るのである。私が昔ベルリンの下宿で受け取った電報は小金井の叔父の発信で「林太郎腎臓病安らかに死す帰るな」とローマ字で綴ったものであったが、それから二年後帰国して母に当時のことをきき、後の相談をした際に何事もあけすけにいう性格の母（後妻・志げ）が「パッパ（父のことで小さい弟妹等の言葉）が萎縮腎で死んだなんてうそよ。ほんとうは結核よ。あんたのお母さん（先妻・登志子）からうつったのよ。」といったのを継母継子という悲しい関係からとかく素直には受け取らず、何かカチンときて黙殺してしまったことを思い出す。（「鷗外の健康と死」森於菟『父親としての森鷗外』筑摩書房、一九六九年）

森於菟が額田から聞いた話によれば、額田医師は鷗外の死亡診断書に死因を萎縮腎と書いたが、鷗外にはじつはこれまで隠し通してきた宿病に結核があったという。

▲森鷗外（1862-1922）

結核は肺結核だけに留まらず腎臓を浸食し、萎縮腎をともなう腎結核に進行する場合がしばしばある。したがって萎縮腎は副次的な症状であり、鷗外の本当の死因は結核（腎結核）であったと診るのが妥当だろう。また、喀痰を顕微鏡下で観察すると、さまざまな菌が混在しているのが普通だが、額田の証言によれば、鷗外の喀痰はまるで純粋培養したように結核菌だけが異常繁殖していたという。そのことから鷗外は結核菌を大量に放出する「開放性結核患者」であったと認められ、鷗外の体内から放出される喀痰や咳嗽《がいそう》は直接あるいは間接的に結核の大きな感染源になっていたと考えられる。それゆえ鷗外は開放性結核患者であることを自覚し、痰を吐いた紙を自分で集めて庭の隅で焼いたのだろう。とまれ、額田が診察したときすでに鷗外は手の施しようのない状態に至っていたことは、疑いの余地がない。

鷗外が結核を最初に発症したのは、ドイツ留学の前後と思われる。すなわち東京大学医学部を卒業しドイツ留学に向かう明治十四年（肋膜炎を発症）か、遅くともドイツから帰朝し先妻登志子《とし こ》（結核で死亡）と結婚する明治二十二年と推察される（森家では結核で亡くなった登志子からうつされたとしているが、肋膜炎の多くが結核であったことから明治十四年に鷗外が結核を発症し登志子に感染させた可能性は少なくない）。

ドイツ留学中、ライプチッヒ大学のフランツ・ホフマン教授（Franz Hofmann, 1843-1920）とミュンヘン大学のペッテンコーファー教授から衛生学を学び、さらにベルリン大学で留学中の北里を介してコッホ教授とその弟子から細菌学の基礎を学んだ森は、ドイツ留学で習得した先進医学を陸軍に活かすことが期待されていた。その森がドイツから帰朝した矢先に、よりによって軍医である自分が亡国病として恐れられる結核を発症したことがもしも人に知れたなら、これまで培ってきた信用が水泡に帰すばかりか、今後の軍医としての威信を損なうことにもなりかねない。そのため鷗外は、結核に感染した事実を人に知られることを極端に恐れたのである。

まして体面を重んじる鷗外にとって、結核の秘匿はなによりも優先させなければならない最重要命題であった。そのため身近な妻や子にまで終生結核を隠し通したのである。それは同時に、妻や子につねに結核を感染させる危険性を孕《はら》んでいたことを意味する。

いうまでもなく森林太郎は、わが国屈指の衛生学者であり、結核患者が周囲にどの程度の危険性をおよぼすかについて充分承知していたと思われる。結核菌の感染力についてどの程度分かっていたかを知るために、私は当時の医学論文をひも解き通読した。しばらくして、森自身が主筆を務める主催雑誌『衛生療病志《えいせいりょうびょうし》』（明治二十三年三月十六日発行）の記事に目が留まった。その記事の筆者は「鷗外漁史《おうがいぎょし》」で、記事の題名は「労症《ろうしょう》の予防につきて」と記されていた。なお、「鷗外漁史」は鷗外の別の筆名で、「労症」とは結核の別称である。

鷗外はその論稿「労症の予防につきて」で、結核菌の感染力の強さを次のように解説する。「結核菌はコッホによって発見され、気温三十度以上の環境では増殖しにくい特性がある。その反面、結核菌は患者の体外に痰として放出された後も四十三日間生き、さらに痰が乾いても百八十六日間生きつづける。また結核菌は、塵とともに空気中に飛散して人に感染する。ヘルレルという細菌学者の調査によれば、結核患者が一回咳をするとそれによって約三億の結核菌が放出され、一日に約七十二億の結核菌が飛散する。ゆえに、結核患者とともに棲む家族が感染するのも当然である」。——つまり、鷗外は結核菌の感染力の危険性について縷々《るる》説明し、結核を予防するためには感染者を家族から隔離する必要性を示唆しているのである。

左はその抄出である。

勞症《ろうしょう》と世にいふものゝまたの名を結核といひて、細き核を人身の組織の中に結べることゝこの事の原となるは小さき菌の類にて、この菌を見出しゝはコッホといふ學者なることは先に論《あげつら》ひぬ。この勞症の菌は三十度（攝氏）以上の温にらざれば縱令《たとえ》、その育つに便なる田地ありとも榮えがたし。その育ちは外の細菌より遅し、されば温血《おんけつ》ある動物の躰内ならではこの物の榮えむことはいと難きなり。しかれどもこの菌は動物體外にいでゝ寒きめに逢ひても、増殖こそせぬ中々枯れぬものにて腐れかゝりし痰の中にても四十三日は命を保ち乾きたる痰の中にては百八十六日生き延ぶることとあり。かゝる乾たる菌は塵となりてまた塵につきて空気中に飛散することあれば、人の空気を吸ふと倶《とも》にこれを吸ひこむことあるべし。

勞症の人の吐出しゝ痰の中に幾何《いくばく》の菌ありやとヘルレルといふ人数へしに、一立方密米《ミリメートル》の裡《うち》に百萬のわりなりき。扨《さ》て一咳してはき出す痰の容積は三立方仙米《センチメートル》あるゆえ、まさに三億（三〇〇、〇〇〇、〇〇〇）の菌含むべし癆症の人ありて、一時間に一咳すと見て一日には七十二億の菌を出さむ。〈中略〉

勞《ろう》あるものと一親族をなし、共に棲めば感染するも無理ならず。

（「勞症の預防につきて」鷗外漁史記『衛生新誌　第一七号』衛生新誌社、明治二十三年三月十六日）

はたして鷗外は、開放性結核患者が周囲におよぼす危険性を誰よりもよく承知していた。

もっとも今日では、結核菌はたとえ人に感染したとしても、そのうちの二割程度の人しか発症することはなく、たとえ体内に侵入してもその八割までが感染したまま休眠状態（潜在性結核）になることが知られている。しかし、そうした当今の知見を差し引いたとしても、鷗外が家族に対してなんら有効な感染防止対策を講じることなく通常の家庭生活を送ったことは到底理解することができず、離縁した登志子（明治二十三年離婚、三十三年死亡）を除いた家族に発症者が現れなかったのは、不幸中の幸いであったというほかはない。

家族や周囲に感染させる危険性が高いことを承知のうえで鷗外は結核であることを秘匿し、隔離・療養することなく、その後も精力的に活動をつづけ、陸軍軍医の最高位である念願の陸軍軍医総監兼医務局長の座に上り詰めた。そして、肺結核の発症から三十三年後の大正十一年(一九二二)七月九日、結核菌は鷗外の体内で純培養したかのように増殖して一ぱいになり、腎結核にともなう萎縮腎を併発して絶息したのである。

とまれ幕末から戦前にかけて結核は治療法のない国民病であり、結核に罹っても漱石のように極初期に発見されたために助かる者がいる一方、鷗外を筆頭にじつに多くの人びとが結核を発症して落命した。

例を挙げると、高杉晋作(一八六七年没)、沖田総司(一八六八年没)、樋口一葉(一八九六年没)、赤松登志子(一九〇〇年没)、正岡子規(一九〇二年没)、国木田独歩(一九〇八年没)、二葉亭四迷(一九〇九年没)、青木繁(一九一一年没)、石川啄木(一九一二年没)、佐伯祐三(一九二八年没)、梶井基次郎(一九三二年没)、直木三十五(一九三四年没)、竹久夢二(一九三四年没)、中原中也(一九三七年没)、高村智恵子(一九三七年没)、立原道造(一九三九年没)、堀辰雄(一九五三年没)、高村光太郎(一九五六年没)が結核で亡くなった。

さらに海外に目を転じると、カール・フォン・ウェーバー(一八二六年没)、エミリー・ブロンテ(一八四八年没)、フレデリック・ショパン(一八四九年没)、ジョルジュ・スーラ(一八九一年没)、オーブリー・ビアズリー(一八九八年没)、ポール・ゴーギャン(一九〇三年没)、アントン・チェーホフ(一九〇四年没)、アメデオ・モディリアーニ(一九二〇年没)、フランツ・カフカ(一九二三年没)、シモーヌ・ヴェイユ

（一九四三年没）など、結核で亡くなった著名人を例示すれば枚挙にいとまがない。「才子多病、佳人薄命」と言われる所以である。

今日日本では、化学療法の普及によって結核はかつてのような恐ろしい病ではなくなった。しかし、世界保健機関（ＷＨＯ）によると、結核は世界で年間約一〇〇〇万人の患者が発症し、約一六〇万人が死亡すると推計され、日本でも一万五〇〇〇人以上の人が発症し、二〇〇〇人以上の人が毎年亡くなるなど、いまも結核はマラリアやエイズと並んで世界三大感染症の一つであることに変わりはない。

コッホは長年におよぶ細菌研究において、多くの時間を結核の研究に費やしてきた。彼はその研究成果を報告するため、一八九〇年十一月十三日にベルリンでおこなわれた第十回万国医学会の演台の前に立った。久しぶりに姿を現した細菌学の父コッホの特別講演を聞こうと、世界各国から約七〇〇〇人もの聴衆がベルリンに集まり、会場は異様な熱気に包まれた。このときコッホは「細菌学上の研究について（Über Bakteriologische Forschung）」と題する講演で、結核新薬「ツベルクリン（Tuberkulin）」を創製したことを発表し、そのニュースは瞬くうちに世界中を駆けめぐったのである。

コッホの講演内容を知るために、私は国立国会図書館新館二階の雑誌カウンターを訪れ、ベルリン万国医学会がおこなわれた一八九〇年十一月以降の当時の医学雑誌に目星を付け、手当たり次第に速読した。しばらくして、明治二十三年（一八九〇）十一月三十日発行の『大日本私立衛生會雑誌　第九〇号』に収載された「第十回万国医学会に関する紀事、北里柴三郎君報」の見出しに目が留まった。記事は、第十回万国医学会の概要をドイツ留学中の北里柴三郎が報告したものだった。果たしてその記事の後半部に、コッホの講演の概略が記されていた。北里は日本の医学雑誌『大日本私立衛生会雑誌』に、コッホの講演内容を次のように報告している。

「私（コッホ）は数年前から、結核を治療する薬品の研究開発に取り組んできた。研究は結核菌の培養から着手し、以来この間、じつに多くの物質を探索した。そのなかには結核菌の成長を防ぐ効果のものもあったが、いずれも結核菌を死滅させるまでには至らなかった。しかし、最近になってようやく私は、結核の治療に有効な薬品（ツベルクリン）を発見し、実験動物（モルモット）を使った実験でツベルクリンの効果を確認することができた。この事実は、モルモットだけでなく人間の結核患者や他の伝染病にも有効な治療薬を創製する発端として、向後、ツベルクリンの創製に向けた国際競争がおこなわれることになるであろう」と。

左は、「第十回万国医学会に関する紀事」で北里が日本に書き送ったコッホの講演部分の手抄である。

余（コッホ）自《みずか》らは数年来肺労《はいろう》（肺結核）の治療に対する薬品を探索するに、然《し》かも該「バチルス」の培養よりこれを始めたり。為に於て余は許多《きょた》の物質を発見せり。例之《たとえば》「エーテル」性油、爹兒諸色素、気態水銀、金銀塩類に就中《なかんずく》その蔵化金は、極めて高度の希釈液をもってするも「バチルス」の成長を妨ぐることを発見したり。是ものこそ実に該病を屏息《へいそく》せしむるに足らむ。しかれども此等《これら》の物質はその動物体液中の「バチルス」に対して応用せらるゝに至りては総て無効なるの証迹《しょうせき》を得たり。

余は猶《なお》も進んで探究し、終に得んと欲するところのものを得たり。一度該物質をもって治療すれば、彼の天竺鼠《てんじくねずみ》（モルモット）の如き至て結核「バチルス」を感受し易きものと雖《いえど》も然かも不威となること証明せられ、またこの鼠の結核症が既に遠く進める時に在てもこの薬品は能くこれをして休止に至らしむるを得たり。この事実はその他の傳染病に在てもまた斯《か》くの如き有効の薬品を探検するの発端となるべきものにして、この点こそ至貴《しき》至高《しこう》なる方法をもってする萬國競争の戦野なりとす。

あたかも人をして酩酊《めいてい》せしむべき大喝采の響き渡りて、先ずこの席は閉会せられたり。

（「第十回萬國醫學會に関する紀事、北里柴三郎君報」『大日本私立衛生會雜誌　第九〇号』大日本私立衛生會、明治二十三年十一月三十日）

ベルリンの講演会場でコッホの講演を間近に聞いた北里は、コッホの講演概要とその盛況ぶりを右のとおり報告した。その記事の末尾に北里は、「あたかも人をして酩酊《めいてい》せしむべき大喝采の響き渡りて、先ずこの席は閉会せられたり」の一行を書き添え、コッホの結核新薬の発表に固唾をのんで聞き入っていた大勢の聴衆は、講演が終わるや否や拍手喝采となり、熱狂のうちに閉会した様子を臨場感豊かに伝えたのである。

コッホの講演の大要は、ドイツの医学週刊紙『ベルリン臨床医学週報（Berliner Klinishe Wochenschrift）』が号外（十一月十四日発行）を出して速報した。その号外をいち早く取り寄せ日本に紹介したのは、森林太郎であった。

すでにドイツから日本に帰参していた森は、ベルリン大学に留学中の友人入沢達吉《いりさわたつきち》（のちの東京帝国大学医科大学附属病院長）を介して十二月二十六日にその記事を入手すると、ただちに和訳し、自身が主催する医学雑誌『衛生療病志』の号外（十二月二十八日発行）に転載してコッホがベルリンでおこなった演説の大要を急報したのである。

かくて『ベルリン臨床医学週報』の号外記事は、森によって『衛生療病志』に「結核療法の急報」と題して訳載された。その記事の最後に森は、「以上、結核の治すべき病となりしことは、分明《ぶんみょう》なり。平素謹厳《きんげん》自ら持するコッホ氏のこの言句《げんく》々信を置くべきは論を待たず。薬液の由来と製造とは、報《ほう》出《い》でむをり直《ただち》にこの志に訳載《やくさい》せむ。林太郎識」（『衛生療病志』号外）と記し、結核がすでに不治の病ではなくなったことを高らかに報じたのである。

さらに森は、『衛生療病志』の号外を出した二日後の十二月三十日付け『読売新聞』に、今度は「コッホ氏の肺労新療法の急報」と題してコッホの新発明を要約し、その功績を称える記事を無署名で寄稿した。左はその記事の全文である。

コッホ氏の肺労新療法の急報

独逸《ドイツ》国衛生学の大家ロベルト・コッホ氏が先頃結核（肺労）新療法を発明し、これを獣類に試みて効験《こうけん》ありし事を第十回国際医学会にて演説し、独逸政府が殊に氏に許してこれを人体に試みしめしことは世の知るところなるが、爾来世人《せじん》がその報告を俟《ま》つことは一日千秋の思をなしたるが、昨月十四日伯林《ベルリン》クリニック週報の飛報《ひほう》を衛生療病志が本月二十八日の号外に訳載《やくさい》せるところを見るに、コッホ氏が今回の報告は世間にて氏が実験の様《さま》を洩れ聞きて誇張の言《げん》を為すものあるを慮《おもんぱか》り為にて、先づ薬液の形状および保存法より用法器機等を説明し、諸大学病院より出《いだ》せる結核および他の患者とコッホ氏自身に就ての実験の状況健人および結核にあらざる患者に対しては、秋毫《しゅうごう》の徴《ちょう》なき量《りょう》にても結核ある患者に用ひては著しき全身作用と局所作用とを起す事、局所作用にては狼瘡《ろうそう》二三週日《しゅうじつ》にて全治し淋巴腺《リンパせん》、骨、関節、肺臓等、孰《いづ》れも類似の効験《こうけん》ありて後来診断上《こうらいしんだんじょう》治療上《ちりょうじょう》共に大利益を与ふべしとのことなり。

斯《か》くコッホ氏が人体に用ひし試験好結果を奏《そう》せし上は、天下幾万の肺労患者を長く氏の恩恵を荷《にな》ふべく今世紀の医学界に大影響をおよぼすべき新発明なれば、今ここに大畧《たいりゃく》を抜粋す。その詳細の記事の如きは、衛生療病志に就いて見るべし。

（「コッホ氏の肺労新療法の急報」『讀賣新聞　第四八六四号』明治二十三年十二月三十日）

かくて、森はコッホの結核療法に並々ならぬ強い関心を寄せ、『ベルリン臨床医学週報』の号外記事をいち早く入手して日本に紹介した。けだしそれは、森が自身の結核を秘匿していたという、至って自己本位《エゴエステス》な理由に基因した。

なお、コッホの講演をベルリンの会場で直接聴講した日本人は、北里柴三郎のほかに、当時ハイデルベルク大学に留学中の宇野朗《うのあきら》（のちの帝国大学医科大学教授）や、ウィーン大学に留学中の岡玄卿《おかげんけい》（のちの宮内省侍医）などのドイツ留学生たちがいた。後述するが、そのひとり宇野朗は、コッホの講演の半年後に日本政府から選抜されてコッホの門を叩くことになる。

結核の特効薬の発表は衝撃をもって受け止められ、それを発表したコッホに世界の耳目が集まった。もともと結核の病原体である結核菌は、一八八二年三月二十四日にコッホが発見したものだ。だが、結核の病原体である結核菌が抗酸菌（グラム陽性桿菌）の一種であると特定された後も、結核菌に対抗できる効果的な治療法をなんら見出すことができず、治療といえば海浜などでのサナトリウム療法か、高原などへの転地療法くらいしか方法がなったのである。ところが、結核菌を発見した当のコッホが今まさに結核治療の確立に向けてツベルクリンの研究開発を進めるというニュースに、世界は諸手を挙げて歓迎し、大きな期待が集まったのは当然だった。

ツベルクリンを創製した当のコッホは、「ツベルクリン薬液は、結核菌を殺すものにあらず、結核組織を殺すものなり」と述べている。言い換えれば、ツベルクリンは結核菌に直接作用して殺すのではなく、殺した結核菌の菌体成分を結核患者に接種し結核菌への抵抗力を高めることで治療につなげることを主眼とした。その具体的な治療法は、結核菌のグリセリン抽出液から蛋白質を取り出し、そうして得られた抗原を患者に接種し結核の治療や診断に活用しようというものであった。

コッホはツベルクリンの効果を確認するために、結核患者にツベルクリンを注射し、多くの臨床試験をおこなった。さらにツベルクリンの副反応を確認するため、みずから被験者となって臨床試験に臨んだ。このときコッホは、「ツベルクリン注射から三、四時間後に、怠さや微熱をともなう悪《お》心《しん》ならびに咳嗽《がいそう》の症状が現れたが、その後しばらくして治まった」と証言し、重篤な副反応はないことを自身の身体で確かめたのである。

こうしてツベルクリンの有用性を確認したコッホは、一八九〇年十一月十三日発行の『ドイツ医学週報（Deutsche Medicinische Wochenschrift）』に、ツベルクリン薬液の結核治療に関する臨床試験報告を発表する。

コッホの発表を聞きつけ、数千人もの結核患者が結核の新薬を求めて、コッホのいるベルリンに雲集《うんしゅう》した。さらに結核患者だけでなく、多くの大学の研究者や医者もまたツベルクリンの研究に参加するためにコッホの下に押し寄せ、ベルリン行きの寝台車は人で溢れかえった。そのなかには、『シャーロック・ホームズ』の作家として知られるイギリスの開業医兼作家のアーサー・コナン・ドイル（Arthur Conan Doyle, 1859-1930）や、フェノール消毒法の開発で名高いロンドン大学キングス・カレッジ教授のジョゼフ・リスター（Joseph Lister, 1827-1912）もいた。

エジンバラ大学医学部を卒業し、ポーツマス郊外のサウスシーで診療所を営んでいた神経内科医のコナン・ドイルは、コッホのツベルクリンに強い興味を抱き、イギリス海峡を渡ってベルリンに駆けつけたがコッホの講演会のチケットを入手することができなかった。諦めきれずにコッホの家宅に押しかけたが会うことは叶わなかった。仕方なくドイルは、コッホの講演会記事を掲載した雑誌や新聞を手当たり次第に収集し、読みあさった。

他方、コッホの細菌学の樹立に呼応してジョゼフ・リスターは、手術用具をフェノールで消毒することを提唱し、術後の完治率の向上に大きく貢献した臨床外科医である。その功績によって彼はのちに王立協会会長（一八九五年）や男爵（一八九七年）に列せられた。そのリスターの姪が結核に患って苦しんでいたため、リスターは姪をともなってベルリンに赴いた。おそらくリスターは、姪をツベルクリンの臨床試験の実験台にするよう、コッホに直接依頼するつもりだったと思われる。コッホのツベルクリンの研究に惹きつけられるように主体的にベルリンに駆けつけた多くの医師がいた一方、各国政府から選抜されてコッホの下に派遣されて来た何百人もの若手研究者がいた。各国政府がコッホの研究室に研究者を差し向けた理由は、コッホの下でツベルクリンの製造手法を習得させ、帰国後いち早く結核治療を実用化させたいという狙いがあった。

折しも日本では、第一回帝国議会が明治二十四年（一八九一）二月六日より開催された。この記念すべき第一回帝国議会の本会議で、コッホの肺労治療法（ツベルクリン）研究を支援するために、日本から医学士を派遣する旨の建議が浜野昇《はまののぼる》衆議院議員より提出された。

浜野昇は、東京医学校を卒業し、日本で最初に代議士になった医学士で、後年北里とともに日本医師会ならびに結核予防会の設立に尽力した人物である。

その浜野が第一回帝国議会の演台の前に立ち、建議案の趣旨をどのように述べたのか。それを知るために、私は国立国会図書館が管理運営する「帝国議会会議録検索システム（https://teikokugikai-i.ndl.go.jp）」にアクセスし、検索した。すると、『衆議院第一回通常会議事速記録第三十八号』（明治二十四年二月六日）の標題が大きく表示され、その議事録の冒頭に「浜野昇君より独逸国医学博士ロベルト・コッホ氏の大発明に係る肺労療法研究の為に、国費をもって我が帝国大学より、三名の医学士を外国に派遣するの建議を提出せられたり」と記されていた。

浜野の建議の主旨は、文部省から三名の医学士をコッホの下に派遣するというものであった。衆議院本会議場での浜野の演説の概要を記すとこうである。

「現在ドイツ・ベルリンのコッホ氏の下には内務省技手の北里柴三郎がいるが、技手一人だけではなんとも心許ない。このたびコッホ氏が発明した肺労療法は絶大な効果がある反面、よほど注意して扱わなければ危険とのことであり、開業医が無闇に使用すると、かえって人の健康を害することになりかねないという。そのためのその対策として、コッホ氏の下に文部省よりその道に明るい医学士を三名派遣し、帰国後、全国の開業医などにその術を伝授させることとする。その際、試験病院などが必要であれば帝国大学医科大学に付属病院を設け、全国の開業医の研修の場とするのがよいであろう」。

浜野の建議は第一回帝国議会において反対意見もなく承認され、帝国大学の加藤弘之総長によってその道に明るい三名の医学士が人選された。選抜された医学士とは、当時ドイツ留学中でコッホのツベルクリンの講演をベルリンで聞きのちに東京大学医学部付属病院長となる宇野朗、当時帝国大学医科大学病理解剖学助教授でのちに人工癌の創成に成功する山際勝三郎、当時帝国大学医科大学内科教授でのちに杏雲堂医院長となる佐々木政吉《さ さ き まさきち》の三人であった。かくて、世界各国からコッホの下に多くの研修生が志願して来るなか、日本政府はコッホの下に三人の医学士を相次いで派遣した。

コッホは日本から次々とやって来る志願者に対して、「余の下には北里が居ることを日本政府は忘れているのか」といって、門前払いした。自分の下に北里という有能な愛弟子がいるにもかかわらず、それを無視して再三押しかけてくることに対して、コッホはいささか業を煮やしていたようだ。また、かつて北里をコッホの下から引き離そうとし、また北里の留学延期を遅々として認めようとしない文部省への意趣返しの意も多分に込められていた。コッホが北里に今日もまた日本人が来たことを告げると、北里は「(私が)文部省に信用がないからでしょう」と答えたと、『北里柴三郎傳』(五十五頁)は伝えている。

北里と東京大学が反目した政治的背景には、日本の衛生事業における内務省と文部省の主導権争いがあった。また、すでに述べたように恩師である緒方帝国大学医科大学教授が発表した脚気細菌説を北里が否定したことも、両者の反目の誘因の一つにあった。そして今回また、日本から遥々やって来た帝国大学医科大学の教授陣をコッホが門前払いし、その理由が北里にあることを聞いたことで、東京大学の教授陣は北里に対してさらに強い悪感情を抱く結果となった。事実これ以降、北里と東京大学はことあるごとに不協和音を発露させ、帰国後の北里の不遇な将来を予見させる動きをさまざまな形でみせはじめるのである。

ドイツ留学再延期願い

コッホは、日本を含む世界各国から派遣されて来る研究者の参加依頼をすべて断った。そして、これまでモルモットなどを用いてツベルクリンの検証実験を主導してきた北里をツベルクリン研究の中心メンバーに据え、臨床応用に向けた研究開発をさらに積極的に推し進めた。

ちょうどそのころ、北里の二年間の留学延期を含めた五年間の留学期限が迫っていた。そのことを心配したのは、ほかでもないコッホだった。このまま留学期限が切れて北里を日本に帰らせれば、ツベルクリンの研究が中断し、研究に大きな支障をきたす恐れがあった。そのため、コッホは北里にこのままツベルクリンの研究をつづける意志があることを確認すると、駐ベルリン西園寺公望《さいおんじきんもち》ドイツ公使を通じて内務省に北里の留学延期を申し入れた。しかし、西園寺公使の働きかけにもかかわらず、内務大臣の西郷従道《さいごうつぐみち》伯爵は再度の留学延期の予算の許可を出し渋った。

　このとき手を差し伸べたのが、内務省衛生局の長与局長だった。コッホと西園寺公使が働きかけた北里の留学再延期が不発に終わったことを知った長与局長は、北里にツベルクリンの研究を中止させて帰国させたのでは、世界が注目するコッホのツベルクリン研究に支障をきたすばかりか、北里の今後の研究にも差し障りが生じかねないと案じ、大日本私立衛生会会頭の山田顕義《やまだあきよし》伯爵（元内務卿）に相談を持ちかけた。

　大日本私立衛生会は、「全国同胞の健康を保持増進する方法を討議研究し、公衆衛生上の施設を翼賛する」ことを目的に、衛生学の学識者一二五〇人の会員が参加して明治十六年に設立し、山田会頭、長与副会頭をはじめ、幹事に石黒忠悳、高木兼寛、三宅秀、長谷川泰、後藤新平など、日本の衛生行政を築いた名だたる人物が揃っていた。

　長与副会頭から相談を受けた山田会頭は、北里の留学費の援助を宮内省に上奏してみてはどうかと助言した。明治二十三年（一八八九）十二月十日、長与は山田会頭の書簡を携えて宮内庁舎を訪れ、宮内大臣土方久元《ひじかたひさもと》子爵に面会して学資懇請の旨を陳《の》べた。そして、懐から山田会頭の書簡を取り出し、土方宮内大臣に差し出した。

　左は、山田会頭が土方大臣に宛てた書簡である。

ここに内務省技手医学士北里柴三郎は病理研究の命を奏《そう》し、明治十九年以来右の「コッホ」氏に従学し、病菌学に於ては許多《きょた》の発見も有之同氏の助手となりて頗《すこぶ》るその信用を得るところとなりしか、本年十二月満期に帰朝の期迫りたるに「コッホ」氏はこの試験の幇助《ほうじょ》を託するか為になお一ヶ年間の延期を政府に請求すへき旨を懇諭《こんゆ》せり。

内務省に在ては固《もと》よりその事柄に於ては嘉《よす》みするところなりと雖《いえど》も、今日に当り在官の儘《まま》留学の延期を認可するに於ては他に影響を生するのみならす経費の都合も到底これを認可すること能《あた》はすと云ふ。しかるに発明者「コッホ」氏のその伝習を約《やく》して一ヶ年留学延期を勧告する便宜を得なから今徒《いたづ》らにこれを召還するは甚《はなは》た遺憾に堪へさるところなり。

仰《あお》き願くは、陛下至仁《しじん》若干学資を賜ふてこの律業を幇助し、その効果を斉《ひと》し帰るの栄を得せしめ玉《たま》ひ、もって内は無数の病者をして永く再生の天恩《てんおん》に浴せしめ、外は学術勧奨の聖旨《せいし》を遠く海外に輝かさんことを懇請《こんせい》の至りに堪《た》へす。

明治二十三年十二月十日

大日本私立衛生会会頭　伯爵　山田顕義

宮内大臣　子爵　土方久元　殿

宮内大臣への陳情は、意外なほどすんなり受け入れられ、その日のうちに陛下から特別に恩賜《おんし》の学資金一〇〇〇円（現在の約一〇〇〇万円に相当）を大日本私立衛生会に下賜されることが裁可された。翌十一日、宮内省より「御沙汰書」が発せられた。その文面は左記のとおりである。

御沙汰書

在独乙《ドイツ》留学内務省技手医学士北里柴三郎儀、同国に於て専ら肺勞《はいろう》（肺結核）治療法研究中のところ、昨今留学期限満期に付なお継続講究せしめ度き旨をもって学資下賜の儀出頭の趣及上奏候処、特旨をもって金壹千円下賜相成候条厚き御趣旨を奉体《ほうたい》してその効果を得べき様示達可有之《これあるべく》この段相達《あいたっし》候也。

明治二十三年十二月十一日

宮内大臣　子爵　土方久元

大日本私立衛生会会頭　山田顕義　殿

こうして陛下から学資金一〇〇〇円の下賜を与えられることとなり、これを受けて内務省は北里の留学期間を明治二十五年（一八九二）一月まで一ヶ年間再延期することを認めたのである。

さて、一八九一年のある日、ツベルクリンの研究に取り組んでいた北里は一通の書簡を受け取った。送り主は、万国衛生会議などで交流のあるイギリス・ケンブリッジ大学のアーネスト・ヘンキン（Ernest Hankin, 1865-1939）教授だった。手紙には同大学の医学部に細菌学研究所を新たに設けることになり、ついては貴殿を所長に雇聘《こへい》したい旨が記され、所長としての待遇や設備などの研究環境が詳しく示されていた。

第一回ノーベル生理学・医学賞の候補になった前途有望な病原性微生物学者・北里の実力と将来性を高く買っての高待遇での雇聘であった。十三世紀からつづく世界屈指の名門大学の研究所長に就くことは、北里柴三郎の名を世界で不動のものにする千載一遇のチャンスである。

しかし、この願ってもない誘いに対して北里は、「結核療法の研究は不肖終生の事業にして奮励《ふんれい》一日も已《や》まざるところ」と返信の手紙に草している。その手紙によって北里は、結核療法として私が現在取り組んでいるツベルクリンの研究は一日も休むことはできず、いまはほかのことを考える余裕もないと、ケンブリッジ大学に新たに創設される細菌学研究所長就任への雇聘を迷うことなく断ったのである。

一八九一年夏、ツベルクリン研究も一段落したころ、衛生学の研究で高い実績を誇る米国ボルチモア市のジョンズ・ホプキンズ大学から北里に、高待遇で教授に迎えたいと請願された。つづいてニューヨーク市のブルックリン病院からも、北里を高待遇で迎えたいと懇請があった。

さらに、フィラデルフィア市のペンシルベニア大学から細菌学研究の指導に当たってほしいと要請され、その報酬として年俸四万円と、自由に使える研究費年額四〇万円を提供するという申し出があった。日本の人事院給与課の資料によれば、明治二十年代の内閣総理大臣の年俸が約一万円であるので、明治二十四年の年俸四万円は、日本の総理大臣の給与の四倍、現在の価値で約四億円になる。なお、研究費の四〇万円は、現在の価値で約四〇億円に相当する。

だが北里は、英米の世界屈指の研究機関からの招聘《しょうへい》をすべてを断り、日本に帰ることを望んだのだ。北里が各国からの招聘を断った大きな理由は、コッホとパスツールの存在にあった。コッホと北里のツベルクリンの研究が深夜におよんだとき、コッホは北里にある言葉を漏らしたことがあった。「私が細菌学をめざしたのは、ドイツ国民の命を支える杖になりたいからだ」。その言葉が北里の心を捉えて離さなかった。

コッホと双璧をなすフランスのルイ・パスツールも、イタリアの大学の招きを断ったことがある。その際、パスツールは「科学に国境はないが、科学者には祖国がある」といって、戦災で荒廃した祖国フランスで微生物研究所を創設した。二人の細菌学の始祖・コッホとパスツールを尊敬し多くを学び取った北里もまた二人と同様に、これまで学んだものすべてを祖国のために役立てることを望んだのである。

加えて北里には、日本に戻らなければならない理由があった。北里が憧れのコッホの下で、六年半もの長きにわたって留学することができたのは、自分を送り出してくれた祖国日本の援助のお陰であった。留学資金のすべては国費でまかなわれ、さらに最後の一年は、陛下からの恩賜金によるものだった。それに、ドイツ留学を支援してくれた長与専斎衛生局長をはじめ、協力者の石黒陸軍軍医総監医務局長（明治二十三年から陸軍軍医総監医務局長）や山田顕義大日本私立衛生会会頭、コッホへの紹介状を書いて持たせてくれた緒方正規帝国大学医科大学教授など、多くの恩人が日本にいた。そのため北里は、祖国日本に帰参して恩返ししたいと心に固く決めていたのである。

北里は内務省からの通達を受けて、一八九一年にロンドンで開催される第七回万国衛生会議に出席することになった。その途中、熊本医学校の恩師で、医学者を志すきっかけをつくってくれた外国人教師マンスフェルトが住むオランダ・ハーグ市を訪ねた。ベルリン大学での北里の素晴らしい業績を耳にしていたマンスフェルトは十七年ぶりの再会に大いに喜び、自分のかつての教え子である北里を非常に誇らしく周囲の人びとに紹介した。

ハーグでマンスフェルトと別れた北里は、ロンドンの万国衛生会議に日本を代表として出席し、イギリスの王立協会の会長で無菌外科手術を創始したジョゼフ・リスター男爵や、ロシアを代表する細菌学者でのちにノーベル生理学・医学賞を受賞するイリヤ・メチニコフ（Ilya Mechnikov, 1845-1916）、ケンブリッジ大学のアーネスト・ヘンキン教授など、世界の大学者と親しく交歓した。

この会議に参加した主要科学者二十三人を撮影した記念写真が、北里柴三郎記念室に残されている。前列中央にリスター卿が陣取り、そのすぐ後ろの二列目中央にメチニコフが位置し、北里はそのすぐ右隣に立っている。その記念写真に収まる立ち位置などから、国際会議への初参加にもかかわらず、すでに世界一級の研究成果を挙げ、第一回ノーベル生理学・医学賞の候補に挙がった北里を、世界の科学者たちが敬意をもって迎えていることを読み取ることができる。

ベルリンに戻った北里に内務省から通達があり、帰国の途に際しフランス、イギリス、アメリカを視察し、各国の衛生事業を調査する旨が記されていた。北里にとって、これが留学中に内務省から送られてきた最後の通達だった。

▲第７回万国衛生会議に参加した主要科学者の記念写真（1891 年ロンドンにて）

一八九二年三月二十八日、北里は六年半滞在したベルリンを発った。翌二十九日パリに着いた北里は、思いがけず多くのパリ市民の熱烈な歓迎を受け、また新聞記者のインタビューを受けた。翌朝のパリの新聞は「日本の大細菌学者・北里博士来る」の見出しを付けて北里柴三郎の来仏を大きく報じたのである。その後、北里はパリにある日本公使館で、書記官石井菊次郎《いしいきくじろう》（のちの外務大臣）の紹介でパリの朝野の名士たちと面会したあと、念願のパスツール研究所を訪問し、敬愛するルイ・パスツール（Louis Pasteur, 1822-1895）と親しく面談した。このときパスツールは齢《よわい》七十に至っていたが、研究所に毎日出所し、狂犬病の研究に精力的に取り組んでいた。

北里との話を楽しみにしていたパスツールは、会談の最後に自分の肖像写真の下のスペースに自書し、交友の証として北里に手渡した。写真には、「北里博士へ、素晴らしい研究に敬意と祝福を込めて。ルイ・パスツール（Au Doctorat Kitasato, Avec respect et bénédiction pour de grandes recherches. Louis Pasteur）」と書かれていた。帰国の途の視察旅行で最大の収穫は、パスツール研究所でパスツールと会談したことだったと、のちに北里は感想を述べ、このときパスツールからもらったサイン入り肖像写真を終生大切にした。

北里は当時ドイツで入手した愛用の革張りの手帳に、視察旅行の日程をこまめにメモ書きしている。その手帳のメモによれば、一八九二年四月五日にパリを発ち、同日ロンドン港に到着。八日後の四月十三日にロンドン港を船で発ち、四月二十二日にニューヨーク港に到着した。アメリカでは、四月二十九日にニューヨークを発ち、同日ボルチモアに到着。その後、四月三十日にワシントン、五月二日にフィラデルフィア、五月六日にモントリオールを訪れた後、モントリオールからアメリカ大陸横断鉄道で六日かけて五月十三日に西海岸のバンクーバーに到着した。

この間、イギリスではロンドン周辺に八日間滞在し、アメリカでは東海岸に滞在した十五日間にニューヨークを起点にしてボルチモア、ワシントン、フィラデルフィア、モントリオールを訪れている。しかし、どこで何を視察したかについての記述はなく、残念ながらそれを知る手がかりは残されてはいない。

もっとも、ロンドンの北約八十キロに位置する学園都市ケンブリッジには、北里を研究所長に迎えたいと熱心に招聘した名門のケンブリッジ大学があり、おそらく北里はこのケンブリッジ大学を訪れ、万国衛生会議などで交流のあるアーネスト・ヘンキン教授たちと今後の細菌学の方向性などを話し合ったのではないかと推察される。

▲ルイ・パスツールのサイン入り肖像写真
(北里柴三郎記念室所蔵)

また、ニューヨークにほど近いボルチモアには、北里を教授として招聘したジョンズ・ホプキンズ大学があり、そこにはコッホの下でともに研究した畏友ウィリアム・ウェルチ（William Welch, 1850-1934）教授（一八九三年に医学部長）がいた。しかもウェルチ教授は、この年（一八九二）ウェルシュ菌を発見したばかりだった。そのためジョンズ・ホプキンズ大学のウェルチ教授や彼の同僚たちとウェルシュ菌をはじめとする最新の衛生学研究の状況について久しぶりに意見交換をした可能性は高い。

北里がベルリンを発ったあと、ドイツ医学会に遺した北里の前人未踏の功績を評価して、ドイツ皇帝ヴィルヘルム二世（Wilhelm II., 1859-1941）ならびにドイツ国政府は、外国人としては初めてとなる「大博士（プロフェッソル）」の栄誉称号を北里に贈呈することを決定した。それを知ったコッホは愛弟子の北里が栄誉称号を授与したことを我がことのように喜んだという。

北里がベルリンを去ってから一ヶ月余りが過ぎた五月一日、プロフェッソル証状が在ドイツ日本大使館に届けられた。これを受けて在ドイツ臨時代理公使・姉小路公義《あねがこうじきんとも》はドイツ帝国がプロフェッソルの栄位を北里柴三郎に与えたことを知らせる公文書を、明治二十五年五月十一日付けで外務大臣・榎本武揚《えのもとたけあき》子爵宛てに送った。

その公文書の全文は左記のとおりである。

> 曩《さ》きに内務省より衛生學修行の為め当国に派遣相成り候《そうろう》同技師北里柴三郎は、多年醫科大學教授ドクトル古弗《コッホ》氏に従ひ、その高足《こうそく》の一として同博士を助け、バクテリア學上著しき功を顕はし、また一二の発明をも致したる為め欧米醫學者社會中に名を知られ、已《すで》に英のケンブリッヂ大學校、米のフィラデルヒヤ州立大學校よりも各々書を寄せ雇聘《こへい》せんことを望みたる位にこれ有り、同人この地出発帰朝の途に就き候節、醫學参事會の申立にて当文部省に於ても同人の學事上功労尠《すく》なからざるを嘉《よみ》し、この際特に相当の勲章若《も》くは大博士《プロフェッソル》（洋名プロフェッソル、大學教授と譯するは

非なり）の學位を授与致し度き趣きにて、師匠古弗氏《コッホ》より右同人に内話《ないわ》もこれ有り候処、勲章の儀は何人《なんぴと》にても賜はり候ことゆえ、別に同人の望まざるところなれど、學者として普国大博士《プロシアプロフェッソル》の學位得る者、この上無き名誉にこれ有る旨相答え置き候由に承知致し候。しかるにこの程別紙公信写しの通り普国《プロシア》政府はいよいよ同人に大博士《プロフェッソル》の學位を授与し、右辞令は巳に本邦駐劄独国代理公使へ回送転付方報告済みの赴《おも》き、当外務次官より通牒《つうちょう》これ有り候。

大博士《プロフェッソル》の學位は当国に於ては容易に尋常一般の學者に授与致さざる例にこれ有り、右の學称を得たる者、独り同人の名誉のみならず我が国に取りても斯《か》くの如き學者を出したるは、甚だ喜ばしき事にこれ有り候。

右御報告かたがたこの段申し進め候也。

明治二十五年五月十一日

在独国臨時代理公使　姉小路公義

外務大臣　榎本武揚　殿

プロフェッソル授与の知らせを帰国途上で聞いた北里は、五月十五日に西海岸のバンクーバー港から米国汽船「中華皇后号《クィーン・チャイナ》」に乗船し、十三日の船旅ののち明治二十五年（一八九二）五月二十八日に横浜港に到着する。

振り返って、第一回ノーベル生理学・医学賞の候補になった北里が帰国途上に立ち寄ったパリで歓迎され、そのことが翌朝の新聞紙上で大々的に報じられたが、それらはみな、北里にとって予想外の嬉しいできごとだった。パリでの経験から北里は、帰国予定を事前に内務省に電報で知らせていた。おそらく北里は横浜港に着岸し、六年半ぶりに日本の土を踏む際、大勢の市民の歓迎を受けることを想定したと思われる。しかし、北里の予想に反して横浜港には出迎えてくれる市民の姿はなく、インタビューを申し込む記者もいなかった。

横浜から蒸気機関車に乗り換えて、北里は終着の東京・新橋駅にようよう無事にたどり着く。駅舎の時計は午後九時を指していた。改札を出ると長与専斎や石黒忠悳ら北里のドイツ留学を支援した関係者の出迎えを受けた。そこで初めて北里は深々と頭を下げ、ドイツ留学の御礼の言葉をいうことができたのである（『東京医事新誌 七四〇号』東京医事新誌局、明治二十五年六月四日）。

その後、北里はプロシア政府から贈られた「プロフェッソル称号の証状」を受け取った。そこには洋紙に次の言葉がドイツ語でつづられていた。

プロフェッソル称号の証状

本大臣は在東京醫學博士北里柴三郎氏の貴重なる學術上の功績に対し「プロフェッソル」の称を授与したる後今やプロフェッソルたる北里博士が将来愉らず身を學術推輓《すいばん》の事に任せらるゝを篤信《とくしん》してこの証状を贈る

しこうして氏はこれに対して本大臣が任命せるプロフェッソルに属する等級および特権を享有《きょうゆう》せらるへしこの証状には本大臣署名してこれを証しプロシア王國教務學務醫務者の印章を押捺す

一八九二年五月一日

ベルリンに於て　教務學務醫務大臣　ボッセ

第四章

伝染病研究所

母国日本で四面楚歌

北里は破傷風菌の純粋培養の成功や免疫血清療法の創出など、世界初の画期的な研究成果を挙げ、またドイツ皇帝からプロフェッソルの称号を授与されるなど、世界的な名声を獲得して帰国した。

私は世界に名を成した北里を日本政府は歓迎しただろうと目星をつけ、当時の新聞や雑誌に当たったが、北里の凱旋帰国を報じる新聞はなく、また帰朝講演を伝える雑誌を見付けることはできなかった。不思議なことに、六年半もの長期にわたり多額の国費を投じてドイツ留学をさせ、微生物学研究の世界最高峰のコッホの下で学んだ北里に、日本政府は留学の間に得た成果を発表する帰朝講演会の機会を与えなかったのである。

次いで帰国後の北里の境遇を調べると、北里は明治二十五年一月末日をもって内務省衛生局の休職期間の期限が過ぎていたため無職の身となっていたが、日本政府は彼を公職に復帰させることすらおこなわなかった。また、帰国した北里を迎え入れる研究機関はなく、出身大学の帝国大学ですら北里に研究室さえ与えることはなかった。

また宮内庁も、国民病として恐れられた結核の新薬として注目されるツベルクリンの手法を習得し、日本にいち早く実用化させる目的で留学延期のための学資金を下賜したにもかかわらず、凱旋帰国を果たした北里を宮中に参内させ、研究成果を報告させる機会を設けなかったのは、いかにも不自然である。

その疑問を解くために、私は当時の医学雑誌や新聞などを手当たり次第に物色した。その過程で、北里の帰国から七ヶ月後に発行された医学雑誌『東京医事新誌　第七六九号』に、興味深い記事を見付けた。その記事によれば、ドイツのヴィルヘルム皇帝（Wilhelm II., 1859-1941）は、ドイツ国特命全権公使として日本に向かうグードシュミット男爵に、「天皇陛下の臣民北里柴三郎がわが国においておこなった医学の功労は甚大であった。そのような人物がわが国内で努力されたことに深く感激し、また天皇陛下の臣民にこのような人物が輩出したことは陛下の意志にかなうものと察し祝意を表す」と天皇陛下に伝えよとの伝言を言い渡した。このヴィルヘルム皇帝の言葉は、グードシュミット特命全権公使が来日すると陸奥宗光外務大臣に伝えられ、陸奥外相はただちに皇居に参内して明治天皇に伝奏されたことが記されている。

左はその記事の抜粋である。

来日したドイツ國特命全権公使グードシュミット氏がドイツを出発するに当たりドイツ國皇帝ヴィルヘルム陛下に拝謁したとき、「日本天皇陛下の臣民北里柴三郎がドイツ帝國において傳染病の研究に尽力し醫學のための功労は甚大であった。そのような人物が我がドイツ帝國内で努力されたことに深く感激し、また日本天皇陛下の臣民にこのような人物が輩出したことは陛下の叡《えい》旨《し》にかなうものと察し祝意を表す」と日本天皇陛下に傳えよとの傳言を言い渡された。
グードシュミット公使は天皇陛下の學術を保護する厚い心に感涙し、着任してその詳細を陸奥外務大臣に述べた。外務大臣は、十五日に皇居に参内して事の次第を詳細に申し上げたとのこと。これはじつに北里博士の栄誉のみならず、我が國の名誉である。

（『東京醫事新誌　第七六九号』東京醫事新誌局、明治二十五年十二月二十四日）

ドイツと日本の、北里への対応はあまりにも対照的である。ドイツ国政府が北里の業績を正当に評価し、ヴィルヘルム皇帝みずから賞賛の言葉を贈ったのに対し、日本国政府は北里の業績を無《な》みし、天皇陛下にツベルクリンの研究成果を報告することすら認めなかった。国費で留学し、天皇陛下から学資金を賜ったことに大きな恩義を感じて帰国した北里に対して、日本政府は全ての道を閉ざしたのである。

ケンブリッジ大学やペンシルベニア大学など、英米の権威ある研究機関からの厚遇での招聘をすべて断り、ドイツ留学の恩返しをするために帰国した北里を、日本政府はあろうことか等閑《とうかん》した。なぜそんなことになったのか。多くの文献を当たったが、確かな理由と思われる資料はついに見付けることはできなかった。

帰国した北里を歓迎しなかった最大の誘因は、けだし北里と東京大学との確執にある。そのきっかけとなった脚気細菌説論争は、緒方正規の「脚気バチルレン説」を北里が批判したことに起因した。二人の論争に、帝国大学綜理の加藤弘之と帝国大学医科大学内科教授の青山胤通らが緒方に味方し、さらに陸軍軍医の石黒忠悳総監と森林太郎がそれに加担した。それによって脚気細菌論争は、医学上の問題を超えて道義上の問題へと変容し、緒方と北里の本人の手を離れて師弟の関係の在るべき在り方へと問題はより一層深まっていったのである。

北里と東京大学の確執のもう一つの要因に、ツベルクリン有害論がある。北里がコッホの右腕としてツベルクリンの研究を手がけていたとき、日本の文部省から派遣された宇野朗帝国大学医科大学（外科）教授、佐々木政吉帝国大学医科大学（内科）教授、山際勝三郎帝国大学医科大学（病理解剖学）助教授の各分野の選り抜きの医学者が次々にコッホの門を叩き、ツベルクリン研究の参加を申し入れた。だが、日本から遥々やって来た彼らに対して、コッホは、「余の下には北里が居る」のひと言でにべもなく断わった。それが帝国大学教授たちの自尊心を傷つけた可能性は少なくない。その後、帝国大学の教授たちはツベルクリン有害論を声高に主張するのだが、その素因の一つに、「余の下には北里が居る」と門前払いされたことがあったことは想像に難くない。

いずれにしても、日本の医学界の主要な地位に君臨した多くの帝国大学医科大学出身者たちは、帰国した北里を冷遇し、また日本政府が公職に復帰させることもなかった。内務省技師としてドイツに留学し、六年半ぶりに帰国した北里だが、すでに半年前に内務省での休職期間が過ぎており、内務省技師の職さえ失っていた。そのため、帰国後北里は研究する場所さえ与えられず、無職無給のまま半年が過ぎたのである。

しかしこの間、北里は無為に日々を過ごしていたわけではない。ドイツのコッホ研究所やフランスのパスツール研究所をつぶさに見て、伝染病の調査、研究、予防に関する総合的な研究所の必要性を痛感していた北里は、帰国するとすぐに伝染病研究所の設立を内務省や文部省などの国の関係機関に説いてまわった。

長与が副会頭を務める大日本私立衛生会の例会が明治二十五年六月に開催され、このとき北里は「伝染病研究所設立の必要」と題する講演をおこなうことになっていた。だが、これまでの心労が重なったためか、当日北里は演壇に上ることができず、彼の講演原稿が代読された。その講演原稿で北里は、日本では肺結核、コレラ、腸チフス、破傷風、ジフテリア、赤痢などが依然として蔓延しており、これらの伝染病の治療ならびに予防法を究明する伝染病研究所の設立が急務であると主張した。

加えて、たとえばいまだに原因が特定されず治療法が確立されていない脚気やらい病（ハンセン病）など、西洋には少なく日本には多い重篤な難病が数多く存在する。特に、らい病の原因がらい菌（レプラバチルス）であることはほぼ疑いようのない事実だが、らい菌を人工発育（純粋培養）することができないために治療法を見付けることができないでいる。こうした日本特有の伝染病は、日本で独自に研究を進め、治療法を講究することこそ何よりも求められると、日本に伝染病研究所が必要である理由を強調した。

左はその講演原稿の摘録である。

　バクテリアを原因とする傳染病には、肺結核、コレラ、腸チフス、破傷風、ジフテリア、赤痢等あり、その原因を検索し治療並びに予防法を究明するを最も急務なりとす。

東洋殊《こと》に日本に於ては外国に少なき諸傳染病があり、その脚気の如き、その原因をバチルルス《ママ》とする者あり、また一種の魚の中毒とする者ありて未だ定説なし。これを東洋の固有病として研究するは吾々東洋学者の義務たり。また日本に於ては人の最も嫌悪する癩《らい》病（ハンセン病）殊に多し。癩病はヨーロッパに於ては極めて稀なり。インドよりして東洋に最も多く、しこうしてその原因のレプラバチルルス（らい菌）なることは今日ほとんどが争うべからざる事実なれども、レプラバチルルスは吾々未だこれが人工的発育の方法を見出す能わず。

右の如く、日本に於ては外国に少なき傳染病ありて、年々の死亡数は傳染病に因する者その大部を占むるが如き景況なれば、傳染病研究の途未だ開けざることなれば、格別今日の如くその研究その緒に就きたる以上にはその原因を検索しその予防治療法を講究することは誠に必要止むべからざるものにして、研究の仕方に於ては喜ぶべき成績を収め得るは必然なり。ゆえに日本に於て傳染病研究所の設立は、けだし止まんと欲しても止む能わざるなり。

（「傳染病研究所設立の必要」北里柴三郎『大日本私立衛生會雑誌　第一一〇号』大日本私立衛生會、明治二十五年七月二十二日）

こうした北里の懸命の訴えにもかかわらず、留学の研究成果を報告する機会さえ与えられない彼に耳を貸そうとする者は現れず、四面楚歌の状態がつづいた。

孤軍奮闘する北里に、二人の医師が支援の手を差し伸べた。その二人とは長与専斎の推薦を受けて長与の後を継いで内務省衛生局長になった後藤新平と、医師で衆議院議員の長谷川泰である。後藤と長谷川は、伝染病研究所を設立し、北里に一任するよう政府に働きかけたのである。

もっとも、伝染病研究所を公式に設立するには帝国議会の議題に挙げる必要があり、そのためには長い審議日程を経る必要があった。また、かりに議会で承認を得ることができたとしても、予算を獲得するためにさらに長い交渉期間を経なければならなかった。また、その後の設計施工業者の選定や建設期間などを考慮すると、すべてが順調に進んだとしても研究所が設立するのは早くとも再来年度以降になることが予想された。

明治半ばには、すでに今日の日本の政治行政体制につながる事務的な官僚機構が構築され、北里はもはやひとりの力だけではなにごともなし得ないことを思い知る。そして彼は日進月歩の勢いで進展する感染症学の世界で、半年もの間研究できない環境に甘んじなければならなかったことに焦《しょう》燥《そう》を募らせた。

このとき北里は、衛生学を志し、ドイツに留学した理由を反芻《はんすう》した。北里は感染症に苦しむ人の性命を救うために衛生学を標榜《ひょうぼう》し、ドイツ留学で習得した最新の伝染病医学を多くの人びとに活かすために帰国したはずだった。結核をはじめとする伝染病が世界各国で蔓延していたこのころ、このまま日本にいるよりも、いっそ海外に研究の場を設け、これまでコッホの下で培った研究成果を一人でも多くの人びとのために役立てたいと決意したとしても不思議でなかった。

事実、たとえばコッホ研究室でともに学んだアメリカ人細菌学者ウィリアム・ウェルチに連絡すれば、ジョンズ・ホプキンズ大学をはじめとする世界屈指の医療機関が北里を高待遇で迎え入れることなど容易にできたはずである。

福澤諭吉との対面

後藤や長谷川の国会工作が遅々として進展しない様子に焦慮《しょうりょ》したのは、北里のかつての上司の長与専斎だった。

これ以上無駄に時間を費やすことになれば、いくら愛国心が高い北里といえども海外に活動の場を求めるのではないか、そう危惧した長与は、北里を救援するために一計をめぐらせた。しかし、長与は前年の明治二十四年八月に内務省衛生局長を退任し、官職から退いていた。長与は思案の末、かつて北里の留学延期のために皇室より特別に学資金を賜った山田顕義大日本私立衛生会会頭に話を持ちかけ、伝染病研究所を設立し運営するよう画策する。そして大日本私立衛生会の運営評議会の場で伝染病研究所設立案を諮ったが、一部に異論が出て伝染病研究所の設立は承認されなかった。

困り果てた長与は、大坂の蘭学者・緒方洪庵の適塾でともに机を並べた畏友・福澤諭吉の居宅を訪ねた。適塾に入塾したのは福澤より長与のほうが一年早いが、年齢は長与より福澤のほうが一年上だった。福澤邸は芝区三田の高台にあり、このころ福澤は『西洋事情』や『学問のすゝめ』を著すなど、啓蒙思想家としてすでに一家をなしていた。

長与が福澤を訪ねた折り、二人がどんな会話を交わしたかを調べると、ほどなく長与が唯一遺した回顧録のなかに詳述していることが分かった。長与専斎の自叙伝『松香私志《しょうこうしし》』(「松香」は専斎の雅号)によれば、長与はコッホの下で世界的な細菌学者に成長した北里が、コッホの助手としてツベルクリン研究を進めるために皇室からの下賜金で留学延期したことなどを福澤に語って聞かせた。

すると福澤は、帝国大学教授を念頭に、一時世間で騒がれたツベルクリンに対して、有害無効説を主張する者がいるが、それはどういうことかと長与に尋ねた。それに答えて長与は、確かに世間ではツベルクリンを貶《けな》す人も褒める人もいるが、ツベルクリンはコッホが発見した結核菌をコッホみずから退治する方法を研究して生み出されたもので、結核の撲滅に将来大きな可能性があるのは明らかである。しかも感染症学で卓越した業績を挙げ、コッホの下でツベルクリンの研究に深く関わった北里を目前に差し置いて、帰国後半年もの間なおざりにしておいたことはいかにも惜しいことだ、と説明した。

福澤は長与の話に聞き入っていたが、なるほどと相づちを打ち、「学問推進は我輩の道楽の一つである。十分なことは出来ないが、芝公園内に私の土地があるのでここに必要なだけの家屋を構え、兎も角試験を始めさせよ」と、北里のために研究所を創設することを即決した。

左は、『松香私志』の下巻「伝染病研究所の設立」の項で、長与と福澤が北里について問答する件《くだり》である。なお、冒頭に「しかるに余一日福澤翁を訪いける折り、談たまたまこのことにおよびしに」とあるが、長与は北里について相談するためにわざわざ三田の福澤邸を訪れたもので、話がたまたま北里のことにおよんだように装ったことはいうまでもない。

しかるに余一日福澤翁を訪いける折り、談たまたまこのことにおよびしに、一時世間に喧傳《けんでん》して非常に人心を感動したるかのテュ《ママ》ベルクリン（ツベルクリン）は、近来何の沙汰もなく往々有害無効との声をさえ聞けることあり、事実如何の者なりやと問われぬ。

余はこれに答えて、世間の評判は毀誉《きよ》ともそのじつに過ぎたれども、この発明は世の新薬と唱えて一時に誇称《こしょう》するが如き杜撰《ずさん》の者にあらず。ただコッホの発表些《すこ》しく早きに過ぎたると、社会の歓迎あまり仰山《ぎょうさん》なりしとにより、早く反対者の攻撃を招き、非難の声も一層高きに至れるなり。されどテュベルクリンは、コッホが数年前自からテュベルケルバチルス（結核菌）を発見し、進みてこれを剋制するの方法を究極せる結果として現われたる者なれば、これに基づける将来の成功はいかに重大なるかも知るべからず。

北里の如き、この研究に関係深き人を目前に差し置きながら、帰朝以来半年の日子を閑却《かんきゃく》せしむるは惜しむべきのかぎりなりとて、発明の由来、現時の情況など、事のあらましを告げ聞こえぬ。

翁つくぐ〱打ち聴きて、なるほど君の云うところの如くならば、前途に望みなきものにあらざるべし。果たして研究の価値あるものとすればじつに惜しむべき恨事なり。学事の推輓《すいばん》は余が道楽の一つなり。私力をもってその手始めをなすべし。幸いに芝公園内に所有の地所もあれば、ここに必要だけの家屋を構え、ともかく試験の事を始められよ。

（「傳染病研究所の設立」長與専齋『松香私志』日本医史学会編、医歯薬出版、一九五八年）

右の長与との話によって、福澤は土地と資金を投じて北里のために私立の研究所を設立することを約《やく》した。とはいえ、福澤と北里はこれまで一面識もなかった。そこで、福澤は長与を介して北里と面談し、北里の真意を直に確かめることになったのである。

後年北里は、福澤邸で初めて福澤諭吉と会見したときの様子を、福澤の門人で『時事新報』記者の高橋義雄《たかはしよしお》に聞かれた折り、次のように語っている。

とにかく福澤先生に會見するが宣かろう云うので、直様《すぐさま》（福澤）先生のところへ参りました。これは前もって長与さんから、こういう男が在ると云うことを先生に話して、先生も夫《そ》れなら逢って見ようと云うことになって居たらしく思われます。

そこで私が経歴の逐一を語り、最期に帝国大學などとは別派になって、自分の學んだ事を、実地に行って見たいのであると申述べたところが、先生は深く興味を持ち、さう云うことになれば左程《さほど》金も掛かるまいから、研究所を拵《こしら》えようではないかと云うことになり、その頃芝公園の御成門の脇に、先生の借地があったのに、凡そ千圓も掛けましたろうか。一棟の研究所を建てました。これが明治二十五年の末で、その頃福澤先生より森村市左衛門に相談して、この人より何程かの費用を出したように思います。

（「男爵北里柴三郎直話」『福澤先生を語る――諸名士の直話』高橋義雄編、岩波書店、一九三四年）

北里が三田の福澤邸を訪ねたのは、明治二十五年の九月末のことかと思われる。この日から、福澤と北里との九年余りにわたる師弟の交誼《こうぎ》がはじまった。その間に培われた二人の厚い信頼は福澤の死後も生きつづけ、後年の北里研究所の設立や慶應義塾大学医学部の設立として確かな実を結ぶことになる。

さて、この日北里から一通りの話を聞いた福澤は、芝公園の御成門の脇に私の借地があるからそこに研究所を建てよう、と提案した。福澤が述べた芝公園の御成門の脇の借地は、福澤が子どもたちの将来のために用意していた土地だった。

　福澤は私財を投じて三十坪ほどの土地に研究所を建築し、さらにその隣の四十坪ほどの土地に所長宅を造営し、公私両面で北里を支援することを約束した。なお、福澤は研究所の土地と建物のすべてを北里に提供し、研究所で用いられる実験器具などは、森村財閥（現在の日本ガイシ、ＴＯＴＯ、ノリタケカンパニーリミテドなどの前身母体）総帥・森村市左衛門《もりむらいちざえもん》の一〇〇〇円（現在の約一〇〇〇万円に相当）という多額の寄付によって賄われることになった。

　森村市左衛門は、福澤諭吉より六歳年下で、森村市左衛門の弟豊《とよ》は福澤の下で英語を学び、福澤の勧めで渡米してニューヨークに森村組を設立し、森村財閥の中核企業となるなど、森村と福澤は親しい間柄にあった。この時点で森村は北里と一面識もなかったが、福澤の北里に対する評価を信頼し、「わたくしは一商人ですから学問のことは一向に不案内で分かりませぬけれども、外国に超絶して国の光栄となることならば、わたしくもいくらか寄付しましょう」といって資金提供を快諾する。

　こうして、福澤諭吉の私財と私費の提供によって研究所の土地と建物が賄われ、森村市左衛門の寄付金によって、実験器機が整えられる

▲福澤諭吉（1835-1901）

ことになったのである。しかし最後に、伝染病研究の当面の運転資金をどうやって工面するという問題が残されていた。このとき、これまで黒子に徹してきた長与は一計を案じ、副会頭を務める大日本私立衛生会を伝染病研究所の運営母体とすることを提案した。大日本私立衛生会が伝染病研究所の運営母体となることで、研究の当面の運営資金を大日本私立衛生会に提供させようと考えたのである。早速、長与がそのことを福澤に相談すると、福澤は二つ返事で承諾し、地所建物一切を伝染病研究所の事業母胎である大日本私立衛生会に無償で貸し出すことを約束したのである。

長与は『松香私志』の下巻「伝染病研究所の設立」の項で、福澤が私費を投じて伝染病研究所を誕生させたのに、大日本私立衛生会がただいたずらに傍観しているわけにはいかないと、福澤に語ったことを書き残している。

かくて私費をもって傳染病研究の事を始むることゝなりしかば、私立衛生會もまた坐《いたず》らに傍観すべくもあらず、さらに同會にて研究事業を引きうけたき旨福澤翁に相談しけるに、翁は日本国中何人の業にてもこの事さえ行なわるれば余において頓着するところにあらずとて、地所建物一切無代価にて貸与することを諾《だく》し、ついに私立衛生會の事業として担当することゝはなれり。

（「傳染病研究所の設立」長與專齋『松香私志』日本医史学会編、医歯薬出版、一九五八年）

伝染病研究所のオーナーである福澤の承諾を得た長与は、明治二十五年十一月二十六日に京橋区木挽町の厚生館で開かれる大日本私立衛生会に、伝染病研究所を大日本私立衛生会の付属事業とする件を議題にかけた。これを採決するに当たって長与は壇上に立ち、「伝染病研究所の創立」と題する演説をおこなった。

伝染病研究所の運営を大日本私立衛生会に当たらせるために、長与はどのような演説をおこなったのか。私はそれを確かめるために、国会図書館新館二階の雑誌カウンターで明治二十五年十一月二十六日以降の当時の医学雑誌を収めたマイクロフィルムを借り受け、片っ端から目を通していった。そして閉館時間が迫り諦めかけたとき、明治二十五年十二月三日発行の『東京医事新誌』のなかに、「伝染病研究所の創立」と題する長与の演説記事を発見した。

長与はその講演で、伝染病研究所の創立は、コッホの「ツベルクリン」発表の時に遡ると述べた。その後、帰朝した北里の呼びかけに応えるように長谷川泰が伝染病研究所創設の建議を帝国議会に提出したが、少なくとも後三年の歳月を必要とするなど、遅々として進まなかった。このとき福澤諭吉はみずから進んで北里に援助を申し出、伝染病研究のための土地と建物を提供し、また森村市左衛門も多額の寄付金を提供したことなど、これまでの経緯を会員たちに向かって説明した。

長与の言葉は、さらにこうつづけられている。「しかし、本会（大日本私立衛生会）は北里博士の留学延期に際して帝室より学資金を賜るなどの因縁があるにもかかわらず、福澤氏や森村氏の支援をただ黙って見過ごすことはできない。ために本会は、伝染病研究所の運営資金として年間三六〇〇円を支出することとする。これは至ってささやかな研究所ではあるが、所長にコッホ門下の四天王（レフラー、エールリヒ、ベーリング、北里）の一人として高名な北里博士を冠する世界第二の研究所となる。この伝染病研究所の創設は、じつに本会の名誉であるのみならず、わが国の名誉である」と。

左は、『東京医事新誌』に収載された長与の「伝染病研究所の創立」の演説大要である。

　傳染病研究所の目的は六種伝染病のみならず傳染性諸病に就いて研究するの意にして、その起原はコッホ氏の「ツベルクリン」発見の時にありしも、その急を感ぜしは、北里博士の帰朝に接しに由る。しこうして、本所の設立は会して長谷川泰氏より中央衛生会に向て建議されし事あれども、政府の事業としては議会の協賛を要し、幸いに通過するも両三年の日子《にっし》を要する。学問の研究は豈《あ》に如此《かくのごとく》緩慢《かんまん》にして可ならんや。されど意の如くならざるは経費にして、所謂《いわゆる》玉を抱いて憾ありしか。

　学問界の先導者として尊崇すべき福澤諭吉君は自ら進んで庇護を与へ、君が所有の家屋を貸予し、北里博士をして研究に従事せしむるの計画をなし、森村市太郎《ママ》氏の如きは商家なれども福澤氏の擧《くわだて》を聞きて一千金《かね》を寄付せりと云ふ。

　しかるに本会は予て北里博士が帝室より延期留学の恩命に接せし際成業《せいぎょう》帰朝の後は相共《あいとも》に謀るところあらんとを約せしをもって黙々に付するを得ず。福澤氏に議《はか》りしに、氏は研究所所有の彼地《かのち》を問はず、只学問の進歩を期すものなりとて、快く承諾を得たり。

　由《よっ》て本会は、一ヶ年三千六百圓を支出して研究所を維持することとせり。該所たるやじつに微々たる一研究所なれども、その研究所の主幹者はコッホ氏四天王の一人たる北里博士なれば、世界第二の研究所と謂ふも可なり。じつに本会の面目のみならず、本邦の面目たりと雖《いえど》も、永く私立一団体の監督すべきものにあらず。進で政府の庇護あらんとを望む。

（「傳染病研究所の創立」『東京醫事新誌　第七六六号』東京醫事新誌局、明治二十五年十二月三日）

こうして十月二十六日の大日本私立衛生会において、伝染病研究所は大日本私立衛生会が運営し、初年度の経費予算は三六〇〇円（現在の約三六〇〇万円に相当）とすることが正式に承認されたのである。なお、年間予算額の三六〇〇円は、たとえばアメリカ・ペンシルベニア大学が提示した年間研究予算額の四〇万円（現在の約四〇億円に相当）の一一〇分の一以下と比較にならないほど低い金額である。しかし、福澤諭吉が子どものために取っておいた土地と資金を投じてつくられた小さな研究所は、北里にとって何物にも代えがたい大切な城だった。さらに、森村市左衛門をはじめとする多くの支援者から寄せられた多額の寄付金が毎日使用する実験器具の購入に充てられることも、実験を重んじ、研究一筋に歩んできた北里の心を奮い立たせたに違いない。

長与が「伝染病研究所の創立」と題する演説をおこなった四日後には、早くも伝染病研究所が創立した。この早業を実現させた大きな理由の一つは、長与専斎にあった。長与は、北里が日本政府の態度に嫌気を抱き、自分を正当に評価し招聘してくれる欧米の大学の研究機関に流出する事を恐れた。ために、福澤諭吉や森村市左衛門のほか、山田顕義をはじめとする各界の名士と事前に相談し、伝染病研究所の早期設立をめざしたのである。

もう一つの理由は、福澤諭吉にあった。福澤は、「かようなことは一刻も躊躇すべきではない。金を集めてから仕事をするのではなく、仕事をした後に金を集めれば宜しい」といい、資金計画などの準備も早々に私財を投じ、みずから大工に指図するなどして伝染病研究所の建設を急がせたのである。

かくて、明治二十五年十月初旬に建設が起工し、突貫工事によって翌十一月末に二階建て六室の研究所は完成した。民間人の善意のみによって明治二十五年十一月三十日、わが国初の伝染病研究所が誕生したのである。

伝染病研究所の開所に当たり、十二月三日から六日までを参観日として解放された。第一日は研究所開設に関わった関係者と新聞および雑誌記者、第二日は貴族院と衆議院の国会議員、第三日は陸海軍の軍医および東京大学の教授と、日ごとに参観者を振り分けて公開され、研究設備などが披露された。このとき参観者に向けて送付された案内状の文面が、『東京医事新誌　第七六六号』にあり、その大意は次のとおりである。

傳染病研究所の案内状

大日本衛生会は皇室の恩恵に浴し、同志の研鑽《けんさん》をもって今日の隆運《りゅううん》をなしており、殊《こと》に北里柴三郎の最終の留學期には皇室より特別な恩賜《おんし》を本會が戴いたことは、本會としてもこの恩を国家に尽くすべき責任があります。ゆえに今後国費をもって完全な設備が整ふまで、本會に於て傳染病研究所を設立致しました。もとより完全を期するのは困難ではありますが、ご一覧の栄誉に欲せれば光慶《こうけい》の至りと存じます。来る十二月三日午後一時より、御来臨の程、御案内申し上げます。

明治二十五年十二月一日

傳染病研究所長 醫學博士　北里柴三郎

大日本私立衛生會副會頭　長與專齋

また、伝染病研究所が公開されたことを受けて、同誌『東京医事新誌』は次の記事を載せて伝染病研究所の設立を紹介した。

普国《プロシア》プロフエスソル醫學博士北里柴三郎氏は多年間独逸国に於て黴菌學を研究し、終に同學上多くの新発明をなし、栄名《えいめい》を荷《にな》ひ帰朝したるにも拘《かか》わらず、我が国に於ては種々の事情ありて同博士をして十分の技量を顕す場所が無いことは大いに遺憾とするところであるが、この度、大日本私立衛生會長與專齋と福澤諭吉の両氏らの尽力で芝区芝公園第五号三番地に傳染病研究所の設立を見るに至ったのはじつに慶賀すべきことである。

しこうして、北里博士が所長として移り、功績を挙げて同氏の名誉を高めるのに一大快挙である。

（『東京醫事新誌　第七六六号』東京醫事新誌局、明治二十五年十二月三日）

明治二十五年十一月三十日、芝公園の一画の福澤翁邸内に伝染病研究所は設立した。「傳染病研究所」と墨書された木の看板を掲げた黒い門柱を潜ると、二階建ての木造建築の入り口の前に出る。一階には患者の和室と事務室があり、二階は診察室と研究室で構成されていた。研究室の実験台の上には清潔に保たれた顕微鏡装置、細菌培養器、孵卵器、濾過器、亀の子シャーレ、ベルクマン氏消毒器などが整然と並べられた。

十二月三日からの参観日には北里がみずから案内し、参観者一人ひとりに丁寧に説明してまわった。また、伝染病研究所には研究室や診察室などのほかに、実験用動物を飼育するための動物室が設けられ、動物室の部屋の中央に暖炉が備えられているのを見て、動物に細心の配慮が施されていることに参観者全員驚いたという。これらの実験器具はみな北里がドイツで購入し、持参した愛用品で、新たに購入した機器は一両月中に到着する手筈になっていた。こうして日本初の伝染病研究所は、大海に向けて船出したのである。

かくて日本初の伝染病研究所は、長与専斎、山田顕義、福澤諭吉、森村市左衛門など、多くの協力者による無償の支援によって創設された。それは、協力者たちの理解と情熱に加えて、世界的な名望を集めた北里への期待と信頼の賜物にほかならなかった。

伝染病研究の設立を終始主導した長与専斎は、のちに伝染病研究所が設立した理由を、「コッホ研究所に次いで世界第二の伝染研究所がわが国に設立したのは、ドイツの碩学ロベルト・コッホとその高弟である北里柴三郎の世界的名声によるものであった」(『公衆衛生の発達――大日本私立衛生会雑誌抄』日本公衆衛生協会発行)と述べるなど、北里への期待の大きさを公言してはばからなかった。

私は、コッホ研究所に次いで世界第二の伝染研究所が誕生した場所を確かめたいと思い立ち、東京市芝区芝公園第五号三番地を訪ねた。都営地下鉄「御成門」駅のA3出口を出ると目の前に小さな緑地があり、その一隅にわが国の感染症研究の発祥を記念する黒い石碑が置かれていた。かつて日本初の伝染病研究所が誕生したこの場所(東京都港区芝公園一―一―二)に、現在「傳染病研究所発祥の地」と刻まれた黒御影石の碑が建ち、その横に金属板の銘文が添えられていた。

私は石碑に添えられた銘文を手帳に書き取った。

傳染病研究所発祥の地

北里柴三郎は　福澤諭吉始め民間の援助を受け明治二十五年十一月三十日この地に開設された大日本私立衛生會附属傳染病研究所において　細菌學の研究を開始し傳染病の撲滅に多大の貢献をした　爾来傳染病研究所は幾度かの変遷を経て現在に至っている　創立百年に当たり　ゆかりの地に碑を建て　先人の偉業を顕彰するものである

平成四年十一月吉日　東京大学医科学研究所
社団法人　北里研究所

▲「傳染病研究所発祥の地」の石碑（著者撮影）

愛宕町移転反対運動

明治二十五年十一月三十日、福澤諭吉の土地と建物の提供と森村市左衛門の多額の寄付金、そして長与専斎の大日本私立衛生会が運営母体となることによって、日本初の伝染病研究所は誕生した。その所長に就任した北里柴三郎の最初の門人となったのは、のちに香港に黒死病の調査団員として北里に同行し、青山とともに黒死病に罹り九死に一生を得ることになる石神亨である。

北里の四歳年下の石神亨は、北里と同じ熊本医学校でマンスフェルトに学んだのち、海軍軍医大尉として欧州を視察中にたまたまベルリンで北里の知遇を得、北里の医学に対する並外れた熱意と非凡な才能に刺激を受けて帰国する。明治二十五年十二月に北里が所長を務める伝染病研究所が創設したことを聞くと、すぐさま芝公園の伝染病研究所の門を叩き、助手にしてもらえるよう北里に願い出た。幸い北里の承諾を得て、伝染病研究所の開設と同時に北里の助手となったのである。

日本初の伝染病研究所とはいえ、その内実は木造六部屋しかなく、ドイツのコッホ研究所やフランスのパスツール研究所とは比べようもなく小さく貧弱だった。そのため長与は開設当初からより広い土地への拡張移転を計画し、かつ付属病院を併設する計画を温めていた。

そのころ内務省所管の東京医術開業試験所が東京市芝区愛宕町二丁目十三番地（現在の港区西新橋三―二十二―五）にあり、その構内の内務省用地五二五坪が空き地になっていた。そのことを聞きつけた長与は、研究所付属病院の建設用地として十年間無料で借用する計画書を明治二十六年一月二十六日に内務省ならびに東京府に提出し、翌月その認可が下った。

この長与の動きに呼応して同年二月二十三日、医師で衆議院議員の長谷川泰（のちの内務省衛生局長）らによって伝染病研究所への国庫補助を求める建議案「大日本私立衛生会設立伝染病研究所補助費に付建議案」がまとめられ、衆議院議員一七五名の賛成者を得て、衆議院に提出された。その後の長谷川の精力的な働きかけによって伝染病研究所への国庫補助建議案が二月二十三日に上程され、満場一致で可決承認された。そして井上馨内務大臣より伝染病研究所を運営する大日本私立衛生会に国庫補助に関する命令書が交付され、これによって建立補助金として二万円、研究補助金として向こう三年間にわたって毎年一万五〇〇〇円が国から支給されることになったのである。

なお、内務大臣より公布された命令書には、「伝染病研究の事業は総て医学博士北里柴三郎の指揮に任すべし」の一文が記されていた。それは、伝染病研究所の運営はすべて北里に任せ、内務省(国)が口を出さないよう、衆議院議員の長谷川泰や長与の後任で明治二十五年に衛生局長に就任した後藤新平らの配慮から付帯事項として明文化したものであった。

左は、井上内務大臣から大日本私立衛生会への国庫補助に関する命令書である。

大日本私立衛生會
その會設立の傳染病研究所に對して設立補助として金弐萬円を明治二十六年度に於て下付《かふ》し、研究費補助として明治二十六年度より明治二十八年度まで三ケ年間毎年金壹萬五千円を下付す。依て補助年限内、その會は左に掲ぐる命令書の趣旨を遵守《じゅんしゅ》すべし。
明治二十六年三月十三日　　内務大臣　井上　馨

命令書
第一　傳染病研究所は、各傳染病の原因および予防治療法を研究し、国家衛生法の審議機関たることを力むべし。
第二　傳染病研究の事業は総て醫學博士北里柴三郎の指揮に任すべし。

長与が中心となり内務省用地に内務省の補助金を用いて伝染病研究所を拡張させようとする動きとは別に、じつは文部省で独自に伝染病研究所の建設計画が秘密裏に進められていた。そして、長谷川泰が伝染病研究所の国庫補助を求める建議案を提出するのとほぼ同時に、帝国大学医科大学は大学付属の伝染病研究所と病院施設を新設する計画をまとめ、そのための費用として三万四〇〇〇円の予算を帝国議会に提出したのである。

北里がコッホの助手としてツベルクリンの研究を主導していたとき、帝国大学医科大学から宇野朗教授、佐々木政吉教授、山際勝三郎助教授の三人が派遣されてコッホの門を叩き門前払いされたことは先に述べたが、その背後にはじつは帝国大学医科大学に付属の伝染病研究所と病院を設けるという計画があり、その技能養成をかねて宇野、佐々木、山際の三教授を派遣したのだった。

しかし、帝国大学医科大学の伝染病研究所設立構想は、「わが国にはすでに北里が所長を務める伝染病研究所があり、同じものは二ついらない」という理由であえなく廃案となった。だが、この構想は帝国大学と文部省の中枢部で脈々と受け継がれ、のちに意外な形で顕《あら》われることになる――。

内務省と東京府から土地使用が認可され、帝国議会で国庫補助も承認され、あとは建設の着工を待つだけとなった。そして建設がはじまる二三日前、愛宕町二丁目の更地に「伝染病研究所建設予定地」と記した立て札が立てられ、建設工事を着工しようとしていたまさにそのとき、地元住民の反対運動が突如巻き起こったのである。

愛宕町界隈の住人たちが「愛宕町移転反対！」と大声で唱えながら、芝公園の伝染病研究所に押し寄せた。その先頭に立つ一人が「病院に多くの感染者が担ぎ込まれると近所の住民は迷惑をこうむり、区内の店の営業妨害になる」と苦情を訴えた。

　奇声を聞きつけて北里が門前に現れると、「すべての伝染病人を入院させるのか」と他の住民から詰問が飛んだ。その質問に対して北里は、「肺病患者を中心に、産褥熱《さんじょくねつ》（子宮内膜症）、丹毒《たんどく》（化膿性炎症）、ジフテリア、腸チフスの五つの病気の患者だけを入院し、ほかの伝染病の患者は入院させないので、区民の皆さんに迷惑をかけるようなことは決しない。また、重篤な患者も万全の看護体制で治療に当たり、完治してから退院するので病院が設立しても周囲の人たちが恐れるにはおよばない」と声を張った。

　なお、伝染病移転反対運動が起きた経緯を、明治二十六年四月二十二日付け『東京日日新聞』は次のように報じている。

　芝区愛宕町なる医術開業試験の地は兼《かね》て北里博士が東京府知事を経て内務省より拝借したるところなるをもって別に区民の苦情あらざるべしと信じ、博士は不日《ふじつ》建築に着手するの見込みをもって両三日前建築地の木標を建て、目下東京府へ出願中のところ、この頃に至り区民の一部に苦情を訴えるもの起りたり。その理由とするところは、傳染病など担ぎ込まるゝに於ては近隣の迷惑は無論、自然区内の営業をも妨害すといふに在り。〈中略〉
　病院設立者たる北里博士に就き、右の病院は総べての傳染病人を入院せしむるや否やを糾《ただ》したるに、同病院設立の上は第一に肺病患者を主とし、産褥熱、丹毒、実扶的利亞《ジフテリア》、腸窒扶斯《チフス》の五患者を入院せしめ、その他の傳染病は入院を許さゞるとに定めたるをもって芝区民の恐れる如き迷惑は決してこれなしと答へたり。激烈なる傳染病にても看護の法完全なれば、自宅療養を許さるゝからにはこの病院設立必ずしも恐るゝに足らざるべきかとも云へり。

（「傳染病研究所の設立に就いて」『東京日日新聞　第六四四七号』明治二十六年四月二十二日）

芝公園の伝染病研究所に無数の石が投げられ、窓ガラスが砕けて飛散した。また、大日本私立衛生会の土方久元会頭宛てに、「区民暴動の虞《おそ》れあり、衛生会関係殊に北里等は身辺を注意せよ」と書かれた脅迫状が送られてきた。さらに、福澤諭吉と北里柴三郎の私邸に、殺害を予告する左記の文《ふみ》が投げ込まれた。

福澤老爺および北里の二人に期を刻して砲撃し、手足を異にし、我々不吝《やぶさかならず》死輩の思を果すに由り如くと覚悟し、宜しく告知せよ。不吝死野侍および連名これを報す。

芝区民の伝染病研究所建設反対運動の旗手を担ったのは、帝国大学初代総長の渡辺洪基《わたなべひろもと》、東京日日新聞記者から衆議院議員になった末松謙澄《すえまつけんちょう》（のちの内務大臣）、大同新聞記者から衆議院議員になった末広鉄腸《すえひろてっちょう》、貴族院議員の林友幸《はやしともゆき》子爵など、いずれも著名な学者や操觚者、為政者であった。彼らは芝区で連日演説会を開催し気勢を上げた。

なお、『読売新聞』は伝染病研究所移転反対運動を丹念に取材し、「伝染病研究所の成行如何《なりゆきいかん》」と題する記事を七月十一日と翌十二日の二日に分けて連載した。その記事で取材記者は、関係者の談話として、「伝染病研究所反対運動の裏には現内閣の意向がある。なぜなら反対派を主導する渡辺洪基や末松謙澄は、現内閣の意向に依るとまでは言わないまでも、少なくともに内閣が欲しないことをするような人物ではない」と書き、反対派の背後には現内閣閣僚の意向があることを指摘した。

さらに記者は、記事の最後を、「この件に付き、なお帝国医科大学の教授先生方が北里博士を助けざる事情に関し種々の風評あれど略しぬ」とし、伝染病研究所反対運動は北里に批判的な帝国大学医科大学の教授たちが現内閣閣僚に働きかけておこなわれたものであることを暗に示唆する文章で結んだのである。

〈前略〉或人《あるひと》曰《いわ》く、余《よ》は春秋《しゅんじゅう》の筆鋒《ひっぽう》をもって現内閣、傳染病研究所に反対せりと云はんと欲す。何《なん》となれば反対派の巨擘《きょはく》たる渡辺洪基氏および末松謙澄氏の如《ごと》きその行為は一々内閣の意向に依ると云ふには非《あら》ざれど、少《すく》くとも内閣の欲《ほっ》せざる事は為《な》さゞる人々《ひとく》なればなりと。

この件に付き、なお帝國醫科大學の教授先生方が北里博士を助けざる事情に関し種々《しゅく》の風評《ふうひょう》あれど畧《りゃく》しぬ。（完）（「傳染病研究所の成行如何（續き）」『讀賣新聞　第五七三七号』明治二十六年七月十二日）

こうした反対運動に対して伝染病研究所では、殺菌消毒を徹底するなど、近隣住民への配慮をおこなうことを約束した。また、コレラや天然痘などの比較的感染力の高い病気の罹患者は病室に収容せず、主に肺病、産褥熱、丹毒、ジフテリア、腸チフスなど、国民の多くが感染する可能性のある病気の治療に当たることなどを何度も繰り返し説明した。

しかし、それに納得しない区民たちは、すでに芝区愛宕町の土地の使用を承認した東京府に対して、伝染病研究所の建設を認可しないよう申し入れた。これを受けて富田鉄之助《とみたてつのすけ》東京府知事は、「伝染病」の三字を名称変更するよう大日本私立衛生会に要望した。

おそらく富田東京府知事は、研究対象である伝染病の名前自体が近隣住民を怖がらせると考え、たとえば「伝染病研究所」から「衛生研究所」などに変更することで、住民の感情をいたずらに刺激するのを避けられると思ったのだろう。

いずれにしても反対派住民の申し入れを受けた富田知事は、反対運動の矛先を交わし、沈静化させるために、大日本私立衛生会に次のような要望書を出したのである。

大日本私立衛生會

傳染病室を人家稠密《ちょうみつ》の地に設け候儀は本府に於て認可さざる様芝区民より出願の旨も有之《これあり》。しかるに本願の病室は虎列刺《コレラ》、天然痘を除くと雖《いえど》も傳染病の名称は公衆の感情を害《そこな》ふに至らん。因《よ》りて傳染病の三字は避け名称変更の上更に申出づべし。

東京府知事　富田鉄之助

一方福澤諭吉は、みずから創刊した『時事新報』に、移転反対運動を沈静化させる目的で、明治二十六年八月十一日付けと八月十二日付けの二日にわたって論説記事を掲載した。記事で福澤は、「七月十六日、北里博士は突然私立衛生会に辞任書を呈したりと言う。簡単な辞任届けとは別に、北里は副会頭長与専斎宛に長い手紙を書いており、ある人からその写しを手に入れた」と明かし、その手紙の全文を紹介して読者の感情に訴えかけたのである。

北里が書いたという手紙には、「細菌学者の如きは、眼中人もなく、純然たる出世間脱俗の境遇にして始めて能く事を成すべきものなのに」と、私利私欲で伝染病の研究と治療に当たっているのではないにもかかわらず、「芝区民の苦情と云ひ、有志者の運動と云ひ、世上の風聞に蝶々囂々《ちょうちょうごうごう》たれば」と、激しい反対運動に合い、「徒《いたずら》に歳月を空《むな》しうするのみ。名は研究所にして研究所の実を挙ぐること能《あた》わず」と、せっかく多くの支援を受けて設立した伝染病研究所も、研究所としての役割を果たせず、細菌学者の私も、本来の研究や治療に当たることができないでいる。それは私に与えられた任務に背くことになるので止むを得ず辞任することにしたと、期待に応えられなかったみずからの心情を切々と述べた。

さらに、翌十二日の紙面では、「研究所の補助費は国会の決議に基づきしもの」であるにもかかわらず、「政府の筋において果たしてこれに注意して尽力したるや否や」と、政府は補助金を出して伝染病研究所を支援する立場にありながら、反対運動の仲裁に入ることもなくただ黙認するだけだったと、政府の無策ぶりに言及するなど、研究者としての悔しい胸の内を滲《にじ》ませた。

『時事新報』誌上で公開された、北里の辞任の手紙は多くの読者の心を打ち、これを機に反対運動はその後次第に沈静化していった。

福澤諭吉が、ある人からその写しを手に入れたとして、『時事新報』の論説で紹介した北里が長与宛に書いたとされる手紙の文面は、じつは北里の名を語って福澤自身が書いた創作であり、反対運動を沈静化させるための自作自演だったと、のちに明かしている。

とまれ、福澤の住民への情理を尽くした説得が功を奏し、反対運動は収束した。また、帝国議会の承認や、井上馨内務大臣が伝染病研究所に国庫補助の命令書を交付したのを受けて、富田東京府知事も研究所の建設認可をこのまま留保しておくこともできず、ついに九月中旬、伝染病研究所の名前のまま認可したのである。

愛宕町二丁目十三番地の内務省用地の土地の使用が東京府知事より承認されてからちょうど一年後の明治二十七年（一八九四）二月七日、五二五坪の敷地に、ベルリンのコッホ研究所を手本に設計された研究室、薬室、事務室、書籍室のある二階建て本館（七二坪）を中心に、二階建て病室（八五坪、一五室）、動物室（三二坪、モルモット、ネズミ、ウサギ、ニワトリ、ヒツジ、ウシ、ウマ、イヌ、サルなどの飼育舎）、消毒室（二六坪）、解剖室（七坪）、浴室ならびに賄所ほか二棟の付属舎を設けた全八棟からなる研究所が完成する。

こうして北里は、愛宕町に移転拡張した伝染病研究所でツベルクリンの臨床試験をはじめとするさまざまな感染症の研究をおこなうとともに、多くの病室をジフテリアなどの各種感染症患者に充てた。また、結核患者は明治二十六年に芝区広尾に新設した結核専門病院に収容し、そこで先進治療に当たったのである。

日本初の免疫血清療法

福澤は愛宕町で伝染病研究所の建設を進める一方、国民病である結核を専門に扱う病院を設立するための算段をめぐらしていた。それは、コッホの下でツベルクリンの研究を主導した北里でなければできないことであった。

福澤は自分が所有する芝区広尾の土筆ヶ岡の土地を再び北里に提供し、みずから結核病院の建設を細かなところまで指図し、甲斐甲斐しいまでに病院の建設に腐心した。

明治二十六年五月十六日、福澤は結核病院の設立に向けた手紙をしたためると、腹心の弟子の田《た》端《ばた》重晟《しげあき》に手紙を持たせ、北里の下に差し向けた。その手紙には、次のようなことが記されていた。

「今日から田端重晟氏を芝の拙宅に住まわせ、芝と広尾の結核病院の工事現場を毎日奔走させるから、どんな些細なことでも何でも田端氏に相談してほしい。今朝手紙で千住の大工に一日も早く工事に着工するよう頼んでおいた。建物の完成と同時に、一切の器什、夜具、布団など、病院用具の購入についてもすべて田端氏に話しておいた」。

左は、福澤が田端に持たせた北里宛の書簡の手抄である。

> 今日より暫時弊宅の玄關住居と致し、毎日芝と広尾との間を奔走注意する積りに付、如何なる細件にても御談相成度存候。
>
> 今朝千住の大工へ手紙遣し、一日も早く着手致候やう申遣候。広尾の普請出來と同時に一切の器什、夜具、蒲團なども買入方に急なるべし。これまたその人を選ぶ事、緊要なり。この義に付ても田端氏へ話し置候。
>
> 養生園の称呼は

東京芝区広尾
土筆ヶ岡
養生園
と申唱候やう致度事、右申上度。なお、委細は田端氏より可申上《もうしあぐべき》、何もかも同人へ被仰聞《おおせきけられ》
被下度奉願候《たくねがいたてまつりそうろう》。

五月十六日　　諭吉

北　里　様

（「明治二十六年福澤先生より北里先生宛の書面」『北里柴三郎傳』宮島幹之助・高野六郎編、北里研究所、一九三二年）

福澤が北里にしたためたこの手紙によって、日本初の結核専門病院の名称は、「土筆ヶ岡養生《つくしがおかようじょう》園《えん》」に決まった。そして明治二十六年（一八九三）九月十六日、古川《ふるかわ》を隔てた天現寺《てんげんじ》の対岸に位置する土筆ヶ岡に、土筆ヶ岡養生園（北里研究所病院の前身）は誕生した。開園早々多くの患者が集まり、六十床あった病棟はあっという間に満床となり、順番待ちの状態となった。開園七日後の九月二十三日付け『東京日日新聞』は、その盛況ぶりをこう伝えている。

傳染病研究所移転問題再燃せしにも拘《かか》わらず、北里博士は福澤翁の助力により、芝三田三光町坂上に一の私立病院を建設し、既に去る十五日をもって内科患者を入院治療すべき普通病院の認可を得、追々入院を申込む患者もあり、早《はや》八十余名に達したる由。

（「北里博士の私立病院」『東京日日新聞　第六五七九号』明治二十六年九月二十三日）

土筆ヶ岡養生園の人気は、愛宕町の伝染病研究所が建設反対運動にあったのとは対照的に盛況を極め、日本初の結核専門病院に全国から患者がひっきりなしに詰めかけた。患者を病棟に収容しきれず、通院患者用の常設宿が病院の周囲に建ち並んだ。その時代背景には、樋口一葉、正岡子規、国木田独歩、石川啄木など、当時の多くの著名人が結核を病み、死亡原因第一位の国民病として恐れていたことがあった。わけても、世界に先駆けて結核の治療法を発見したコッホとともに、ツベルクリンの開発に深く関わった北里が帰国したことを知った国民が、北里の名声を聞きつけて土筆ヶ岡養生園に詰めかけ、評判が評判を呼んだのである。

こうした多くの結核患者の期待に応えるために、伝染病研究所はコッホが開発したツベルクリンに逐次改良を加え、治療効果の向上に向けた研究に取り組んだ。だがその後、ツベルクリンは結核の治療よりもむしろ結核の診断に有効であることが明らかとなる。そして、結核を治療するためには、昭和十九年（一九四四）にアメリカの生化学者セルマン・ワクスマン（Selman Waksman, 1888-1973）らが発見する「ストレプトマイシン（Streptomycin）」の登場まで待たなければならない。なお、ストレプトマイシンは放線菌の培養濾液から抽出された抗生物質で、結核治療薬第一号である。

伝染病研究所の主な事業は、伝染病の研究や病原体の検査をおこなう研究部門、伝染病患者の治療部門、地方各府県の衛生担当者を対象にした講習会部門、養生園で先駆的におこなわれる免疫血清製造部門の四つの部門で構成された。これらの部門が有機的に連携を取り、先進的な研究・治療体制によってめざましい効果を挙げた。たとえば、免疫血清製造部門で緬羊《めんよう》を介してジフテリアの免疫血清を製造し、それを治療部門で患者に用いて治療をおこなった。その結果、附属病院の入院患者三五三人のうちじつに九〇パーセント以上の高い治癒率を挙げることができたのである。

福澤は土筆ヶ岡養生園に毎週二、三回出かけては園内を散策し、より快適な病院の環境整備に努めた。たとえば水道が完備されていなかった当時、土筆ヶ岡に水を汲み揚げて貯水池を造り、各病室に安全で衛生的な水を提供する上水道システムを自前で完備させた。また、園内に百畳敷きの演芸場を建て、毎週一流の芸能人を呼んで演芸会を催し、多くの患者たちを楽しませたりもした。

福澤は、土筆ヶ岡養生園が順調に運営され、評判を博したのを確認すると、北里に対しては政府の政策は当てにはならず、いつまた方針を転換するか分からないから、いつ如何なる時でも万一の場合に備える必要があることを説いた。そして引きつづき田端重晟を事務長に据え、田端に収入基盤の確立と経済的な自立を託したのである。

伝染病研究所と土筆ヶ岡養生園の運営が軌道に乗りつつあったころ、海外から大きなニュースが飛び込んできた。

明治二十七年（一八九四）五月十九日、在香港中川恒次郎領事の電報を受けて、明治政府は『官報』（第三二六四号）に「香港に於ける伝染病」と題する記事を掲げ、香港に黒死病が発生し大流行していることを報じたのである。

このことを知った福澤諭吉は、「黒死病という未曾有の悪病から国を守るにはその原因と治療法を調査することが急務であり、それをおこなうことこそ人類としての我々の義務である」と、為政者たちを説いてまわり、それが黒死病調査団の香港派遣となり、北里のペスト菌発見につながったことはすでに第一章「ペスト菌発見」で詳しく叙述したとおりである（本書一六―五一頁参照）。

香港でペスト菌を発見し、黒死病調査を無事終えた北里は、同年七月三十日に帰京した。一方黒死病に倒れた青山は、それからおよそ一ヶ月後の八月三十一日に生還した。

明治二十七年十一月十一日、全国の医師の有志による北里・青山両氏の歓迎会が本郷の帝国大学図書館でおこなわれることになった。それに先立ち十一月九日付け『読売新聞』に「青山北里両博士一行歓迎会の次第」の小見出しが掲げられ、その会次第が告示された。

萬死《まんし》を冒《おか》してペストの病源と香港に研究したる北里青山両博士歓迎会の次第《しだい》は左の如し。

北里青山両博士一行歓迎式場次第

明治二十七年十一月十一日帝國大學図書館に於て午後一時開会

一　奏楽　参列員一同着席
一　接待委員両博士一行を式場に導く
　この間奏楽
一　委員長祝詞
一　会員寄贈祝詞
一　委員長両博士に寄贈品目録を一行に頌功状《しょうこうじょう》を贈呈す

一　兩博士答辞

接待委員参列員一同を休憩所に導き茶菓を饗す

（「青山北里兩博士一行歓迎會の次第」『讀賣新聞　第六二〇五号』明治二十七年十一月九日）

明治二十七年十一月十一日、帝国大学図書館に歓迎会の委員長を務める近衛篤麿《このえあつまろ》公爵をはじめ、清浦奎吾《きようらけいご》、長谷川泰、長与専斎、森村市左衛門、渡辺洪基、小金井良精らの委員が一堂に会した。

このとき正装に身を固めた北里と青山は、接待委員に先導されて壇上に上った。そして、委員長の近衛篤麿公爵より、香港での黒死病の原因究明と無事の帰還を記念して北里と青山に銅製の胸像が寄贈された。それに答えて、北里と青山はそれぞれに帰朝報告を述べたのだった。

明治二十七年に発生した香港のペストにつづき、翌二十八年、清国・遼東半島《りようとう》でコレラが発生し、日清戦争で従軍中の複数の日本兵がコレラに感染した。その後、広島や神戸でコレラ感染者が発見され、次いで東京で大流行した。この年、東京を中心に五万五〇〇〇人がコレラに感染し、うち四万人が死亡した。このとき三浦安《みうらやすし》東京府知事は、東京府広尾病院に収容されているコレラ患者の治療を北里に要請し、知事の要請を受けた北里は土筆ヶ岡養生園でコレラの免疫血清を製造し、広尾病院に入院する一九三人のコレラ患者に対して初の免疫血清療法をおこなった。

その結果、入院後間もなく死亡した者を除いて、どんな重症患者も血清液を一回注射すると、数時間のうちに嘔吐《おうと》や下痢《げり》が止まり、二回目の注射で正常に尿が出るようになり、三回目の注射をおこなうときは、すでに快復に向かった。その驚くべき効果のほどを、明治二十八年八月十七日付けの新聞『日本』は、次のように報じている。

麻布広尾避病院に於て北里博士が予《かね》て研究中なりし血清治療法を施したる成蹟を聞くに、同院へ収容の患者にして入院後の間もなく死亡のもの、もしくは死に瀕して絶脈せるものを除くの外《ほか》、如何なる重症のものと雖《いえど》も、一回該血清液を注射するときは、数時間にして忽《たちま》ち功を奏し、吐瀉《としゃ》、煩悶《はんもん》を止めて軽快となり、第二回の注射に於て患者利尿《りにょう》を促し、第三回の注射を施すときは、患者既に快復期に赴くと云へり。〈中略〉

該療法成績は追て公然発表せらるゝに至るべきをもって、世の虎列刺《コレラ》患者はこれより死亡の厄《わざわい》および伝染の難《なん》を免るゝに至らんといふ。

（「北里博士の血清治療成蹟」『日本　第二一五四号』日本新聞社、明治二十八年八月十七日）

新聞『日本』が伝えるとおり、北里が施した先端治療の免疫血清療法の効果は、まさに画期的だった。北里によって命を救われた多くのコレラ患者たちは、北里に感謝し、北里が施した妙法は「あたかも神技の如く」と称揚され、たちまち巷で評判となった。

ちなみに、巷の評判の真偽を確かめるために広尾病院における北里の免疫血清療法の効果を試算してみた。その結果、それまで広尾病院で治療に当たった二七〇人のコレラ患者に対して死亡者は一三八人であり、救命率は四九パーセントであった。それに対して、北里が免疫血清療法を用いて治療に当たった一九三人のコレラ患者に対して死亡者は六四人であり、救命率は六七パーセントであった。つまり、北里の免疫血清療法によって救命率が二割程度向上したことが導き出されたのだった。

さらに、ジフテリア血清に関しては、明治二十八年の一年間に伝染病研究所に入院したジフテリア患者三五三人中三二二人が完治し、完治率はじつに九一パーセントと極めて良好な治療実績を誇ったのである。

伝染病研究所で製造された免疫血清の効果の高さに注目した政府は、伝染病の特効薬を一民間機関の伝染病研究所が今後も独占的に製造しつづけることを危惧し、北里柴三郎にある依頼を打診した。政府の依頼とは「免疫血清製造を官営化したい」というものであった。

さまざまな感染症の特効薬として期待される免疫血清療法の確立は、北里がドイツ留学時代に得た研究成果であり、第一回ノーベル生理学・医学賞の候補にもなった北里のもっとも大きな功績の一つである。その免疫血清の製造法は、いまや伝染研究所を支える中核事業に成長し（初年度売上約一〇万円、純利益約三万円）、将来にわたってさらに莫大な利益が見込まれた。その免疫血清事業を官営（国立）化したいというのである。

確かに、北里のドイツ留学は国費によって賄われたものである。しかし、帰国した北里を黙殺し、四面楚歌の状態に意図的に追い込んでおきながら、いまになって北里の研究成果を官営化したいとは、そんな虫の良い話はない。また、たとえ条件が折り合って官営化に同意したとしても、政府に免疫血清を製造する技術はなく、また人材もいない。

政府の身勝手な依頼を聞いた福澤諭吉や田端重晟は、無論反対した。だが、北里は福澤や田端の反対意見を聞くことなく、「免疫血清療法が国家国民の利益になるのなら、快くこれを国家に献上することこそ本懐だ」といって、政府の依頼を快諾する。しかも、免疫血清の技術指導と人材支援を約束したのである。

明治二十九年、北里は伝染病研究所の隣地の芝区公園第五号一番地（現在の港区芝大門一―一―三日本赤十字社）に新設された内務省所管の官営「血清薬院」に、伝染病研究所の免疫血清製造部門が擁する馬や羊などの免疫動物や諸設備一切を献納（無償供与）した。さらに、免疫血清療法に熟知した高木友枝部長（明治三十五年台湾総督府医院医長兼医院長）を血清薬院の初代院長に当たらせたのをはじめ、主要職員は伝染病研究所の北里の門下生に兼務させるなど、免疫血清製造の国営化を設備、人材、技術のあらゆる面から支援した。そしてその後、伝染病研究所は免疫血清製造を取り止め、終了させたのである。

こうした行動は、北里のすべての活動が、社会的な名誉や個人的な利益のためではなく、国民の生命と健康を守るために向けられていることを何よりも雄弁に物語っている。

なお、免疫血清療法の共同研究者で、第一回ノーベル生理学・医学賞を受賞したエミール・ベーリングは免疫血清療法の特許を取得し、ドイツの製薬会社から巨額の特許収入を得た。無論北里は、ベーリングと同様、免疫血清療法の特許収入を得ることもできた。

なぜなら、このころすでに日本でも本格的な特許制度が施行運用されていたからである。じつは日本に初めて特許制度を紹介したのは、福澤諭吉である。福澤は、遣欧使節団に加わり、ヨーロッパを見聞したことを『西洋事情』に著し、慶応三年に刊行した。その著書のなかで福澤は、西洋の特許制度（Patent system《パテント・システム》）の社会的役割を正しく理解し、こう紹介しているのである。

世に新発明のことあれば、これによりて人間の洪益をなすことを挙げていうべからず。ゆえに有益の物を発明したる者へは、官府より国法をもって若干の時限を定め、その間は発明によりて得るところの利潤を独《ひと》りその発明者に付与し、もって人心を鼓舞する一助となせり。これを発明の免許（パテント）と名づく。
（『西洋事情　外編』福澤諭吉、尚古堂、慶応三年）

つまり、画期的な技術や発明は社会の公益に貢献するため、その技術を発明した者に一定の期限を限ってその利益を独占することを認める。この発明者を支援する仕組みを「特許制度（パテント・システム）」という、と福澤は欧州で誕生した特許制度の意味を正しく理解し、日本に初めて紹介したのである。

その後明治十八年（一八八五）に「専売特許条例」が制定され、これによって欧米につづいて日本にも本格的な特許制度が導入された。明治政府は、日本に特許制度の本格的な導入普及をさせることによって、殖産興業の発展に向けた起爆剤としたのである。そのため、北里は、特許収入（ロイヤリティ）を一定期間得たのちに特許が開放され、どの製薬会社でも自由に免疫血清の製造をおこなうようにすることもできたのである。

しかし、北里はあえて特許権を取得せず、独自に蓄積した免疫血清の製造に関するすべてを国に献上したのである。それは、一刻も早く良質の免疫血清をより多くの患者に安全に安定的に供給するための、北里の選択であった。

これまで研究開発を積み重ねて成立させたジフテリア、破傷風、腸チフス、コレラ、ペスト、赤痢などの免疫血清事業を、北里はあっさり国に献納した。その背景には、日本で毎年五〜六〇〇〇〇人のジフテリア患者が発生し、そのうちの過半数が死亡するなど、高い死亡率があった。そのためジフテリアをはじめとする血清製造は、国の衛生行政の根幹を担う最重要事業の一つとなっていたのである。

北里ほど、私益を顧みず公益を重んじた人は稀だろう。北里の偉大さは、研究成果の価値にあるのはもとより、長年苦心して築き上げてきたかけがえのない研究成果を国民の生命と健康を守るために惜しげもなく国に献上する彼の肝胆《かんたん》にこそある。

第五章

文部省移管事件

青山胤通の暗闘

ジフテリア、破傷風、腸チフス、コレラ、ペスト、赤痢、結核、ハンセン病など、さまざまな感染症が繰り返し流行した明治期において、伝染病研究所は世界最新の免疫血清治療を実践し、極めて高い完治率を誇った。そのため、全国から多くの感染症患者が伝染病研究所に引きも切らず押し寄せた。

日本政府は、めざましい治療実績を挙げる伝染病研究所のより一層の拡充・発展に向けて、明治三十二年（一八九九）三月三十一日に伝染病研究所を私立から国立に移行させた。伝染病研究所の国立への移行は、じつはその前年の明治三十一年三月三十一日に後藤新平衛生局長（局長在任期間一八九五―一八九八）が辞任する際、後任の長谷川泰局長（局長在任期間一八九八―一九〇二）への申し渡しとして事務引継書にすでに記されていた。

そこには、「伝染病研究所の功績はこれと比肩するものがないほど極めて優れ、そのため伝染病研究所の功績を嫉む一部の学者のなかには伝染病研究所を批難する者もいる。今後伝染病研究所によってさまざまな感染症の免疫血清療法が開発されれば、順次国立の血清薬院に移し全国の需要に対応する必要がある。さらに近い将来、伝染病研究所を国立に移行させることが求められるのは論を待たない」と、伝染病研究所を国立に移行させる旨が記されていたのである。

左は、後藤局長が書き残した事務引継書の一文である。

▲後藤新平（1857-1929）

▲長谷川泰（1842-1912）

傳染病研究所の功績は頗《すこぶ》る顕著なるものにして、大凡《おおよそ》新設の事業中未だ曾《かつ》てこれと比肩するものあるを見ず。しかれどもその功績の顕著なるに伴ひ、或る一派の學者は、嫉妬の為め往々これを批難する者あり。これ毫《すこし》も意とするに足らず、ジフテリア、破傷風、腸チフス等の血清、そのた赤痢、癩《らい》病に関する発明等、枚挙に遑《いとま》あらず。

今後実験の確実なるものは、さらにこれを血清薬院に移し、全国の需要に応じて供給せしむべきなり。しこうして将来傳染病研究所を国立と為すべきものなることは、論を俟《ま》たざるなり。

明治三十一年三月三十一日　後藤新平

内務省衛生局長　長谷川泰　殿

それからちょうど一年後の明治三十二年三月三十一日、大日本私立衛生会は伝染病研究所を国に献納し、伝染病研究所は北里柴三郎を所長に置いたまま、内務省（西郷従道内務大臣）が所管する国立の研究機関に移行した。それにともない国立伝染病研究所の業務は、勅令により「伝染病研究所は内務大臣の管理に属し、伝染病その他病原の検索、予防、治療方法の研究、予防消毒治療材料の検査及伝染病研究方法講習に関する事務を掌《つかさど》る」と定められたのである。

この間、伝染病研究所が成長するにつれて国との関わりも変化し、それにともない業務内容も順次拡大した。当初、福澤諭吉が北里に研究の場を提供するために創始され、明治二十五年（一八九二）十一月三十日に大日本私立衛生会の付属機関として発足した伝染病研究所は、伝染病の病原菌の探索とその治療方法の研究が主な業務であった。その後、明治二十七年二月七日に芝区芝公園から愛宕町に移転し、これを機に国から補助金が支給され、それにともない伝染病の病原菌の探索や治療方法の研究のほかに、免疫血清の製造や伝染病の予防・消毒・治療・材料の検査などの講習業務も担当するようになった。さらに、明治三十二年三月三十一日の内務省所管によって伝染病研究所は国立の研究機関に移行し、これまでの業務に加えて国家衛生法の審議機関としての役割も担うようになったのである。

こうして、大日本私立衛生会付属伝染病研究所は、内務省所管の国立伝染病研究所となった。このとき福澤諭吉は、後藤新平前衛生局長に「伝染病研究所を国立にするそうだが、もし後年、ときの内閣が北里を免職したらどうするのか」と詰問した。これに対して後藤は、呆れたという感情を隠すようすもなく、「まあ、そんなことは決してあるまいと思います」と一笑に付した。後藤はこのとき福澤の言葉を、年寄りの取り越し苦労と捉えたようである。

さらに福澤は、養生園の事務長に送り込んだ田端重晟に「政府というものはいつ考えが変わるか分からない、足元の明るいうちに資金を貯めて独立する用意をしておくように」と、のちの出来事を予言するような遺言とも受け取れる言葉を残している。

その二年後の明治三十四年(一九〇一)二月三日、私財を投じて北里を支援しつづけた最大の恩人の福澤諭吉が脳溢血を再発し、帰寂《きじゃく》した。行年六十六であった。福澤の訃報に接した長与専斎は「旧友福澤先生逝けり、国家の不幸、これより大なるはなし」(「祭福澤先生文」)と近代国家建設に尽力した福澤の功績を称え、「今や先生すなわち亡し、嗚呼、斯遊再びすべからず、斯人再びみる可《べか》らず、豈《あに》悲しからずや」(同前)といって、誰はばかることなく嘆き悲しんだ。

翌三十五年(一九〇二)九月八日、つねに北里の後援者であった父親同然の長与専斎が心臓弁膜症に倒れ、福澤の後を追うように急逝する。行年六十四。恩人の福澤諭吉と後援者の長与専斎を相次いで亡くした北里の身に、やがて事件が降りかかり、福澤が心配したことが現実のものとなる。

明治三十九年、愛宕町の伝染病研究所もすでに手狭になってきたため、芝区白金台町《しろがねだいまち》一丁目三十九番地(現在の港区白金台四―六―一)にさらに移転拡張することになった。白金台町に用意された一万九〇〇〇坪余の広大な敷地に建坪三〇〇〇坪余の大規模な建造物が建設され、明治三十九年十一月下旬に完成した。正門を入って右になだらかにカーブを描いた道の正面に、車寄せのある二階建て煉瓦造の本館が威容を誇るように建つ。本館中央二階にある所長室を中心に、部長室、来賓室、図書室などが配された。本館の奥(北隣)には病室、食堂、医務室、採血室、採菌室などを配する第二号館が並び建った。
白金台町に新築移転してから八年後の大正三年（一九一四）十月十四日、事件が起きた。ときの第十七代総理大臣大隈重信《おおくましげのぶ》は、伝染病研究所を創設以来久年牽引しつづけた北里柴三郎所長に一言の断りもなく、内務省（大隈重信総理兼内務大臣）所管の伝染病研究所を文部省（一木喜徳郎文部大臣）に移管することを閣議決定し、同日発行の『官報　第六六二号』に勅令（第二二一号）をもって公示したのである。

朕、傳染病研究所管制中改正の件を裁可し、ここにこれを公布せしむ。
大正三年十月十三日
　内閣総理大臣　伯爵大隈重信
　文部大臣　法学博士一木喜徳郎
勅令　第二百二十一号
傳染病研究所管制中、左の通改正す。
第一条中、「内務大臣」を「文部大臣」に改む。
第三条中、「内務大臣」を「文部大臣」に改め、左の一項を加ふ。
所長は衛生行政に関する事項に付ては内務大臣の指揮監督を承く。
附則　本令は公布の日よりこれを施行す。
（「勅令　第二百二十一号」『官報　第六六二号』印刷局、大正三年十月十四日）

内務省所管の伝染病研究所を文部省に移管することは、東京帝国大学の付属研究所として青山医科大学長の軍門に下ることにほかならならず、もとよりそれは北里にとって到底受け入れられるものではなかった。

所長の北里をはじめ、関係者の誰にも気付かれずに伝染病研究所を移管させるには、前もって周到な準備がされたことは明らかだった。もっとも、伝染病研究所は国立の研究機関であるため、政府首脳の誰かが秘密裏に談合を繰り返し、閣議決定を経て最終的には天皇陛下の御裁可を仰がなければならない。それができる人物は極めて限られていた。

当時、青山胤通東京帝国大学医科大学長は、大隈重信総理大臣の主治医を務め、健康診断を名目に牛込区早稲田の大隈の私邸にいつでも自由に出入りし、囲碁を打ち合うなど公私ともに親交があった。北里柴三郎の伝染病研究所が突然文部省に移管されることを新聞などで知った多くの国民は、北里の伝染病研究所を青山学長が乗っ取るために大隈首相に話を持ちかけたのだろうと合点した。

不思議なことに、伝染病研究所が文部省に移管されることが『官報』で発表される九日前の十月五日に、『萬朝報』が伝染病研究が移管されることをいち早く報じていた。東京帝国大学医科大学の青山胤通学長（のちの伝染病研究所第二代所長）と同大学の長与又郎《ながよまたお》病理学教授（のちの伝染病研究所第四代所長）が大学内や料亭で密会を繰り返していることを『萬朝報』の敏腕記者が嗅ぎつけ、近く伝染病研究が文部省に移管するという情報を入手した。

ただちに『萬朝報』は大正三年十月五日付け朝刊で、移管事件の第一報を次のように報じたのである。

芝白金台町傳染病研究所は、今回内務省所管より文部省所管に変更さるゝに決し、一両日中右に関する勅令公布せらるゝ筈《はず》。（「研究所々管換」『萬朝報　第七六三一号』朝報社、大正三年十月五日）

『萬朝報』はゴシップ記事で知られる大衆紙である。そのため、多くの読者は『萬朝報』の記事をすぐに鵜呑みにすることはなかった。だが、翌朝、『東京朝日新聞』の紙面に「伝染病研究所所管換」の見出しを見付けた多くの読者は、神妙な顔付きで憶測記事を読んだだろう。

現在内務省に所属せる傳染病研究所は、今回行政整理に依り文部省所管に移すの議あり、多分実施さるゝに至るべしと。（「傳染病研究所所管換」『東京朝日新聞　第一〇一三六号』大正三年十月六日）

青山と北里がいくら犬猿の仲であったとはいえ、学生時代からの朋友の北里から伝染病研究所の指揮権を強引に剝奪しようとするだろうか。もっともそこには、北里と青山の個人的な相性の悪さに加えて、伝染病研究所の評判が疎ましく映った青山側の理由があった。

当時伝染病研究所は、医科大学や大型病院でさえも見ることのできない世界最先端の設備器機を完備し、遠心分離機や殺菌装置、微生物用冷蔵庫などの各種機器を駆使してさまざまな感染症に対応する免疫血清を製造することのできる、日本で唯一の医療機関であった。また、このころ各道府県の衛生課の多くの課長は伝染病研究所で衛生学の講習を受けた北里の門下生で占められ、全国の衛生課と開業医とが緊密に連携して日本の医療体制を支えていた。そのため、このまま伝染病研究所の活動を放置すれば全国の開業医の勢力も北里派が大勢を占め、いずれ東京帝国大学医科大学の教授陣も北里の鼻息を伺うようなことになりかねない、と危惧したのではないかと推察することができる。

そうした医療界の覇権争いとは別に、伝染病研究所がおこなう免疫血清療法の目を見張るほど良好な治療効果を知り、全国から患者が殺到し門前市をなす賑わいを見せたことが、青山学長の恨みを買ったとしても不思議ではない。それは、単なる世間の憶測や流言だけではなく、伝染病研究所の要である田端重晟事務長も確信していたようである。

▲青山胤通（1859-1917）

大正三年十月七日朝八時、北里はいつものとおり土筆ヶ岡養生園に来園すると、田端を医長室に呼び、「今度行政整理のため研究所が文部省移管になる。多分今日の官報に出るようだ」と告げた。

筆まめで知られる田端は、その日の日記にこう記している。（括弧内もすべて田端記）

・十月七日　八時出園、博士来られ医長室に余を招く対座。先生曰く今度行政整理の為め（大学の青山が大隈を動かせるなり）研究所が文部省移管になりし。多分本日の官報に出てん。

（「田端重晟日記」田端重晟『北里研究所五十年誌』北里研究所編、北里研究所、一九六六年）

北里はおそらく、新聞報道で文部省への移管を知ったのだろう。田端の日記を見る限り、それを女房役の田端に伝えただけで、特段慌てる素振りもなく、また田端と相談した形跡もない。なお、括弧内にある（大学の青山が大隈を動かせるなり）の記述は、田端の私的なメモ書きである。

そのころ東京帝国大学医科大学の青山胤通学長は、長与専斎の子息（三男）で当時東京帝国大学医科大学病理学教授の長与又郎と頻繁に会い、伝染病研究所が文部省に移管した後の運営方法などについて入念に談合を重ねていた。そのことを、長与又郎は日記に詳しく書き残している。

長与又郎の日記によれば、このとき青山学長は、所長の北里はともかく、研究部長の北島以下ほかの研究者は皆、大学教授として迎えるなどの条件を示せば容易に留任に応じるものと高をくくっていたという。これに対して長与又郎は、大隈首相兼内相から北里に移管の理由を説明し、一応慰留を打診するよう青山学長に要請した。それでもなお北里が辞表を提出した場合、北島以下の主な研究者が北里に付き従って辞めないよう、北里所長から所員に訓辞するよう青山に繰り返し要請し確認した。

左は、「伝染病研究所移管顛末（裏面史）」と標題された『長与又郎日記』の、大正三年十月五日から十一日にかけて青山学長と再三にわたって交わされた談合の叙述である。

五日より十月十一日に至る間、（青山）学長は数度余を教室に訪問せられ、大学移管後の経営および発表に際し研究所々員の去就に対する種々の談合を受け意見を徴《ちょう》された。学長は北里所長の辞任は止むを得ざるべきも、北島以下各技師は留任すべしと信じておられたようだ。蓋《けだ》し、移管は研究所の組織および方針に何等の変更を来すべきものに非《あら》ざれば、北島氏以下の北里氏に従って去るの理由なし、また北島氏等は大学側に対して北里氏程の隔意《かくい》を有せざるものなれば、移管と同時に教授または助教授に任命せば、喜んで文部省に来るべし、と極めて簡単に考えおられたり。

これに対して余（長与）はこの事の決行は余程の熟考を要すること、もし実行の際は一応、大隈首相兼内相より、北里氏に一応移管の理由およびその利益を懇談するの要あること、また北里氏にして辞表を呈する場合には、北里氏以下は必ず北里氏に随《つきしたが》って去るべきことを再三警告し、かつこれらの点を熟考さられんことを懇請《こんせい》した。

（「傳染病研究所移管顚末（裏面史）」長與又郎『長與又郎日記――近代化を推進した医学者の記録　上』学会出版センター、二〇〇一年）

さらに青山学長は、北里は辞表を出して伝染病研究所を一旦去ったとしても、新たに研究所を設立する勇気もなければ能力もなく、また人望も以前に比べて随分低下したため、結局は文部省に泣きついて伝染病研究所に戻るのが関の山だろう、と長与教授に漏らしたという。

これに対し青山学長は北里氏は研究所を去るも、さらに民間に下りて新研究所を設立するの勇気と能力を有せざること、また民間に資力を供給するの有志者のなきこと、北里氏の人望は十年来既に著しく低落したること、北島氏等を如何にして養うべきか、その途《みち》なくんば彼等は文部省に来ること以外、採る道なきことを論ぜられたり。

（「傳染病研究所移管顚末（裏面史）」長與又郎『長與又郎日記――近代化を推進した医学者の記録　上』学会出版センター、二〇〇一年）

青山学長は、北里たちを完全に見くびっていた。そしてほどなく、青山の読みは見事に外れたことが証明される。

北里は自分が手塩に掛けて育てた伝染病研究所が文部省に移管になることを新聞で初めて知り、怒り心頭に発した。そして、決して文部省にも大学にも与《くみ》しないことを人目もはばからず声言《せいげん》した。それを人づてに伝え聞いた青山は、初めて事の重大さを認識し、長与又郎に泣きついた。そして青山学長は長与教授に、北里に大人しく文部省の下でこれまでどおり所長をつづけるように説得することを懇請したのである。

それについて長与教授は日記にこう記している。

十月十日に至り、北里氏等は新聞記事に拠りて始めて移管のことを知り、疑いて探ぐるに勉むると共に憤怒その極に達し、決して文部否大学に降らずと声言《せいげん》しおる由を聞き、青山氏は始めて事の容易に落着せざるを知るに至れり。しこうして北里氏を説きて同氏以下一同の平静に移管と共に文部省に来るべき様取計うことの計画に着手せられたのである。しこうして先ず北里氏を説くの人選に関して熟慮の上、是非余にその任に当たらんことを懇請せられたのである。之は北里家と余との関係を（青山氏が）熟知しておられたからである。

（「傳染病研究所移管顚末（裏面史）」長與又郎『長與又郎日記――近代化を推進した医学者の記録　上』学会出版センター、二〇〇一年）

青山学長が長与教授に北里の慰留を依頼したのは、北里と親戚同様のつきあいのある長与家の者なら、無下に断ることはないだろうと目論んだからだ。

長与又郎は、北里の恩人の故・長与専斎（明治三十五年没）の三男で、明治三十七年に東京帝国大学医科大学を卒業し、同大学の病理学教授となった。夏目金之助（漱石）の主治医でもあり、漱石が胃潰瘍で亡くなった際、大学で遺体解剖したことで当時世間に知られていた。その後長与又郎は、北里が初代所長を務めた伝染病研究所が文部省に移管後に就任した青山第二代所長（一九一五―一九一六）の後、第四代所長（一九一九―一九三四）を務めたほか、東京帝国大学第十二代総長なども歴任した。また、太平洋戦争中に満州に渡り、関東軍司令部や七三一細菌部隊などを視察し、七三一細菌部隊を率いる関東軍防疫部の石井四郎《いしいしろう》陸軍軍医とも親しく交流した人物である。

十月十一日午前、青山学長から長与教授に電話があり、至急北里と懇談するように要請があった。

これを受けて長与又郎はただちに麻布の北里宅に電話を掛け、その日の夕方に面会する約束を取り付ける。

北里にとって長与又郎は、恩人長与専斎の実子であるだけでなく、長与又郎の結婚式の媒酌人を北里が務めてもいる。また北里は、長与又郎の長兄の長与弥吉《しょうきち》（のちの大日本私立衛生会会頭）とも交友があった。その意味で長与又郎は、北里と東京帝国大学との仲裁を取り持つには最適な人物だったのである。

無論長与又郎は、青山学長と相談のうえで仲裁に立ったことは北里には話さなかった。父専斎からの長年の誼《よし》みで心配のあまり駆けつけたことを北里に告げ、平静に移管を認め文部省に従うよう説得した。が、北里はその話に耳を傾ける様子もなく、早々に話を切り上げ、又郎を帰した。

十月七日の田端の日記で、北里から「研究所が文部省移管になった」と初めて聞かされたことはすでに紹介したが、田端の日記にはつづきがある。

それによると、北里の境遇を気遣った石黒忠悳は、北里と大学の中に入り、伝染病研究所が文部省に移管しても、東京帝国大学医科大学の付属機関にはせず、独立して活動をつづけるのであれば、北里は伝染病研究に留まるのではないかと、具体的な調停案を出して仲介工作をおこなっていた。

そして十月十六日、北里は官邸に招かれて、一木喜徳郎《いちききとくろう》文部大臣と会見することになった。このとき一木大臣は伝染病研究所に留まるよう何度も要請したが、北里はこれを断った。

左記は、田端の日記の抜粋である。

・十月七日　八時出園、博士来られ医長室に余を招く対座。先生曰く今度行政整理の為め（大学の青山が大隈を動かせるなり）研究所が文部省移管になりりし。多分本日の官報に出てん。〈中略〉

・十月十五日　七時出園、博士来る。中川衛生局長が後藤男（爵）へ行、北里引留を重たり。後藤男曰く夫では僕は北里に大目玉を喰たと話したりと。また石黒が中に入り大学側にこの際引受けぬ様せよ、左すれば北里が留るならんとの小刀細工《こがたなざいく》中なり。

・十月十六日　八時出園、博士来る。博士今朝一木文相に招かれ官邸にて会見。文相しきりに留任を勧めたるも博士是非にと断りたり。あるいは青山を呼び対座相談せんと言はれたが、断りたりと博士話す。（「田端重晟日記」田端重晟『北里研究所五十年誌』北里研究所編、北里研究所、一九六六年）

伝染病研究所を文部省に移管する話は、じつは今回が初めてではない。日露戦争後の長い経済不況に苦しんでいた明治四十四年（一九一一）、ときの西園寺内閣は不況の打開策として肥大化した行政機関の整理縮小を大きな政策の柱に据えた。その一環として、伝染病研究所の文部省への移管が議題に上がったのである。だが、行政機関の整理縮小がいかに時代の要請とはいえ、その対象として伝染病研究所が整理縮小されることは、北里にとって到底受け入れられることではなかった。

北里はそれを直接訴えるために、芝公園にあった原敬《はらたかし》内務大臣の私邸を訪ねた。そして、伝染病研究所は伝染病の撲滅と予防を担う機関であるために、教育を司る文部省とはなじまないこと、また、伝染病研究所は独自に収入を得ているために、国庫負担が軽微であること、さらに、公衆衛生の向上を進める伝染病研究所を所管してこそ、内務省は国民の衛生行政を円滑に司ることができることなどを丁寧に説明した。その話を黙って聞いていた原は大きく首肯し、伝染病研究所には今後一切手出しさせないことを約束した。その時点で、北里は文部省移管の話は今後出ないものと思い込んでいたのである。

大隈重信に毒殺される

大正三年（一九一四）十月十四日、第二次大隈内閣が閣議決定した伝染病研究所の文部省移管は、御裁可を経て正式に『官報』をもって勅令公布された。そのことを、翌朝の『東京朝日新聞』はこう報じた。

芝区白金台町なる傳染病研究所は、既報《きほう》の如く今回その所管を内務省より文部省に変換することゝ為《な》り、去る二日の閣議に於て決定したるに依り、御裁可を経て十四日、官報勅令をもって、同官制を改正し、即日実施する旨、公開されたり。
尤《もっと》も衛生行政に関する事項に付いては、所長は依然内務大臣の指揮監督を受《う》くべく、同時にこれに伴ふ文部省官制の一部および高等官官等俸給をも改正せられたり。

（「傳染病研究所所管換」『東京朝日新聞　第一〇一四五号』大正三年十月十五日）

もともと伝染病研究所は、福澤諭吉の土地と森村市左衛門の寄付など、民間人による北里への献身的な支援によって日本で最初に誕生した私設の研究所である。それが、一朝にして文部省の所管となり、帝国大学医科大学の付属機関に下ったのだから、北里らの驚き様は尋常ではなかった。

翌十六日、第二次大隈内閣で初入閣を果たした一木文相は、北里を官邸に呼んだ。一木文相は文部官僚が作成した文書を読み上げ、今回の処置は行政整理による移管であることなどを縷々《るる》述べた。しかし北里は、すでに『官報』に勅令をもって発表されたものを今さら説明されてもどうなるものでもないと言って取り合わなかった。すると一木文相は、今度は北里にこのまま慰留することを繰り返し勧めるのだった。

北里は、伝染病研究所が内務省から文部省に移管することを認めることはできなかった。なぜなら、伝染病研究所の目的は伝染病の原因を究明するとともに、治療法と防疫体制を整備することにあると考えていたからである。言い換えれば、研究のための研究ではなく、伝染病の流行をいち早く察知し、件《くだん》の研究の成果を衛生行政に速やかに生かすことにあった。そのため北里は感染状況に臨機応変に対応し、治療ならびに予防体制の整備に努めたのだった。そうした公衆衛生事業を担うのは、内務省が所管するのが相応しい。しかし、学問や教育を司る文部省の所轄に移管すれば、学問や教育が重要視され、伝染病研究所は医師を育てる教育機関の色彩が強くなる。所管が内務省か文部省かの違いを約言すれば、伝染病研究所は患者を救命するための研究機関か、それとも医者を育成するための研究機関かという問題にほかならなかった。

北里にとって、伝染病研究所は患者の生命と健康を守るための機関であり、それゆえ内務省が所管することが相当である。つまり、伝染病研究所の文部省への移管は、たんに組織や形式的な違いなのではなく、伝染病研究所の存在意義と社会的使命という本質的な思想の違いにあったのである。

北里は十月十六日に一木文相と会うと、すぐに辞意を決意した。そして十月十九日、大隈重信首相に診断書を添えて辞表を提出する。当時辞表を提出するためには、診断書を添えるのがつねであり、北里が持参した診断書は、内務省の役人で医師の内野仙一《うちのせんいち》によって作成されたものだった。そこには「脳神経衰弱、時々興奮発作有り、当分静養を要す」と書かれていた。事実、このころ北里はしばしば神経衰弱を発症し、興奮して周囲に当たり散らかしていた。

翌朝『東京朝日新聞』は、「伝染病研究所破壊、北里博士の辞職」のセンセーショナルな見出しを付けて、北里が辞表を提出した事実を報じた。記事の概要はおよそ次のとおりである。

「北里博士が二十年来、生命を賭けて傾注してきた伝染病研究所が文部省に移管したことで、北里博士は早晩辞めるだろうと噂されていたが、昨日（十月十九日）博士は辞表を提出した。政府当局の学問に対する無知が伝染病研究所の発達を阻害し、北里博士が研究所を去る事態を招くことになった。

政府の伝染病研究所の文部省移管の理由は第一に学制の統一、第二に財政の整理、第三に事業の廃止にあるという。しかしその真相は、東京帝国大学医科大学を頂点とする医学界を構築することにあり、伝染病研究所を医科大学の付属機関に隷属しようとする青山博士の積年の野心を実現したものにほかならない。しかも、この計画は極秘のうちにおこなわれ、北里博士は移管を新聞が伝えるまで知らされず、また、内務次官さえ閣議決定の際に初めて知ったというから、この問題が如何に政府首脳の極限られた学識のない人物のみで決定されたかは明らかである。したがって、今回の文部省移管問題は、伝染病研究所の価値や将来に対して何ら考慮することもなく決定された仕組まれ事件である」と。

左に『東京朝日新聞』の記事の全文を記す。

傳染病研究所が内務省より文部省の所管に移るとともに、同所長北里博士以下各部長等は、同盟辞職すべしと噂されたるが、北里博士は愈々《いよいよ》十九日正式に辞表を提出したり。同博士が二十年来、その生命としてその学問的努力を傾注し来《きた》れる研究所を去らんとするは、如何《いか》にも悲痛なるできごとなるが、その裏面には種々の事情あり。識者は何《いづ》れも政府当局が研究所の発達を阻害し、かつ学問の研究および進歩に対する無智《むち》なる態度を憤慨しつつあり。

政府が今回、傳染病研究所の所管を変更するに至れる第一の理由は、学制統一を実現せんとするにあり。第二の理由は、財政の整理にあり。第三の理由は、同所の独立的研究事業を無用なりと観察したるにあれど、その真相は、多年我国に於ける医学界の努力を医科大学に集中せんとする青山博士の野心の実現せられたるものに外《ほか》ならず、先頃発表されたる官制に依れば、たんに所管を移すのみなれど、こは予算の関係上、本年度中は現在のまま進捗せざる可《べ》からざる事情あるがためにして、来年度より医科大学の一部に隷属せしむる計画なる事は、すでに文部大臣の言明したるところなりと云ふを見ても知り得べし。

しかして、この計画は極めて秘密の間に行はれたるもの丶如く、北里博士は本月上旬官制改正の新聞に傳へらる丶までこれを知らず。内務次官の如きもこれに依りて、閣議の決定せるを知りたるほどなりと云へば、この問題が如何に大頭株《おおあたまかぶ》のみに依りて決定され学問の進歩に対して新しき知識を有する人々のまったく与《あづか》らざりしこと明《あきら》かなり。したがって、これを決定せる人々の頭には研究所に於ける従来の事実、現在の価値、将来の発達等に関しては殆ど何等の考慮もなく、ただ政治上より学制統一の名の下に賛成したるものなるが、結果はやがて学問上の独立を無視し、一面にはまさに与らんとする研究的精神を阻害し、遂に今回の問題を惹起《じゃっき》するに至れり。

（「傳染病研究所破壊、北里博士の辞職」『東京朝日新聞　第一〇一五〇号』大正三年十月二十日）

北里が辞表と診断書を提出したのを確認すると、政府は北里の高弟を一人ずつ官邸に呼び、北里が退任したあとの伝染病研究所の新所長として留任するよう慰留工作をおこなった。最初に、北里の右腕と目された研究部長の北島多一《きたじまたいち》を官邸に招き入れ、伝染病研究所の新所長就任を要請した。すると、北島はこれを一蹴《いっしゅう》した。次に、第一部長の志賀潔を官邸に招き入れ同所長就任を要請すると、志賀は言下に断った。これによって政府は所長の北里一人を追放し、他の所員をそのまま慰留させようとしていることを知り、所員の結束はさらに強まった。

伝染病研究所には、北里を慕って集まった北島多一、志賀潔、秦佐八郎《はたさはちろう》、梅野信吉《うめのしんきち》、宮島幹之助、照内豊《てるうちゆたか》、草間滋《くさましげる》の七人の技師がいた。この七人の高弟が話し合い、北里が辞表を提出した翌日（十月二十日）に全員の辞表を取りまとめて文部省に提出した。

左は、七人全員が辞表を提出する場面の『北里柴三郎傳』の記録である。

政府はここに至て始めて北里一人を追放したるのみにて事の済まざるを知ったのである。傳染病研究所の職員は、素《もと》より先生の學識を仰ぎ、その徳を慕って傘下に集まった者のみである。技師北島多一、同志賀潔、同秦佐八郎、同梅野信吉、同宮島幹之助、同照内豊、同草間滋等は、先生の決意を知ると同時に相諮《あいはか》って恩師に殉《じゅん》ずべく申合せた。

事態の重大化に驚愕措《お》くところを知らぬ当局は、百方手段を盡《つく》して留任を慫慂《しょうよう》し、また懇情《こんじょう》もしたが、技師等の決心は牢固《ろうこ》として動かすべくもなく、辞表は十月二十日に取りまとめて提出された。

（「傳染病研究所　その二」『北里柴三郎傳』宮島幹之助・高野六郎編、北里研究所、一九三二年）

北里が辞表を提出した翌日（十月二十日）、北里は午後一時、部長以下全所員をロベルト・コッホの塑像が見守る来賓室に集めた。彼は硬い表情でこれまでの経緯を次のように説明した。

「研究所は去る十四日に突然文部省の所管に移管し、今後東京帝国大学医科大学に併合され、大学付属の研究機関として各科に分割されることになる。これは、私が多年めざしてきた総合研究所の在り方とは相容れないものだが、この決定はすでに天皇陛下の御裁可を経て勅命として発表されたものなのでどうすることもできない。しかし、今回の政府のおこないは、公人としてまた学徒として固く抱ける主義信念に背くものでこれを認めるわけにはいかない。人生の大半を費やし心血を注いで築いてきた伝染病研究所と別れることは無論本意ではないが、私は昨日辞表を提出した」。

北里は沈痛な面持ちで聞き入る所員を見渡すと、言葉を継いだ。

「春秋に富む前途有為なる諸君は、私を追って辞めることを誡め、国民のためにこのまま伝染病研究所に留まり、一層の努力を望む次第である」。

所長としての最後の訓辞を言い終えると、北里は静かにその場を立ち去った。

北里の言葉を受けて北島多一部長が前に出ると、北里先生の言葉どおり長き前途がある君たちは進退を慎重に対処し、ここに止まってさらに研究を進めてほしい、と言葉を張った。しかし、助手の一人が立ち上がり、部長諸先輩が所長を追って辞職されるのにどうして私たちにだけ残れと言うのですか、と反対に詰め寄った。そして助手や女工や作業員たちは別室に退き、この際取るべき道を協議した。しかして翌二十一日、所員一同の辞意を北島部長に報告したのである。

そのときの様子を、伝染病研究所の技手でのちに北里研究所第三代所長となる高野六郎は、日記に次のように記している。

・**十月二十日**　午後一時所員一同を来賓室に招集して所長より告別の辞あり。曰く、今回傳染病研究所は突如文部省所管となり、追て大学に併合せられんとす。しこうして不肖毫末《ごうまつ》もこの議を与り知らず。既に御裁可を経て勅命の出でたる今日、また多くを語るを好まず。政府の欲するところは不肖の研究方針と相背す。所信を枉げて男子の面目を惜まざらんと欲するも学問の神聖を奈如《いかん》せんやと。辞色沈痛、座に嗚咽《おえつ》の声あり。コッホ先生の塑像を後へに立てる恩師の鬢髪、また既に少しく斑なるを見ずや。所長は今半生の心血を注げる研究所と別れんとすなり。重ねて問ふ、これ聖代学芸の士を遇するの道なりや。
所長は辞をあらためて所員の後来るを訓誡《くんかい》し、邦家のため一層努力す可きを説きて去る。北島部長徐《おもむ》ろに立ちて曰く、余等は北里所長の恩顧を受くること久しくかつ深し、すなわち所長として行動を共にし、信ずる所を行なはんと欲す。助手諸君は年齢なお壮なり。宜しく熟慮して研学の途を誤ることなかれと。技師一同はこの日連袂《れんべい》辞表を提出したるなり。
訣別式後助手一同別室に退きてこの際とる可《べ》きの道を協議す。座に燕趙悲歌《えんてうひか》の士これしからず。君辱しめらせて臣死《しんし》せんとすと雖《いえども》、唯懼《おそ》る、所長の清節を完からしむるなきを。すなわち相飭《いまし》めて軽挙妄動《けいきょもうどう》を避けんとす。そもそも籍を本所におく学徒は就れも北里先生の名を仰ぎて蝟集《いしゅう》するにあらざるはなし。この期におよびてまた何をか曰はん。一同の結果期せずして成る。

（「高野六郎日記」高野六郎『北里研究所五十年誌』北里研究所編、北里研究所、一九六六年）

▲伝染病研究所の来賓室に置かれたロベルト・コッホの塑像（北里柴三郎記念室所蔵）

所長の北里が伝染病研究所を辞任し、その翌日に所員一同が辞意を表明した。それによって、北里を中心とした研究所の所員は、ここで空中分解し、四散してしまうかに思われた。

しかし、この辞職騒動のさなか、養生園の事務長をしている田端重晟が帳簿を持って、北島多一、志賀潔、秦佐八郎、梅野信吉、宮島幹之助、照内豊、草間滋の七人の技師が集まっていた場所に駆け付け、「こういうときに備えて蓄えがある」と言って帳簿を示した。見ると、驚いたことに彼が腕を振るって蓄えた莫大な資金が記されていた。彼らはそのまま所長室に傾《なだ》れ込み、北里所長を取り囲んだ。

田端は、今は亡き福澤先生の言い付けを守り、養生園の運営で蓄積した金が三〇万円（現在の約三〇億円に相当）ほど積み立てられていることを北里に報告した。これを資金にして再び自分たちの手で新しい研究所を作るという機運が起こり、北里以下所員一同の意気が上がった。福澤が世事に疎い学者集団を心配し、経理に強い田端を送り込んだことが、ここで見事に生かされたのである。

十一月五日、北里と北里の弟子の七人の技師の辞表を文部省が承認した。同日、文部次官福原鐐《ふくはらりょう》二郎《じろう》が伝染病研究所所長事務取扱に就任し、また長与又郎東京帝国大学医科大学教授を大学教授と兼任で同研究所技師に任命した。

十一月十日、北島多一をはじめとする伝染病研究所旧所員による引き渡しがおこなわれた。引き渡しに備えて職員たちは話し合い、後で恥ずかしく思うことのないよう堂々と引き渡しをおこなうことに決めていた。そのため引き渡し後も、感染症患者の治療に支障が生じないよう免疫血清を増産し、引き渡し日までには約一年分の免疫血清を備蓄室に貯蔵させていた。かくて引き渡し当日の十一月十日、職員たちは福原文部次官に帳簿を手渡し、隅々まで掃除の行き届いた研究所の各施設を案内した。そして最後に、北島ら七人の技師は福原らに軽く会釈をして白金台町の伝染病研究所を後にしたのである。

整然とおこなわれた伝染病研究所の引き渡しの様子を目撃した記者たちは「赤穂義士の城の明け渡し」にたとえて、伝染病研究所旧所員を称賛した。

傳染病研究所御城《おしろ》受取りの下検分《したけんぶん》として、福原《ふくはら》文部次官、松浦《まつうら》専門学務局長の両人上使《じょうし》の役《やく》承《うけたま》はって二十六日午前十時芝白金台町の研究所に至る。同所では北里所長切腹後とあって、北島第一部長城代《じょうだい》大石内蔵之助《おおいしくらのすけ》の格《かく》で以下志賀、秦、梅野、照内、宮島、草間の各部長技師、ズラリ面《おもて》を並べて恭順を表し、いと丁重な態度で応接室に通し、「御役目御苦労千万《おやくめごくろうせんばん》」の挨拶一渡り済むと、福原上使やおら巨大な体軀《たいく》を起して、「これより巡検《じゅんけん》な仕《つかまつ》る」の台詞《せりふ》宜しくあったかどうだか北島城代を先頭に、各室隈《くま》なく検分する。〈中略〉

先づ第一番に窓口へ槍《やり》、薙刀《なぎなた》、飛道具《とびどうぐ》の積もりで所内の顕微鏡恭《うやうや》しく陳列されて「これは北里博士の世界的発見たる結核菌で御座る。見られよ、この太鼓撥《たいこばち》の如き物凄き黴菌を、我が研究所はこの世界の醫學界に貢献したる偉大なる発見物を記念せん為め、所章《しょしょう》として菌の状《かたち》を打《ぶ》つ交《ちが》へにした、すなわち太鼓撥を打つちがへにしたものを使用して居る」、「これも北里博士の誇りとされた何々菌《なに〱きん》で御座い」、「これも博士」のと北島城代の口を衝《つ》いて出る説明は虚心《きょしん》で居れば何事も無いが悪く取れば上使に対する一種の皮肉とも聞こえて、松浦副使折々苦《おり〱にが》い顔して横の方を向く辺《あた》り、却々《なか〱》に味ある一幕を見せた。

進み進みて階上「所長室」と札張られた扉を排《はい》すれが所長常用の卓上電話主無い骸《むくろ》を寂しく机上に横たえて上使以下慘《さん》として足を止める。北島城代「所長の姿はもう永久にここに見る事が出来ません」と恨みに燃えた眼を鋭く上使に向くれば、上使例によって磊々《らい〱》として「フーム、眺望の好いところだネ……」、斯《か》くて二時間ばかり彼方此方《あっちこっち》引摺り廻された福原上使の一行は、正午

「然《さ》らば」と腕車《わんしゃ》を飛ばして辞し去った。

次官一行の辞去後、宮島博士は記者に語って曰く、「兎《と》に角吾《かくわ》れくは立つ鳥も跡を濁すなと言ふから後任者が出来仕事の引継ぎを了《りょう》するまでは従前に倍し一生懸命にやる積りで居る」と。〈後略〉（「問題の傳染病研究所、御城受取りの下検分」『讀賣新聞　第一三四七二号』大正三年十月二十七日）

なお、文部省移管事件の際、何人の所員が北里と共に伝染病研究所を辞職したのかを調べてみた。大正三年の伝染病研究所の所員数の資料は残念ながら見付けることはできなかったが、幸い大正三年十一月三日に伝染病研究所本館前で撮影した北里所長との最後の一枚の集合写真が北里柴三郎記念室に残されていた。その写真に写っている所員の数を数えると一八四名に上った。一方、大正三年の文部省移管時の辞職者名には、北里所長以下、技師七名、技手十名、嘱託十三名の名があり（『北里研究所五十年誌』七十五頁）、少なくともこの三十一名は辞表を提出して辞したことが分かる。後述するが、この三十一名が中心となって一年後に私立研究所を新設し、北里所長以下所員総勢一〇五名の陣容で始動させる（『北里研究所五十年誌』三十二頁）。そのため、残り七十九名のうちの多くは文部省移管後の伝染病研究所で継続雇用になったと思われる。

もっとも、伝染病研究所が文部省に移管した時点では、新たな研究所ができるかどうかさえ分からず、たとえできたとしてもそれまでの間、無職無給の浪人生活を送らなければならないことを考えれば、継続雇用を選択するのは当然といえるだろう。だが、それにもかかわらず伝染病研究所で最後の集合写真に写った一八四名の所員のうち、じつに一〇五名までが国立機関の安定した職を投

▲伝染病研究所本館前で北里所長以下 184 名による最後の集合写真（大正３年 11 月３日撮影）

げ打ち、北里と運命を共にしたのである。

伝染病研究所の文部省移管は、大正期にわが国の医学会を二分する最大の事件として多くの国民の耳目を集めた。その時代的背景には度重なる戦争が影を落としていた。

日清戦争（明治二十七年）と日露戦争（明治三十七年）の二度の戦争を経験した日本では、年々増大する軍事費を捻出するために行政整理がおこなわれた。明治二十六年に内務省所管の国立となった伝染病研究所もまた、行財政および学制の整理縮小の一環としてたびたび伝染病研究所の移管が検討された。

大正三年（一九一四）四月に第二次大隈内閣が誕生し、その僅か三ヶ月後に第一次世界大戦が勃発した。大隈内閣はこの有事に乗じて、「文政統一、行政整理」という名目で伝染病研究所を文部省に移管し、東京帝国大学医科大学への組み入れを決行したのである。

大隈重信に辞表を提出し、下野した北里はすでに還暦を超えて齢《よわい》六十一になっていた。北里にとって伝染病研究所は二十二年もの長きにわたって手塩にかけて築き上げた居城であり、その設立には福澤諭吉や森村市左衛門など、多くの民間人の援助や支援があった。つまり、北里の存在があって初めて誕生した日本初の伝染病研究所であり、国がつくった研究所に所長として就任するのとは、研究所や研究に対する想いが根本的に異なっていた。それを北里に一言も相談することなく文部省に移管し、東京帝国大学医科大学の付属機関となることは、北里ならずとも到底容認できることではなかった。

このころ北里は、全国の医師会の主導的な役割を担い、多くの医師は政友会（総裁・原敬）を支持していた。そのため大隈首相は、最大野党である政友会の支持基盤の弱体化を謀る目的で、伝染病研究所から北里所長を追い落とすという青山学長の策謀に手を貸したと多くの国民は理解した。そして闇討ちにも似た大隈首相の卑劣な謀略を非難して、「大隈首相は北里博士を毒殺させるつもりだ」とそこかしこで噂したのである。

大正三年十月二十六日、政友会は伝染病研究所問題特別委員会を開催した。このとき、同委員会は「政府が伝染病研究所所管を変更したるは、その設立の歴史と特質とを無視したるものにして、衛生行政の効果を挙ぐるの目的に添はざる不当の処置なりと認む」（「政友会の決議、伝染病研究所問題」『東京朝日新聞』大正三年十月二十七日）とする決議文を採択する。そして同年十二月十日に開かれた衆議院本会議において、清水市太郎《しみずいちたろう》（政友会）代議士は伝染病研究所の移管問題を取り上げ、一木文部大臣と大隈総理大臣にこう質《ただ》したのである。

左記は『第三十五回帝国議会衆議院議事速記録第四号』の抜粋である。

清水市太郎君　北里は天才で偉大な學者である。北里のお陰で傳染病研究は、パスツール研究所やコッホ研究所と並んで世界の三大研究所と言われるようになった。その北里に何らの相談をせず、一片の通牒で組織を変更するのは国家が天才を遇する途ではない。法令で定められているように學理の蘊奥《うんのう》を極める大學と、學理を実地に応用し、大學の教室では到底できないことをする傳染病研究では、目的が全く違うのではないか。

一木喜徳郎文部大臣　學者を重んじないと云うような御言葉がございましたけれども、政府に於ては決して左様な考えはない。但し、行政の所管変更は學者の研究に何ら差し支えないことであるから、特に相談する必要はないと認めた。

大隈重信総理大臣　清水君は何か誤解されているようで、帝国議會に於ける質問の答弁をよく読まれると、そう云う考えは全く誤解から生じたことが理解できると思うのである。

（『第三十五回帝國議會衆議院議事速記録第四号』大正三年十二月十日）

また、十二月十五日に開かれた衆議院本会議で、若杉喜三郎（政友会）代議士が三十二名の賛成者とともに『東京帝国大学医科大学教授の職責に関する質問趣意書』を提出した。そこには、「伝染病研究所問題は、要するに大隈首相が青山学長の請託を容れ、立憲治下に有る間敷《あまじ》き苛酷なる処置を執りたるに起因す。青山学長その他の教授に対し、大に懲戒を加ふべし。政府の所見如何《いかに》」と質問の趣意が記されていた。

東京帝国大学医科大学を卒業して医師となった若杉代議士は、自戒を込めて質問趣意書の趣旨をこう説明した。

「わが国の最高学府の教授として名誉ある位置にいる東京帝国大学医科大学の先生諸氏について国会で取り上げるのははなはだ不本意だが、伝染病研究所の移管問題で青山学長と大隈首相との関係は多くの国民の知るところなので、大隈首相にお訊ねする。青山学長は私情をもって公事を犠牲にし、学舎として本文を忘れ、医科大学長として衛生行政の運用と伝染病の研究に多大な障害を生じさせた。また、他の先生諸氏はただ学長に盲従するばかりで、北里氏以下所員一同が辞表を提出するにおよんでもなお平然として、伝染病研究所の後任者の多くを医科大学の教授が就任し、反省するどころか学閥の勢力拡大に余念がない。いかに賢明な大隈首相といえども、医事衛生に関しては素人である。にもかかわらず研究所設立当時の経緯も顧みることなく、また北里氏に一言の相談することもなく、突如として一木文相と謀って移管を決行しめたことは、立憲治下においてあってはならない非行である。

伝染病研究所と医科大学の業績を比較すると、伝染病研究所には北里氏の破傷風菌の培養をはじめ、志賀氏の赤痢菌の発見、秦氏のサルバルサンの創製、梅野氏のワクチンの創製など、じつに世界的な大事業がある。こうした偉大な功績に対して、医科大学の先生諸氏には世界的に著名な大発見をした人は殆どなく、あるのは伝染病研究所に対する嫉妬心のみである。この医科大学の先生諸氏の薫陶を受けた学生が将来社会に出ることを考えると、これは憂慮すべきことである。伝染病研究所文部省移管問題は、医事衛生上の問題であるだけでなく、広く社会正義に悪い影響をおよぼし

▲大隈重信（1838-1922）

▲一木喜徳郎（1867-1944）

かねない大問題である。政府はなぜ医科大学教授諸氏に懲戒を加えるなど、適切な処置を執らないのか」。

左記は、その日の衆議院議事速記録の概要である。

若杉喜三郎君　多数の友人のいる東京帝國大學醫科大學教授諸氏が最高学府の職員として名誉ある位置に居らるるため、諸氏の行動について云々《うんぬん》すると云うことは快しとしない。併《しか》ながら、時勢の進運と現下の状況は、これを黙示することを許さない。また、近来に至って傳染病研究所移管問題に関して青山學長と大隈首相との関係は天下の普《あまね》く知るところである。青山學長は私情をもって公事を犠牲にし、學者として本文を忘れ、かつ醫科大學長として衛生行政の運用と傳染病の研究に多大な障害を生じさせた。しかるにその他の教授諸氏は唯《ただ》學長に盲従し、北里氏以下職を辞するに際して平然として後任者の多数を醫科大學より就任せしめ、反省自覚するどころか益々自分の利益を図り、學閥をつくり、もって地位の安固《あんこ》を図っている状態である。この點が我輩が政府に質問したいと云う理由である。如何に賢明なる大隈首相と雖《いえど》も、醫事衛生のことについては素人である。しかるに研究所設立当時のことも顧みず、また履むべき道も履まず、突如として文相との間に移管を実行せしめたことは、立憲治下に起こすべからざる非行である。

傳染病研究所と醫科大學教授諸氏の業績を比較すると、傳染病研究所には北里氏の破傷風病菌をはじめ、志賀氏の赤痢菌発見、秦氏のサルバルサン、梅野氏の痘苗などは、じつに世界的な大事業がある（「ヒヤ〳〵」と呼ぶ者あり）。こうした偉大な功績に対して、醫科大學教授諸氏には世界的に著名な大発見を為した人は殆どなく、あるのは傳染病研究所に対する嫉妬心のみである（「ヒヤ〳〵」と呼ぶ者あり）。この醫科大學教授諸氏の薫陶を受けた學生が将来社会に出ることを考えると、じつに憂慮に堪えない。傳染病研究所移管問題は、醫事衛生上の問題であるのみならず、広く世道人心《せどうじんしん》に悪影響をおよぼす大問題であるがゆえに教育上、これを黙過《もっか》することができない事柄である。しかるに政府は何故《なにゆえ》に醫科大學教授諸氏の自利を営む人々に対して懲戒を加えるなど、適切な処置を執らないのか。（『第三十五回帝國議會衆議院議事速記録第六号』大正三年十二月十五日）

このとき大隈内閣は、若杉代議士が提出した「伝染病研究所問題は、要するに大隈首相が青山学長の請託を容れ、立憲治下に有《あ》る間敷《まじ》き苛酷なる処置を執りたるに起因す。青山学長その他の教授に対し、大に懲戒を加ふべし。政府の所見如何《いかに》」とする『東京帝国大学医科大学教授の職責に関する質問趣意書』に対して、後日文書で回答することを約束した。

その後、政府から一片の回答書が提出された。そこには、「質問の如き事実なし」の一文が記されているだけであった。

有り金をはたいて興した北里研究所

十月十九日に辞表を提出し、伝染病研究所を去った北里は、そのわずか二日後、「今後どうするのか？」と新聞記者から質問を受けた。それに対して北里は「初めから国に頼らず、独立して研究をつづけていれば今回のようなことは起きなかっただろう。今後、機を見てさらに新しい私立の研究所を興す計画だ」と、このときすでに新規に綜合《そうごう》研究所を設立する意向であることを表明した。

左は、「北里博士の今後、新研究所の設立」と題された『東京朝日新聞』の記事である。

政府が今回学術の進歩および独立を無視し、功労ある学者に対する尊敬を忘れて傳染病研究所を医科大学に合併せしめんとしたるは、痛く世人の非難を被《こうむ》れるが、これに就き北里博士は唯今後その精力の続く限り他の新しき方面に於て従来の研究を継続せんとするものゝ如し。

しかして、博士は語って曰く、「政府の執りたる今回の処置はじつに思いも寄らざる事にて、始めは言葉の出《い》づるところを知らざる程《ほど》なるが、これも政府の飯《めし》を食いたるがためにて、初めより独立して研究を続けたりしならば、斯《かか》ることも無かりしならん。しかし、如何に我が政府が非立憲的なりとも、今後私立の研究所まで破壊する如きことはなかる可《べ》きをもって、その点は安心して可《か》なり」云々《うんぬん》と。

すなわち同博士は、この際暫《しばら》く閑雲野鶴《かんうんやかく》を友として、悠々自適《ゆうゆうじてき》す可《べ》しと云ひ居《お》れど、機を見てさらに新しき私立の研究所を興し、志を同うする学者を集めて、独特の綜合研究に依り、傳染病の研究および国家衛生のためにあらゆる精力を傾注するの計画なりと云ふ。

（「北里博士の今後、新研究所の設立」『東京朝日新聞　第一〇一五二号』大正三年十月二十二日）

新しい研究所の資金は福澤の遺言に従って田端が積み立てた三〇万円を元手に、北里は自分の資産を整理して資金に充てる心づもりをしていた。北里はそれを決めるに当たり、家計を預かる妻の乕《とら》（大蔵省官史松尾臣善《まつおしげよし》の次女）に相談した。それを同じ部屋で見ていた北里善次郎《ぜんじろう》（柴三郎の次男、当時十七歳、のちの北里研究所第四・七代所長）は、そのとき北里が妻に相談する様子を、「意向を聞くようであり、同意を求めるようであった」と回顧録で証言している。そして、その場で妻の快諾を得た北里は、妻や家族の見ている前で門弟の北島多一に電話を掛け、踊るような口調で「君、大丈夫だ！」と言って、新研究所の創設に踏み出すのである。

新しい研究所の名前を決めるに当たり、当初北里は自分の名前を付けることを拒否した。しかし、コッホ研究所やパスツール研究所の例もあり、細菌学の父の名を冠した二大研究所に並び称せられる研究所にしたいという所員や周囲の想いを尊重して、「北里研究所」とすることになった。

北里は、土筆ヶ岡養生園などで得た個人名義のすべての資産を寄付し、これを社外法人として運用することにした。また、北里の指導を受けた講習生たちが自発的に北里研究所後援同窓会を結成し、寄付を募った。さらに、北里に対する政府の理不尽な仕打ちに同情した多くの国民から、多額の募金が寄せられた。

こうして大正四年（一九一五）十一月、土筆ヶ岡養生園の門前の芝区白金三光町《しろがねさんこうちょう》のおよそ二五〇〇坪の土地（現在の港区白金五―九―一）に、北里研究所は竣工し、北里の師ロベルト・コッホの誕生日に当たる大正四年十二月十一日、開所式が盛大に挙行されたのである。

この日の明け方は雲が厚く漂っていたが、昼ごろには晴れ渡り、晩秋の晴天に恵まれた。新たに竣工した北里研究所にほど近い光林寺前の電車通り沿いの家々の軒先には「祝、北里研究所開所式」と染め抜かれた高張り提灯が掲げられ、周辺の街路には万国旗がはためいた。研究所の正面には大緑門が設られ、門の中央には、北里が純粋培養に成功した破傷風菌と平和のシンボルの月桂樹をかたどった紋章が取り付けられた。

大緑門を抜けると、研究所の前庭に白い大天幕が張られており、そこに政界、財界、官界、学会の名士たちが顔を揃えた。そのなかで、前横綱常陸山《ひたちやま》とその付きびと数名の羽織袴の力士たちが腰をかがめて来賓客を出迎えている姿が人目を引いた。午後二時、一声の振鈴《しんれい》が会場に響き渡った。それを合図に朝野の名士たちが式場に備けられた椅子に着座した。その数はじつに二〇〇〇人余りに上った。

燕尾服に身を包んだ北里がゆっくりと壇上に歩み出て演台の前に立つと、左に記した辞を述べた。

所長開所の辞

所長　醫學博士　北里柴三郎

閣下ならびに諸君。本日はあたかも故恩師コッホ先生の七十二回の誕辰《たんしん》に当りますのでございます。この日をトしましてわが北里研究所の開所式を行うに当りまして、閣下ならびに諸君の御《ご》賁臨《ひりん》を忝《かたじけの》うしましたのは私のもっとも光栄として深く感謝するところであります。昨年十一月に冠《かんむり》を挂《か》けて隠退しました時分には、私ももう大分年を取りましたから、世の中を引きまして余生を風月の間に送りましょうと実は考えましたのでございます。しかるに図らざりき、私の同学の士等はことごとく官を辞してまいりまして、切に私の再び奮励《ふんれい》して斯学のために働くようにと勧めました。こう云う様な同志の人々の切なる勧めがある上、また一面には今日世界の大勢が吾々の偸安《とうあん》を決して許す時ではないと考えましてございます。〈中略〉

それで私はここにわが同志の人と結束致しまして、益々奮闘努力して国家ならびに人道のために力のあらん限りを尽さんと思うのであります。冀《こいねがわ》くば閣下ならびに諸君、私等の微衷《びちゅう》を御諒《りょう》察《さっ》下すって、深き御興味と御同情とをもって益々多大の御声援を賜わりますなれば、私等は益々学術上の研究をとげその目的を貫徹することが出来ようと信じます次第でございます。いささか所感と希望とを述べまして開所の辞と致します。

（「所長開所の辞」北里柴三郎『北里研究所二十五年誌』北里研究所編、北里研究所、一九三九年）

北里の所長開所の辞に次いで、来賓として原敬立憲政友会総裁（のち総理大臣）、清浦奎吾伯爵（のち総理大臣）、後藤新平男爵（のち内務大臣）、三宅秀東京帝国大学名誉教授、鎌田栄吉慶應義塾長、森村財閥の森村市左衛門が次々に演壇に立ち、祝辞を述べた。

来賓の祝辞のなかで、私は後藤新平が北里研究所の開所式で何を述べたのかに注目した。なぜなら、かつて後藤新平は衛生局長を辞任する際、後任の長谷川局長に事務引継書を書き残し、「将来伝染病研究所を国立と為すべきものなることは、論を俟《ま》たざるなり」と、伝染病研究所を私立から国立にすることを後任の衛生局長に申し渡していたからである。

▲「所長開所の辞」を述べる燕尾服姿の北里柴三郎（大正４年12月11日撮影）

国費で六年半もの間ドイツ留学をし、多くの支援と協力によって成長することができた北里にとって、それが国民の衛生と健康の向上につながるのであるのなら、これまで築き上げてきた伝染病研究所を国に献納することに何の躊躇いもなかった。まして、後藤は心を許せる数少ない腹心の友であり、伝染病研究所を創設するときも、愛宕町に移転するときも陰日向なく協力を惜しまなかった。

その後藤の助言もあって、北里は明治三十二年（一八九九）に伝染病研究所を国に献納し、それによって伝染病研究は私立から内務省所管の国立研究機関に移行した。しかし、この伝染病研究所の国への献納がなければ、文部省移管事件が起きることもあり得なかった。

極言すれば、伝染病研究所の文部省移管事件は、後藤新平の事務引継書に起因するともいえるのである。その当の後藤新平が、北里研究所の開所式でどんな言葉を述べたのかを調べると、果たしてそれは開所式の翌月発行の『細菌学雑誌　第一九一六巻第二四三号付録』の記事のなかにあった。

その記事によれば、明治三十二年に後藤が主導して伝染病研究所を内務省所管の官立になったころ、後藤は福澤諭吉に「もし国が北里を免職したらどうする」と問われたことがあった。そのとき後藤は、なんと愚かなことをいうものかと思った。わが国をこんなにも信じられないとはどういうわけか、自由民権運動にかかわると、こうも政府を信じられなくなるものかと呆れたという。そしてこのとき後藤は福澤に、「そんなことは決してあるまい」と答えたのだった。

そのことを後藤は北里研究所の開所式の来賓の祝辞で披露し、福澤の先見の明に敬服するとともに自身の不明を詫びたのである。そして祝辞の最後に後藤は、この開所式に大隈重信総理大臣や一木喜徳郎文部大臣の姿がないが、なぜ彼らは祝辞を述べにここに来ないのか、来ない理由は、賢明なる皆さんの判断に委ねることにすると述べると、会場から拍手が起こったという。

左は、後藤の祝辞の鈔録である。

祝辭　　　　　　　　　　　　男爵　後藤新平　君

ここに満場の閣下ならびに諸君に対しまして祝意を表しますの光栄を担いましたことを謝します。〈中略〉

傳染病研究所が国立となる時にあたって、福澤翁は私に向かって「傳染病研究所を官立にするという事であるが、もし後年に於て北里を免職して別の者がやるということはないか知らん、そういうことがあったらどうする」と云ふことを言われました。じつは私は福澤翁の先見の明に敬服せざるを得ませぬが、その当時は頗《すこぶ》る愚《おろか》なることを言うものかなと思ひました。我が国家を信ずることなんぞ斯《か》くの如く薄きものであろうか、所謂《いわゆる》民権中毒であろうかと思ったのである。真にそう思ったのであります。一日福澤翁の話を長与先生に話したのであるが、長与翁も「そう云ふことは決してあるまい。君は何と答えたか」と言われた。「まあ私もそんなことは決してあるまいと思います。なぜならば今日これまでになったのは先生ならびに森村君の尽力によるものであって、じつは政府は願って自分の方に取るのである。官立にしてやったとか何だとか云ふのは、唯《ただ》政府と私立の研究所言葉の使ひようであって、申さば自分の方に貰うのである。そう云ふやうなことは決して ありますまいから、将来共に国立として大いに発達するものであろうと思ひますと言ひました」と言ったところが、「俺もそう思う」と云ふのは長与先生の言葉でありました。確かに北里博士もその事を記憶しておらるゝでありませうが、福澤翁は北里博士にもこのことを言われたと云ふことであります。如何《いか》にもその当時を思ひ、天下の偉人と云ふものは、こう云ふものであろうかとはじめて知ったのである。どうしてかようなことが起るものであろうかと云ふことを、じつは不思議に感じたのであります。私は今日福澤先生の前に往《い》ったならば、さぞ冷笑せらるゝことであろうと思ひます。幸にして未だ生きておって暫《しばら》く熱の冷めた後に福澤先生に面会することと思いますから、その時には直ちに責めらるゝこともなかろうと思っております。〈中略〉

終に臨みまして私はここに一言述べておきたいことがあります。所長から御案内になったかならぬかは知りませぬけれども、多分大隈総理大臣にも御案内状があったろうと思ひます。また文部大臣にも御案内状があったろうと思うのである。これらの人がこの私立北里研究所を小なるものとして、小学校同様に思っておらるゝかも知れぬが、もしそうでなかったならば、本日「プログラム」に来賓祝辞なるものがあるから、必ずこの中になんらかの祝辞、御意見があるだろうと思います。これは吾々の努めて聞かんとするところのものである。もし無かりせば諸君の聡明《そうめい》をもって御判断になり、このことを政治上、学術上その他社会一般の進歩に対するところのこれらの人の意見のあるところについて深く考究せられんことを希望いたします（拍手）。

（「祝辭」男爵後藤新平君『細菌学雑誌　第一九一六巻第二四三号付録』日本細菌學會、大正五年一月二十五日）

来賓客の祝辞が満場の拍手喝采で終了すると、来場者は所内を見学した。大緑門を入った来賓客は、まず正面に聳《そび》える本館に向かった。途中、右手の池の畔に伝染病研究所から遷座《せんざ》したコッホの遺髪を納めたコッホ祠堂《しどう》が見える。その祠《ほこら》を見送って、本館の玄関に入ると北里所長の出迎えを受け、その後来場者はそれぞれ自由に各室を内覧した。また、所内のいたるところに設けられた露店で軽食をとり、歓談しながら所内を見学した。

左は、北里研究所が編纂・発行した『北里研究所二十五年誌』の開所式の光景の記録である。

所内の装飾は装飾會社に命じて、旗を垂れ幕をかゝげ、門前には大緑門をしつらへ破傷風の紋

▲開所当時の北里研究所本館

所を打ち出し、病室の敷地の空地に大天幕を張り渡して式場とし、研究所裏手の堀を抜いて養生園の敷地内に続け、垣根傳ひに隣地福澤氏別邸の園遊會場へと導く。〈中略〉

門を入りて仰げば、ゴシック式の本館の棟高く圓筒《えんとう》聳《そび》え、正面の表玄関、左手の内玄関、木の香新たに快く押し開かれた。右手に望めば清洌の水を湛へたる小池を隔てて、鬱蒼《うっそう》たる木立既《すで》に物古《ものふ》りたる中に、コッホ祠堂《しどう》のほの見ゆるも奥床《おくゆか》し。湖畔の泉石《せんせき》にも心を用ひたる跡見え、コッホ先生手植の標石《ひょうせき》、月桂樹、杉と共に所《ところ》得《え》顔《がお》に移されたるも、思ひ草の一《ひとつ》である。所長に迎へられ玄関を入りて順次各作業室を巡覧するやうになつてゐる。各室には種々の標本、寫眞、圓畫、文獻等を陳列し係員がゐて一々その説明をする。館内は流石に壁白く窓明く設備ぬかりなく整ひて、大方はもとの研究所に似たれど、新しきだけに優れたる點小くない。作業室の陳列も所員總がゝりにて苦心せる程ありて、學俗両面の看客を迎ふる準備手落なし。但し滿員札出さん計りの盛況にて押すな〳〵と流れ行く事なれば、中々落ちつきての見物など出來たるものに非ず。

（「開所式の光景」『北里研究所二十五年誌』北里研究所編、北里研究所、一九三九年）

新しく建った北里研究所は、三棟から構成された。中央の本館は北里がドイツ留学で学んだコッホに倣い、その外観はコッホ研究所を模してドイツバロック風を基調にした壮麗な建築様式を取り入れた。なかでも注目されたのは、本館中央に一際聳える八角尖塔である。この尖塔の両翼に、木造総二階建ての上部に沿って天然スレート葺きの腰折れ屋根が左右に伸び、小屋裏に明かりを入れる屋根窓を配していた。

車寄せの屋根の正面には、北里が世界で初めて純粋培養に成功した破傷風菌と平和のシンボルの月桂樹を図案化した紋章があしらわれていた。また、上下階ともに廊下が建物の南面（前面）に通されているのは顕微鏡観察のための措置で、太陽光の光量の変化が少ない北面から採光するために特別に設計されたものであった。

本館の裏手には血清室、培養室、化学室などのある平屋の一棟が建ち、その奥に大講堂、講義室、実験室などを収容する二階建ての一棟の、併せて三棟が縦一列に並行して配された。こうして新設なった北里研究所では、新たに免疫血清やワクチンなどの製造が開始された。

一方、伝染病研究所は北里一門に代わって東京帝国大学医科大学の教授陣が引き継いだ。しかし、東京帝国大学医科大学の教授のなかに伝染病の治療に有効な免疫血清を製造できる者は一人もいなかった。そのため、各種感染症に対応した免疫血清の需要に応える体制づくりに苦慮したのである。無論、伝染病研究所の所員が医科大学の教授陣に代わったために免疫血清の製造ができなくなったことを患者や国民が知れば、責任問題になることは明らかだった。

それを解決するため、青山学長は再び乗っ取り計画を立案する。そして、かつての教え子で現在北里の右腕となっている北島多一に狙いを定め、北里研究所を国が買い上げ、その見返りとして北島を研究所長か、それでも承諾しないのなら大学教授を兼任させるという条件で、自分に協力するよう画策する。研究所長と大学教授の兼務を断る者などいるはずがないというのが、青山の計画の根拠であった。

問題は、北島への打診を誰に依頼するかである。長与又郎教授はすでに北里で失敗しており、できれば大学関係者でないほうが好ましい。青山は考えた末に、団子坂上の森の居宅「観潮楼《かんちょうろう》」（現在の文京区千駄木一―二十三―四文京区立森鷗外記念館）を訪れた。北里と共通の朋友である森林太郎に密命を依頼したのである。

のちに北島は、そのときの森林太郎の話をこう書き残している。

北里研究所が建ってから半年くらいして、森鷗外さんが私にちょっと来てくれと言われるから陸軍省に行ったところ、君のところは一体どうだと聞かれたから、このごろはおかげで大変評判がよくなって収入が相当あるし、今では独立にはちっとも差支えがありませんと答えたら、夫《そ》れは君のためには非常に幸いだ。幸いだが、政府の役人の目から見ると実は困るのだ。どうも君のところが盛んになって行くと政府の立場としてはどうもこういう同じような研究所が私立で出来てしまうと、今の政府のものの外に同じもののあるのは困る。政府の役人は皆困っておる。だから君のところのものを政府と一緒にしてくれぬか。

そうすれば君の要求は何でも容れる。君が所長になりたいというならば、すぐには行かぬかもしれぬが、一定のときさえたてば所長にしよう。ほかの人もついて来てもよい。両方あるというのはどうも工合が悪い。そうすると将来は君のところをいじめなければならぬというようなことも出来る。君のためにも大変都合の悪いことも起りはせぬかとも思うている。だからあれを政府に買上げるという事にしたい。そうなれば相手の金を払えるので君等の損失にはならぬ。そういう方法で合併してもらいたい。青山君もこれを非常に希望しておる。君の大学に入る希望があればそれもよい。そうしてくれんか、どうかそうしてくれ。そうなれば円満に行くし、学問のためにもよし。君だって北里先生につくした事は既に明かだから一考するがよいと。〈中略〉

あとでいろいろ考えてみましたけれども、到底実行の出来ないことであるからと森さんに報告した。森さんも仕方がないと承知された。

（「伝染病研究所の移管問題」北島多一『北島多一自伝』北島先生記念事業会、一九五五年）

学生時代からの共通の友人である森鷗外を仲介者に立てて、北里が右腕と頼む北島多一を引き抜くという青山の目論見は、またもものの見事に失敗した。

だが、血清製造に苦慮する青山を救ったのは、森だった。伝染病研究所は感染症医療の技能を高めるために医師を対象に各種の講習会をおこなっていた。陸軍では伝染病研究でおこなわれる講習会に軍医候補生を参加させており、そのなかにかつて陸軍委託学生として伝染病研究所の研修を受講し、血清の製造技能を習得した陸軍三等軍医正の西沢行蔵《さいざわこうぞう》（軍医学校教官）や一等軍医の八木沢正《やぎさわまさ》雄《お》（軍医学校附）らがいた。彼らを北里たちが去った後の伝染病研究所に送り込み、血清製造などに当たらせることにしたのである。こうして伝染病研究所は、青山胤通学長の東京帝国大学医科大学と森林太郎局長の陸軍医務局の人員によって新たに組織されることになったのである。

大正三年十月二十七日の『東京朝日新聞』に、「伝染病研究所の後任決定」の見出しがある。その記事は、青山が森に伝染病研究所の主要な後任人事を一任し、かつて伝染病研究所で血清製造の講習を受けた西沢行蔵や八木沢正雄を後任に据えたことを報じている。

傳染病研究所職員の後任問題が喧々囂々《けんけんごうごう》世人の注目の焦点となりたるより、青山博士は今さら狼狽し、種々苦心《しゅくくしん》の結果、当分世論の鎮《しづ》まる時までしばらくは当初の野心を棄《す》つる事となり、後任の選定に就いては、別懇《べっこん》なる軍医総監森林太郎博士に持ち込み、その結果、森博士より陸軍軍医学校に下命《かめい》し、三等軍医正西沢行蔵氏、一等軍医八木沢正雄氏等をまず引き抜かせて後任に据え、他はなお選定中。所長は福原文部次官をして当分兼任せしむる事となし、近々《きんく》正式の辞令ある筈《はず》。

（「傳染病研究所の後任決定」『東京朝日新聞　第一〇一五七号』大正三年十月二十七日）

なお、右の記事では、福原文部次官が伝染病研究所の（第二代）所長を兼任したと伝えているが、実際には、大正三年十一月五日に北里所長が辞職し、同日、所長空席のまま福原鐐二郎文部次官が事務取扱に就任し事務引き継ぎをおこなった。その一年後の大正四年十一月十五日に、伝染病研究所第二代所長が任命され、二代所長に就任したのは青山胤通であった。

その後の緒方正規と森鷗外

緒方正規の大学教授在職二十五年の祝賀会が、明治四十三年（一九一〇）四月十六日、東京市小石川区の東京帝国大学付属植物園（現在の小石川植物園）で執りおこなわれた。東京帝国大学の浜尾新総長、東京帝国大学医科大学の青山胤通学長、京都帝国大学医科大学の天谷千松教授、陸軍軍医総監の小池正直男爵など、大学や軍の医学者およそ四百数十人が集うなか、北里柴三郎が緒方正規の門下生総代として挨拶に立った。北里と緒方が脚気菌の真偽について厳しく論争したことを周知する来賓者たちは皆、固唾を呑んで北里の言葉に耳を傾けた。

このとき北里は、恩師緒方の薫陶を受けて細菌学の研究を志し、ときには学術上の意見の違いで衝突したことなどを正直に述べた。そのうえで、学問上での争いは学問に忠実な真の研究者のとるべきおこないで、そこに私心が入り込む余地はなく、学問に私情を持ち込み他人の説に表面的に従うのではなく、真摯に学問に向き合い、ときには師弟が論争することこそ真の研究者の姿だと語った。そして北里は、こうした私の思いを機会があれば、予《かね》てから緒方先生に告げたかったと述べ、これまでの非礼を詫びた。そして最後に、日本に最初に実験医学という研究手法を導入させた緒方の業績を高く評価し、称賛した。

左は、緒方正規の大学教授在職二十五年の祝賀会で、門下生総代として挨拶に立った北里の祝辞の鈔録である。

（緒方）先生の薫陶を受け、先生と同じ學問を研究して居ります私でございますから、時に或いは学術上に於て先生と意見の衝突を来たした事も有りまして、先生の尊厳を冒《おか》し奉《たてまつ》った事もございますが、これは學術上の事で、正々堂々所謂《いわゆる》君子の争いでありますから、その間に一点の私心も挿《はさ》まぬといふことは、雅量《がりょう》海の如き緒方先生の夙《つと》に御諒承《ごりょうしょう》あらせらるることと思ひます。斯《かく》の如きことは學問に忠実なる真性の研究者として始めてこれを敢《あえ》て為し得るのであります。

彼《か》の學術研究の何物たるを解せず、従って意見なく、徒《いたずら》に他人の説に雷同不和《らいどうふわ》する軽佻浮薄《けいちょうふはく》の輩《やから》、若《も》くは表面は服従を粧《よそお》ひ裏面にてその事業を悪口するが如き者、総じて所謂曲学阿世《きょくがくあせい》の徒《やから》は決して斯《かく》の如き趣味を窺《うかが》ひ知るものではございません。私はかく確信致すのであります。學問上の事に於ては、或いは先生に向ってもなお反対の意見を申述ぶることがあるも、これは據《よる》なきことと申すより、寧ろ純真な學者に於ては当然のことに属します。私は久しい間この事を、折が有ったら緒方先生に一慶申上げて御詫《おわび》致さうと思ったのでございます。しかるに今日この機會が最適当と思ひますからここに謹んで申し上げます。〈中略〉

▲緒方正規（1853-1919）

緒方先生は、我国へ実験醫學といふものを齎《もたら》して帰られ、吾々後進生にその學問の方針を示された方と思ひます。この事はいかに謙譲《けんじょう》の美徳に富まるる緒方先生も、然《しか》りと頷《うなず》かるることと思ひます。

（「門弟総代北里」北里柴三郎『北里柴三郎傳』宮島幹之助・高野六郎編、北里研究所、一九三二年）

奇しくもこの年、緒方の脚気細菌説を否定する研究結果が発表された。東京帝国大学農科大学の鈴《すず》木《き》梅《うめ》太《た》郎《ろう》（農芸化学）教授は、米糠《こめぬか》（米の胚芽）から抗脚気有効成分を抽出することに成功し、米の学名の「オリザ・サティバ（*Oryza sativa*）」にちなんで「オリザニン（Oryzanin）」と名付けた。そして脚気はこのオリザニンという未知の栄養素の欠乏によるものであると結論した。

鈴木教授は、その研究成果を明治四十三年（一九一〇）十二月十三日に開催された東京化学会の例会で発表した。このとき鈴木は、米糠から抽出した「オリザニン」を脚気に罹ったハトやネズミに投与する動物実験をおこなった結果、脚気を治す効果があることを詳しく説明した。そして最後に、抗脚気有効成分の「オリザニン」は動物の体内でつくることができないため、食物として摂取しなければ補えない新たな栄養素であると解説した。

鈴木が世界で初めて抽出に成功した「オリザニン」は、今日の「ビタミンB_1」であり、それは従来の四大栄養素以外の五番目の必須栄養素であった。また鈴木の「オリザニン」は、脚気が「ビタミンB_1欠乏症」であること明らかにした世界的な発見であった。

東京化学会の例会に取材に来ていた新聞記者は、東京帝国大学農科大学の鈴木梅太郎教授が糠《ぬか》から抗脚気有効成分のオリザニンを発見したという発表を聞き、その信憑性を確認するために、権威ある医学博士にコメントを求めた。記者の求めに応じて、某医学博士は、「鈴木が脚気に効くと言ったそうだが、馬鹿げた話だ。鰯《いわし》の頭も信心からだ、糠で脚気が治るなら、小便を飲んでも治る」と冷笑し、まともに取り合おうともしなかったという。

鈴木梅太郎教授は回顧録『研究の回顧』で、こう振り返る。

> 東京化學會で私（鈴木）が「オリザニンは脚気に効くだろう」と述べたことを、當時醫界の大立物だった某博士が傳え聞かれて、「鈴木が脚気に効くと云ったさうだが、馬鹿げた話だ。鰯の頭も信心からだ、糠で脚気が癒るなら、小便を飲んでも癒る」と、或る新聞記者に話されたことがあつた。
>
> その後私が同博士に逢つた時「君が脚気の原因を見付けたといふことを人から聞いたが、それは嘘だろうと云つてやつた」と私に云はれた。私が醫者でも藥學者でもないから、脚気などが判るもんかと思はれたのであろう。（「脚気問題で冷笑さる」鈴木梅太郎『研究の回顧』輝文堂書房、一九四三年）

鈴木農芸化学教授に対する某博士の言動は、あまりに非礼である。「某博士」と「或る新聞記者」は誰か調べてみると、「當時醫界の大立物だった某博士」とは、ときの東京帝国大学医科大学の青山胤通学長、「或る新聞記者」とは『東京日日新聞』の記者であった。

さらに付言すれば、東京帝国大学医科大学の青山胤通学長をはじめ、大沢謙二《おおさわけんじ》生理学教授（のち東京帝国大学医科大学長）、三浦謹之助《みうらきんのすけ》内科学教授（のち東京帝国大学名誉教授）、緒方知三郎《おがたともさぶろう》病理学教授（のち東京医科大学初代学長）、林春男《はやしはるお》薬学教授（のち国立公衆衛生院初代院長）など、東京帝国大学医科大学の多くの教授たちは、その後の脚気の治療ならびにビタミン学の発展に大きな障害となって立ちはだかったのである。

日清・日露の二度の大戦で、海軍では脚気患者がほとんど発生しなかったのに対し、陸軍では大量に発生し、多くの兵士が絶命した。当時の医学雑誌『醫海時報《いかいじほう》』をひも解くと、日清戦争では、戦線での戦死者四五三人に対して脚気による病死者は四〇六四人を数え、入院患者の割合は戦傷者一人に対して脚気患者は一〇人以上だったことが記録されている。また、その十年後の日露戦争では、戦線での戦死者四万八四〇〇人対して、脚気患者はなんと二五万人、うち病死者は二万七〇〇〇人以上に上った。だが、この事実は一般には公表されず、日清日露の大戦で多くの陸軍兵が脚気で病死したことは国民に知らされることはなかった。

明治四十年十一月十三日、森林太郎はかつて石黒忠悳が務めた陸軍軍医総監医務局長の座に就いた。このころ、日清日露の大戦で海軍では脚気患者がほとんど発生しなかったのに対し、陸軍は大量の病死者を出し、大戦後も毎年多くの脚気患者の発生に苦慮していた。大陸の各地に展開する陸軍部隊からは、医務局長宛に兵食改善を嘆願する上申書が寄せられた。こうした戦線からの要請を森局長に伝えるため、医務局衛生課の大西亀次郎《おおにしかめじろう》課長は局長室に参入し、兵食に今後麦を配合するかどうか森に尋ねた。そのとき森は少し呆れたようにこう言った、と森の部下の山田弘倫《やまだひろとも》軍医（のちに陸軍軍医総監、医務局長、臨時脚気病調査会会長を歴任）は晩年著した『軍医森鷗外』に次のように書き残している。

ハア、君も麦飯迷信者の一人か。これは學問上同意出来かねる。僕が醫務局に入つたとき、「君が醫務局長になつたからと云つて脚氣予防に麦飯が必要だなどゝいふ俗論にマサカ化《ばか》せられはしまいね」と青山（胤通）君までがそう云つたよ。僕もまだそこまで俗化してはいないよ。

（「臨時脚氣調査會」山田弘倫『軍醫森鷗外』文松堂書店、一九四三年）

森は陸軍医務局長に就任すると、脚気病の原因解明を目的とする調査会の設立が必要であると政府に説き、翌四十一年（一九〇八）、臨時脚気病調査会を発足させ、みずからその初代会長に就任した。石黒と緒方は、晩年、脚気細菌説が誤りであったことを認めて亡くなった。しかし、陸軍医務局長と臨時脚気病調査会長を兼務し、脚気に関する最高責任者に上り詰めた森は、白米こそ正しい兵食であると強弁し、脚気細菌説の誤りを終生認めることはなかった。それは、白米主義と脚気細菌説という自己の主張の一貫性を重視するあまり、国民の生命と健康を守るという医師としての義務を怠るとともに、国益を大きく損なう結果を招いたのである。

臨時脚気病調査会の初代会長を務めた森は、大正五年（一九一六）に退任し、後任の会長には森の部下の鶴田禎次郎《つるたていじろう》（二代、一九一六―一九二三）ならびに山田弘倫（三代、一九二三―一九二四）が就任した。しかし、森が退任した後も脚気細菌説の誤りを一度も認めないまま、ついに脚気の病因を特定することなく、森の死の二年後（大正十三年）に臨時脚気病調査会は解散する。それは、脚気患者の救命よりも、陸軍軍医の影の権威者・森林太郎に配慮したからにほかならなかった。

年間脚気罹病者数・約二五万人、うち死亡者数・約二万八〇〇〇人（『醫海時報』醫海時報社）という多くの脚気患者の生命と健康を犠牲にしてまでも――。
幻の脚気菌発見論争は、当時の日本の科学者の固定観念が、いかに真実の解明の障害になるかということを如実に示している。日本特有の脚気の原因をめぐって、北里柴三郎は恩師緒方の実験手法の不備を指摘し、鈴木梅太郎は脚気の要因がビタミンB_1の不足によると主張した。複数の科学者が世界に先駆けた画期的な発見をおこなったにもかかわらずその主張は黙殺され、その後も長い間、脚気の原因は不明のまま放置され、適切な治療を施されることなく多くの患者を死亡させる悲劇を招いたのである。その真の原因は、当時の日本の研究体制の未熟さにその遠因はあったにせよ、けだし真実の解明のためのもっとも大きな障害は、権威者といわれる特定の人びとの固定観念と集団権威体制の頑強さにこそあったのである。

振り返って、わが国の栄養学は脚気対策を一つの契機として高木兼寛や鈴木梅太郎によって創始された。その後、脚気が栄養欠乏症であることが明らかになると、栄養学の研究の必要性が叫ばれ、その要請に応えて大正九年に内務省付属の国立栄養研究所が設立した。大正十三年には慶應義塾大学医学部に食養研究所が開設され、健康維持や食事療法(治療)ための栄養学の研究がおこなわれた。さらに、大正十四年には陸軍の食料行政を担う糧秣廠《りょうまつしょう》の有志による糧友会(食糧学院の前身)がつくられ、食糧や栄養に関する知識の普及啓蒙活動がおこなわれた。

こうして臨時脚気病調査会初代会長の死後、多くの脚気患者の犠牲のうえにわが国の栄養研究は徐々に進展していったのである。

第六章

衣鉢を継ぐ人

北里の右腕になった北島多一

日本に感染症学を導入し、短期間のうちに世界最先端の水準にまで引き上げた最大の要因は、免疫血清療法を創始し、第一回ノーベル生理学・医学賞にノミネートされた北里柴三郎の存在にある。福澤諭吉は北里のために伝染病研究所を創設し、その伝染病研究所の所長となった北里は多くの研鑽と実績を積み重ね、ドイツのコッホ研究所やフランスのパスツール研究所に並び称せられる世界三大研究所の一つに数えられるまでに成長させた。その成立要因には、北里の強力なリーダーシップと北里を慕って集まってきた個性豊かな研究者たち、そして北里が醸成した研究者たちの主体性を尊重する自由闊達な研究環境があった。

北里が主宰する伝染病研究所は、北里の薫陶を受け、北里の築いた大きな足跡を礎にして、あとにつづく多くの優れた後進の研究者たちを輩出した。それは、北里の右腕として北里を支えた北島多一、赤痢菌（*Shigella*）の発見で歴史に名を残した志賀潔、梅毒スピロヘータの特効薬・サルバルサン（Salvarsan）を創製した秦佐八郎、黄熱病（Yellow fever）の研究で世界に盛名をはせた野口英世など、感染症学の歴史に新たな頁を開いた世界的なパイオニアたちである。

さらに、北里を起点とする感染症学の手法とその精神は、直弟子だけに留まらず、時代を超えて今日の研究者に継承され、たとえば抗寄生虫薬イベルメクチン（Ivermectin）の開発をはじめとする線虫感染症の治療法の研究に対して二〇一五年にノーベル生理学・医学賞を受賞した大村智《おおむらさとし》北里研究所北里大学特別栄誉教授などに脈々と受け継がれているのである。

北里の右腕として北里を生涯支えつづけた北島多一は、北里が香港でペスト菌を発見した年（明治二十七年）に愛宕町の伝染研究所に入所した。

その四年前の明治二十三年（一八九〇）、北島多一は帝国大学医科大学に一番の成績で入学して授業料免除の特待生となり、お雇いドイツ人教師のエルヴィン・ベルツ（Erwin Bälz, 1849-1913）から内科学、病理学、精神医学を、同じくお雇いドイツ人教師のユリウス・スクリバ（Julius Scriba, 1848-1905）から外科学、皮膚科学、眼科学、婦人科学を学んだ。

卒業試験を終え、あとは卒業式を残すだけとなった明治二十七年十一月、北島は進路について悩んだ末に、ドイツ帰りの北里博士の下で先進の細菌学を学ぶことを決心する。そう決意するまでの心の裡を、自身が後年著した『北島多一自伝』にこう書き残している。

「東大と北里先生との間は円満ではないこともよく知っておった。それでもいろいろ考えてみたのに、やはり弟子は先生を選ばなければならぬ。秀吉でも織田信長を選んでついたように、弟子は先生を選ばなければ生涯発展ができるものではない。北里先生は自分の先生として値打ちのある人だという結論を得た」（「伝染病研究所に入所」北島多一『北島多一自伝』）。

一方、特待生の北島にこれまで目を掛けてきた青山胤通教授は、北島は帝国大学に残って教授になるものとばかり思っていた。なぜなら、帝大生にとって帝大教授は憧れの的であり、多くの学生は帝大教授になることをめざして勉強に励んだからだ。そのため、首席で卒業する北島に改めて大学に残る意志を確認する必要はないだろう、と青山は考えていたのである。

しかし、教え子の北島がよりによって犬猿の仲の北里の下に行くことを知った青山は、慌てて北島を部屋に呼び入れ、子どもに言い含めるような口調で慰留した。そのときの青山の話が『北島多一自伝』に詳録されている。

左は、そのとき北島が聞いた青山の直話である。

私が北里先生のところに行くということが直ぐ青山先生の耳に入った。青山先生が私にまたちょっと来いと言われたので行ったところが、君は北里君のところに行かれると言うがそうかと言われるので、それはほんとうですと言った。

「そうか、それは君のために非常に不利益だ。なぜだというと、君も知っている通りに、東大の教授は今北里とはたいへん衝突しておって、皆敵のように考えておる。僕は北里とはそんなに仲が悪くはないが、世の中ではたいへん反対をしておるようなことを言っている。考えても見給え、自分は香港に一緒に行ったじゃないか。日本をたって行ったときなどは、北里と自分は一緒に死ぬかもしれぬくらいに考えて香港にペストの研究に出かけたんだ。そういう間柄で、自分としてはそう仲は悪くはないのだ。香港に行ってからも始終北里君の世話になっておる。研究の上においてもまた自分が病気になったときも北里君にはたいへん世話になっておる。そういうことで私自身から言えば、青山は決して北里とは仲が悪くないのだ。だから個人としては何も考えていないが、世の中ではそうは思わない。たいへん仲が悪いように考えておる。

そういうわけだから君にも言うが、君がもし北里のところへ行けば、君と東大との間は縁が切れることになる。君は卒業したばらば必ず東大に残る人間だと自分は思っておった。それだから実は僕は君の希望通りどこででもやれるようにしてあげたいと思っておった。また洋行をしたいということをきっと考えておるだろう。洋行ならばできるだけ早くドイツに留学もさせてあげたいと思っておった。私はその点において君に話す機会がなかったのだ。どうしても君はきっと残ると始めから念頭に思っておったものだから、手落ちであったのだ。僕が悪かった。君は東大に残る人間だと思っておったからだ。

第一考えて見給え、君は特待生であったし、卒業するときは一番で卒業したし、その経歴から見ると東大に残って教授になるということが君を待って居るのだ。何もそう外に出かけて行く必要はないじゃないか。今の教授の連中は君を悪く言う人はいない。皆喜んで引受けてくれるんだ。自分が言わなかったのは僕が悪かったんだ。そういうような関係だから君よく考えろ、そうしないと損だぞ」。

（「伝染病研究所に入所」北島多一『北島多一自伝』北島先生記念事業会、一九五五年）

青山の話は雲をつかむように捉えどころがなく、要領を得ない。北島の証言によれば、青山は、「僕は北里とはそんなに仲が悪くはないが、世の中ではたいへん反対をしておるようなことを言っている」と述べ、北里との不仲説を否定する。そして「考えても見給え、北里と自分は一緒に死ぬかもしれぬくらいに考えて香港にペストの研究に出かけたんだ。そういう間柄で、自分としてはそう仲は悪くはないのだ」と、不仲説が間違いである理由を説明し、少なくとも青山自身は北里に悪感情を抱いてはいないと、北島に繰り返し語りかけている。

なお、「私自身は北里とは決して仲は悪くないが、世の中ではそうは思わない」という青山の発言は、当時の新聞や雑誌などにも散見されるので、青山が記者たちに公言していたものと思われる。

さらに青山は、「君がもし北里のところへ行けば、君と東大とは縁が切れることになる」と、北里のところへ行けば、東大を生涯敵に回すことになると脅したうえで、大学に残ればドイツ留学や大学教授などが将来約束されていると諭し、大学に残ることを強く迫った。

さすがにことの重大さに気づいた北島は、信頼する知人に相談したらしく、「青山教授の言う通り大学に残るべきだ」と助言する者もいたという。そして北島は、北里と行動を共にする覚悟を決める。そのときの経緯をこう述懐する。

後で一二の人に話をして見たところがその人らも君としてはそうかもしれぬが、それは青山先生の言われる通り、それはよくないと止めた人もあるので、なるほど世の中はそういうものかもしれぬ。

これでは出発点から油断はできないぞ、自分は北里先生と生死を共にする意気込でかからないと自分の将来はうまく行かないかもしれぬと、前途の非常に多事だということにすぐ気がついた。

（「伝染病研究所に入所」北島多一『北島多一自伝』北島先生記念事業会、一九五五年）

帝国大学医科大学を首席で卒業した北島多一は、明治二十七年（一八九四）十二月、伝染病研究所の門を叩き入所した。入所後しばらくして、北島多一の父・信厚《のぶあつ》が陸軍会計監査をしていた関係から、その後、陸軍軍医総監の石黒忠悳と陸軍軍医部長の小池正直（東京大学医学部卒業）から、伝染病研究所の北島多一を京都帝国大学医科大学の教授に推薦しようと思うがどうか、という願ってもない誘いが舞い込んだ。それが伝染病研究所から引き離すための誘いだと推察した北島は、その話を丁重に断り、これを機に北里についていく気持ちが以前にも増して深まったという。

▲北島多一（1870-1956）

そのときから僕は北里先生にくっついてどこまでも行く、ほんとうに生死を共にする考えで行かねばならぬと思った。北里先生はずいぶん有名な怒りっぽい人だったが、僕は北里先生に怒られたことはない。ぷんぷん怒っているときに僕が北里先生のところに行くと、僕の顔を見ると妙に怒る言葉がない。僕が行って「先生」と言うと、「ああ、よう来たな」と言って怒れない。怒る言葉が出ない。僕もまた北里先生の前へ行くと僕は子弟という気にどうもなれない。いつも自分のおやじの前に行ったような気になってしまう。いつも自分の親に言うような態度をとるようになってしまう。だからあるときには恋女房みたいになってしまって、どっちがほれたんだか知れぬが、お互いにほれてしまったと見えて、これではどうにも始末がつかないと言って笑ったことがあるが、そんなようなことだった。

（「結婚」北島多一『北島多一自伝』北島先生記念事業会、一九五五年）

明治二十八年八月、東京にコレラが流行し、多くのコレラ患者が東京府広尾病院に隔離収容された。この緊急事態に対応するため、東京府は伝染病研究所に広尾病院の患者の治療に当たるよう要請し、この要請を受けて広尾病院の院務監督に北里柴三郎が、また広尾病院の医長に北島多一がそれぞれ就任した。そして北里と北島の主導によって日本で初めてコレラの免疫血清治療がおこなわれ、一九三名の患者のうち一二九名が完治するという画期的な治療成績を収めたのである（『東京都立広尾病院一〇〇年の歩み』東京都立広尾病院）。

その後北島は、伝染病研究所の第一回留学生に抜擢され、明治三十年十月にドイツ留学に発ち、当時マールブルク大学の教授を務めるエミール・ベーリングに就いて血清療法の研究に取り組み、特にジフテリア以外への血清療法の応用研究をおこなった。また帰国後はジフテリアをはじめとする多くの感染症の免疫血清の製造を牽引し、血清療法の普及拡大に大きく貢献したのである。

帝国大学医科大学の青山教授の慰留工作をはね除けて、伝染病研究所に入所したとき、「僕は北里先生にくっついてどこまでも行く、ほんとうに生死を共にする」と誓ったとおり、その後北島は名実ともに北里の右腕となって北里を終生支えつづけた。

さらに、北里の死後、北里の衣鉢を継ぎ北里研究所二代所長、慶應義塾大学医学部二代部長、日本医師会二代会長にそれぞれ就任し、その職責を全うしたのである。

赤痢菌を発見した志賀潔

北里が育てた門下生のなかで、最初に世界的な業績を挙げたのは志賀潔である。

明治二十七年（一八九四）十一月十一日、本郷の帝国大学図書館で、香港から凱旋帰国を果たした北里と青山の歓迎会が開かれた。このとき北里は羽織袴の風格ある出で立ちで演台の前に立ち、館内に響き渡るような声音で、ペスト菌発見の経緯を朗々と講説した。この北里の凱旋講演を聞いて心を打たれ、生涯の師と定めた在校生が志賀潔であった。そのときの記憶を志賀は、後年著した回顧録『或る細菌学者の回想』のなかで、「その時先生が羽織袴姿であったことをいまもハッキリ覚えている。満堂を圧する風貌と歯切れのよい熊本弁に、聞く者みな打たれてしまった」（「北里先生のことども」志賀潔『或る細菌学者の回想』）と回想する。

それから二年後の明治二十九年十二月、北里の講演に心打たれた志賀は、帝国大学医科大学を卒業するとすぐに北里が所長を務める伝染病研究所の門を叩き、入所を許された。大学では解剖室で教授が死体解剖をするのを遠くから見学しただけで、伝染病研究所に入所するまでメスを握ったことは一度もなかった。入所して最初の数ヶ月間は、細菌を純粋培養するための培養基を作る方法や、細菌を染色する方法など、基礎的な実験手法を北里から徹底的に指導された。少しでも不正確な作業があれば何度でもやり直しを命ぜられ、実験データを少しでも加工した形跡があれば大声で呼び出され、叱責された。

伝染病研究所で研修期間を終えた志賀が、北里から最初に与えられた研究テーマは赤痢だった。北里から初めて研究テーマを与えられると、すぐに志賀は下宿を引き払い、愛宕町の研究所の一隅に蒲団を持ち込んで寝泊まりした。赤痢の研究をやりとげるまで研究所に籠城するつもりで昼夜を問わず研究に取り組んだのである。

志賀は明治三十年六月に赤痢病の研究に着手してから僅か六ヶ月後の同年十二月十日、赤痢の病原体を世界で初めて特定することに成功する。その要因には、この研究に賭ける志賀の熱意と北里の適切な指導のほかに、じつは志賀が赤痢の研究に着手するのと機を同じくして、人口が集中する東京を中心に全国で赤痢が大流行したことがあった。

明治の初めごろまで、赤痢は熊本や愛媛に局在する風土病にすぎなかった。しかし、都市化による人口の集中にともなって赤痢は次第に勢力を拡大し、明治二十年ごろには大阪に到達し、明治三十年には東京を中心に全国で赤痢が大流行したのである。

日本で赤痢が感染爆発している最中、志賀は北里の指導の下で、寒天培養基をはじめとする数種の培養基を用いて得られた夥しい数の集落を分離培養し、その一つ一つについて染色や顕微鏡検査などをしらみつぶしにおこなった。そして、ついに志賀は大腸菌とは異なるチフス菌に似た細長い棒状の細菌（桿菌）を認めた。世界で初めて赤痢菌を発見したのである。明治三十年十二月十日、志賀は北里の指示に従い、世界初の快挙を「赤痢病原研究報告　第一」と題する論文にまとめ、『細

菌学雑誌　第一八九七巻第二五号』（日本細菌学会、明治三十年十二月二十五日発行）に発表した。

その論文を閲覧するため、科学技術振興機構（ＪＳＴ）が運営する科学技術情報プラットフォーム（https://www.jstage.jst.go.jp/）にアクセスし検索すると、果たして「赤痢病原研究報告　第一」はあった。

志賀は論文の冒頭で、赤痢菌を発見した年（明治三十年）に全国の患者数が八万九四〇〇余名に上るなど、赤痢が大流行するなかで研究がおこなわれたことを詳述している。

赤痢病原研究報告　第一

傳染病研究所助手　醫學士　志賀潔

第一　緒言

赤痢病は近時本邦に於て最も多く吾人同胞を荼毒《とどく》する傳染病にして、今明治三十年また大《おおい》に流行し全国殆んどその侵襲《しんしゅう》を被らざるところなく、六月に始まり十二月に入りて漸《ようや》く終熄を告げんとするに至れり。

内務省の調査に依れば初発より十二月十日に至る全国同病患者の総数はじつに八萬九千四百餘名にして、その内死者二萬二千三百餘名（死亡比例二十四・九プロセント）を出すに至りしと云ふ。就中《なかんずく》我東京府下の如き患者七千餘名、死者二千百餘名に上り、その病勢一時猛烈を極めたり。

当研究所に於てもまた為めに附屬病室の一部を割きて患者を収容し、恩師北里博士の懇篤《こんとく》なる指導の下にこれが細菌學的研究に従事せり。その収容患者は七月より十二月まで合計三十四名にして死亡八名を出せり。〈後略〉

（「赤痢病原研究報告　第一」志賀潔『細菌學雑誌　第一八九七巻第二五号』日本細菌學會、

（明治三十年十二月二十五日）

右のとおり、「赤痢病の流行は明治三十年六月にはじまり、十二月にようやく終息した。内務省の調査によれば赤痢病患者の総数は八万九四〇〇余名、死者二万二三〇〇余名で、そのうち東京の患者は七〇〇〇余名、死者二一〇〇余名にも上った。伝染病研究所附属病室でも三四名の赤痢病患者を収容し、うち八名が死亡した」と、志賀は当時の感染状況と被験者のデータを明らかにした。なお、この報告書によって示された赤痢菌は、北里の指導により志賀が伝染病研究所附属病室の三四名の患者の排泄物から発見したものである。

志賀の論文「赤痢病原研究報告　第一」には、前文として北里の「論説」が添えられていた。その論説で北里は、「志賀助手が赤痢患者の排泄物から発見した細菌は本報告論文で示すとおり、赤痢病の病原であると認定して間違いはないだろう。志賀助手がその研究成績を報告をするに当たり、一言述べた」と記している。

それによって北里は、志賀の論文の正当性と重要性を認め、一番弟子である志賀への策励《さくれい》の言葉とした。左は北里の「論説」の抜粋である。

余は今回志賀助手が赤痢病患者の排泄物中より発見したる一種の細菌は赤痢病と密接の関係を有するものにして、その形態等普通大腸菌に類する点あるも、全く別種のものたるを知れり。これを腸窒扶斯《チフス》患者の血液がその病原なる腸窒扶斯菌に向た特異反応を呈する事実に徴《ちょう》すれば、本菌をもって赤痢病々原なりと認定して誤《あやま》りなきを信ず。
ここに志賀助手をしてその研究成績を報告せしむに方《あた》り、一言を辯《べん》ずと云爾《しかいう》。
明治三十年十二月十日　傳染病研究所長　醫學博士　北里柴三郎
（「論説」北里柴三郎『細菌學雜誌　第一八九七巻第二五号』日本細菌學會、明治三十年十二月二十五日）

じつは北里は、志賀に赤痢菌の研究テーマを与える五年も前の明治二十五年（一八九二）に、すでに赤痢菌の研究を独自に開始させていた。翌二十六年には内務省において赤痢病をテーマにした演説をおこない、その講演録は「演説　赤痢病流行に就て」と題して『大日本私立衛生会雑誌　第一一八号』（明治二十六年三月三十一日）に収載されている。その後北里は、赤痢菌の研究に目処《めど》が付いたころ、新人の志賀に研究テーマとして与え、彼に赤痢菌の研究を託したのである。

北里は志賀の研究を辛抱強く見守った。赤痢菌の研究が山場に差し掛かったころ、志賀が研究に必要だと思う器材はすべて彼の要求どおりに購入し、逐一所長の認可を求めることは不要であると研究所の事務局に指示を出していた。

北里の弟子に対する指導は厳しかった。その反面、弟子を信頼し、なんの制限も与えることなく、能力を伸ばすために自由な研究環境をつくることに努めた。その教育方針と研究環境が、多くの優れた研究者を輩出することに役立ったのは間違いない。

のちに志賀は、回想録で当時のことを振り返る。

私のこの最初の赤痢研究は北里先生の懇切な指導の許に成されたものである。私は大学を出たばかりの若僧だったから、先生の協同研究者というより、むしろ研究助手というのが本当であった。しかるに研究が予想以上の成果をあげて論文を発表するに当り、先生はただ前書きを書かれただけで、私一人の名前で書くように言われた。普通ならば当然連名で発表されるところである。赤痢菌発見のてがらを若僧の助手一人にゆずって恬然《てんぜん》として居られた先生を、私はまことにありがたきものと思うのである。

（「赤痢菌発見前後」志賀潔『或る細菌学者の回想』雪華社、一九六六年）

今日でもそうだが、このころ研究論文は研究助手を指導する研究主任の名で発表されることがつねであり、学会の慣習に従うなら、赤痢菌の発見は北里との連名で発表されるのが普通である。しかし、北里は弟子の功績を尊重し、赤痢菌発見の第一報告論文を志賀の単独名で発表するよう指示し、それに従って志賀は明治三十年（一八九七）に「赤痢病原研究報告　第一」を発表したのだった。

さらに北里は、赤痢菌発見のドイツ語論文を志賀（K.Shiga）の名で著し、ドイツの医学雑誌に寄稿するよう指示を出した。北里の指示を受けて志賀は、赤痢菌発見報告を「日本における赤痢の病原菌について（Ueber den Errger der Dysenterie in Japan.）」と題する論文にまとめ、ドイツの医学雑誌『細菌学・寄生虫学中央雑誌（Centralblatt für Bakteriologie, Parasitenkunde und Infektionskrankheiten）』（一八九八）に寄稿し、掲載されたのである。

その二年後、志賀は思いがけない騒動に巻き込まれることになる。赤痢菌を発見した志賀は北島多一に次いで伝染病研究所の第二回留学生に選ばれ、一九〇一年にドイツ・フランクフルトに留学し、パウル・エールリヒ（一九〇八年ノーベル生理学・医学賞受賞）が所長を務める国立実験治療研究所でエールリヒと化学療法の動物実験の共同研究に当たった。

志賀がドイツに渡った年の九月、ドイツ・ハンブルグで万国自然科学会が開催され、志賀は万国自然科学会の細菌学分科会に参加した。その議場で、ボン大学細菌学教授のヴァルター・クルーゼ（Walther Kruse, 1864-1943）が「赤痢菌の発見者は志賀ではなく私である」と主張し、赤痢菌発見の優先権（プライオリティ）を争う論争を巻き起こしたのである。

赤痢菌発見論争の経緯はこうである。この会議がおこなわれる少し前の一八九〇年代末ごろ、ドイツ・ライン川支流のルール地方で赤痢が流行した。このとき、ヴァルター・クルーゼは多くの赤痢患者を調査し、赤痢菌の分離培養に成功した。そして、志賀が「日本における赤痢の病原菌について（Ueber den Erreger der Dysenterie in Japan.）」と題する論文を一八九八年に発表したのと同様に、クルーゼも「ルールにおける伝染病の病原菌について（Über die Ruhr als Volkskrankheit und ihren Erreger.）」と題する論文を一九〇〇年に発表したのだった。

クルーゼは、「私が発見した菌と志賀が発見した菌とは異なり、私が発見した菌こそ真の

▲志賀潔（1871-1957）

赤痢菌である」と主張した。国際会議に参加するのは初めてだった志賀は、当惑したものの赤痢菌を発見したことに自信があり、志賀とクルーゼの主張は平行線をたどった。その後クルーゼの発議を受け、コッホの提案によって赤痢菌病原調査委員会が組織された。そして厳正な各種試験を経て、志賀が発見した菌とクルーゼが発見した菌は、同じ赤痢菌であったという調査結果が一九〇二年に報告された。

それでもなお、クルーゼは引き下がらなかった。彼はさまざまな学会で赤痢菌を「クールゼ菌」と名付けて発表し、また、ボン大学細菌学教授であった彼は、講義のなかで赤痢菌を「クールゼ菌」と呼んで学生たちに教えた。さらに、赤痢菌発見の事情を知らない後進の若い研究者のなかには、志賀の赤痢菌発見の論文の署名に「K. Shiga」とあるのを見て、「クルーゼ・志賀」と理解し、赤痢菌の発見はクルーゼと志賀の共同論文によって発表されたものと誤解する者も多くいた。

その後、赤痢菌の発見に関する多くの誤解を解消し、志賀の名誉を守るために、赤痢菌の学名は発見者の志賀の名にちなんで「*Shigella*《シゲラ》（志賀赤痢菌）」とすることが正式に定められた。こうして志賀は、細菌の学名に名を残す唯一の日本人となったのである。

なお、日本語による論文は、世界的に認められ難《にく》いという慣習がある。そのため、志賀が明治三十年に「赤痢病原研究報告　第一」を発表した後、北里は志賀にドイツ語論文の執筆を指示したのだろう。北里の指示に従って発表したドイツ語論文「日本における赤痢の病原菌について（Ueber den Errger der Dysenterie in Japan.）」は高く評価されて、志賀の赤痢菌発見のプライオリティが国際的に認められる結果となったのである。

サルバルサンを創製した秦佐八郎

志賀潔より二年遅れて、秦佐八郎が伝染病研究に入所した。秦佐八郎は明治二十八年（一八九五）に第三高等学校医学部（岡山大学医学部の前身）を卒業後、岡山県病院の助手になったが、上京して医学者になることを志し、第三高等学校の荒木寅三郎《あらきとらさぶろう》生理学・衛生学教授（のちの京都帝国大学総長）の推薦で明治三十一年八月に愛宕町の伝染病研究所に入所したのだった。

入所早々、秦は北里から厳しく実験方法の指導を受けた。それは研究対象がもっぱら病原性微生物であるために、研究者は感染の可能性があり、場合によっては死亡する危険性がつねにあったからである。正確に実験することの重要性を学んだ秦は、日本に最初にペストが上陸した明治三十二年十一月、北里に随《したが》って流行地の神戸に入り、危険を冒して現地に長期滞在し、北里とともにペスト患者の治療ならびに防疫対策の指導に当たった。

その後、秦は明治三十六年に血清薬院部長、明治四十年には伝染病研究所第三部長になった。秦は入所以来約八年にわたり一貫してペストの研究に携わった。この間に培った確かな技術と経験の蓄積が、その後の大きな研究成果となって結実することになる。

北里は、秦の実験の正確さを高く評価し、彼をドイツ留学生に抜擢した。そして明治四十年（一九〇七）七月、秦はベルリン・シューマン通りのコッホ研究所で梅毒の診断法である「ワッセルマン反応」の開発者として高名なアウグスト・ワッセルマン（August Wassermann, 1866-1925）教授の下で、免疫学の研究に取り組んだ。

秦がベルリンに留学した一九〇七年、ベルリンで第十四回万国衛生会議の総会が開催され、その会場で北里は講演することになっていた。しかし、急きょ北里は欠席することとなり、北里に代わってベルリンで留学中の秦が会議に出席することになった。会場で、北里が提出した講演原稿「日本に於けるペストの流行と予防」が代読された後、ペストの共同研究者である秦が演台の前に立ち、各国の研究者から寄せられるすべての質問にドイツ語で一つ一つ丁寧に答えた。質疑応答の時間を無事に終えた秦は、拍手の音に包まれて降壇した。席に戻ると、隣席の顎髭に丸眼鏡をかけた初老の学者が、秦に話しかけてきた。

「ドクトル秦、君はペストの研究を何年したのかね?」

「八年ほどしました」と秦は答えると、

「そうか、そんなに長くペストの研究をして、何も危険はなかったのかな?」

「流行地に行って現地調査をする際は多少の危険を伴いますが、研究室の仕事は危険ではありません。看守が牢屋の犯罪人にやられるようでは困りますから」

秦の言葉を聞くと、老学者は感心したように笑顔でその場を立ち去った。

会議の後、コッホ研究所の同僚から「君はドイツに着いたばかりなのに、エールリヒ博士からあんなに親しく話しかけられるなんて、幸運だね」と声をかけられた。それを聞いて秦は、隣席の初老の学者が、北里のベルリン大学留学時代からの親友のパウル・エールリヒ国立実験治療研究所長であったことを知ったのである(「フランクフルトの思い出」秦佐八郎『秦佐八郎小伝』北里研究所、一九五二年)。

パウル・エールリヒは、「免疫の研究」によってイリヤ・メチニコフとともに一九〇八年度ノーベル生理学・医学賞を受賞した。その彼が次の研究テーマに選んだのは、難病として恐れられる梅毒の治療薬の研究だった。

梅毒は、十五世紀末にヨーロッパで流行したのをきっかけにして世界各地に広がった。感染経路は主に性行為やキスなどにより、皮膚や粘膜の微細な傷口から侵入する。梅毒に感染すると病原菌は数時間以内にリンパ節に達し、血流に乗って全身へと広がり、数週間の潜伏期間を経てさまざまな全身症状を引き起こす。初期は症状が軽度なために発見が遅れることも珍しくなく、数ヶ月後に手の平や足の裏、全身に赤い発疹やぶつぶつ（梅毒性バラ疹）が出る。さらに数年かけて柔らかいゴムのような腫瘍が体中にでき、さらに進行すると全身の臓器に障害が広がり、大動脈瘤、髄膜炎、神経障害などの重篤な症状を引き起こし、絶命することもあった。

その梅毒の病原体が、一九〇五年四月に発見された。ドイツの動物学者フリッツ・シャウデン（Fritz Schaudin, 1871-1906）と臨床医エーリッヒ・ホフマン（Eric Hoffmann, 1868-1959）は、梅毒患者の皮膚組織（下疳《げかん》）から螺旋状の細菌（スピロヘータ）を検出した。その菌を調べたところ、梅毒の病原体「梅毒トレポネーマ（*Treponema pallidum*）」であることが判明したのである。

しかし、梅毒の病原菌は試験管内では培養することができなかった。そのため、梅毒の仕組みや治療方法を突き止めるのは不可能だろうと思われた。エールリヒは、その不可能に挑戦することにしたのだ。彼は病原体の梅毒トレポネーマに狙いを定め、化学物質を用いて病原体を破壊し、梅毒を治療しようと考えたのである。

エールリヒはかつて結核菌を研究中に罹患した苦い経験から、共同研究者に同じような経験をさせたくないと強く思い、慎重で粘り強く、正確に実験をおこなう優れた研究者を求めていた。そんなとき、エールリヒはベルリンの会議場で秦と話をし、ペスト研究で培った北里博士譲りの実験手法の正確さに感心したことを思い出したのである。

このとき、奇しくも秦から封書が届き、エールリヒの下で研究したいという主旨の手紙が同封されていた。一方秦はエールリヒ宛ての手紙を投函すると、エールリヒの返事を確認することなく、ベルリンを出発し、エールリヒのいるフランクフルトに向かった。

ベルリンでエールリヒと初めて出会ってから一年半後の一九〇九年一月、秦はフランクフルトの国立実験治療研究所でエールリヒと再会した。そしてエールリヒはすでに秦のために、大きな実験室と二つの実験動物飼育室、さらに実験助手や実験動物など、必要と思われるものをすべて用意し、秦を手厚く迎え入れた。こうして秦はエールリヒの指導の下、梅毒の共同研究に取り組むのである。この研究で秦は、梅毒の毒性試験から特効薬の効果試験まで、実験のすべてを担当した。

化学療法の実験には、正確さと粘り強さが求められる。また、研究対象が梅毒であるため、つねに細心の注意を払う必要があった。秦はまず初めに、ウサギの陰嚢《いんのう》に病原体を植え付けて梅毒に感染させた。次いで秦は梅毒に感染したウサギに一つ一つ化学物質を治験し、病原体に対する有効性を検証する実験に取り掛かった。

しかし、ひと口に化学物質といってもその種類はまさに数え切れないほど存在し、それを一つ一つ治験するのは気の遠くなる作業だった。無数の実験動物を用いた夥しい回数の試験が、反復的におこなわれた。試験に用いた合成化合物の種類はおよそ千に上った。秦は梅毒の特効薬の開発に向けた化学療法の実験を連日粘り強く繰り返しおこない、そして何千回もの失敗を経験した。

ある日、六〇六の番号を記したヒ素化合物をウサギの耳介静脈に注射し、その後の経過を注意深く観察した結果、梅毒に感染したウサギの症状が大幅に改善し、梅毒のスピロヘータの数も飛躍的に減少したことを確認した。こうして秦は、化学合成薬六〇六号（ジアミド・ジオキシ・アルゼノベンジン）を見出すことに成功するのである。それは、今日の化学療法の先駆であり、のちに発見され実用化された抗菌剤や抗生物質、抗ウイルス剤などに先行する世界で最初の化学療法剤であった。

エールリヒは新薬六〇六号の特許を一九〇九年六月十日に出願する。その後、一九一〇年四月十九日にドイツ・ライン地方の都市ウィスバーデンで開催された第二十七回ドイツ内科医学会に秦とともに出席し、「スピロヘータの化学療法（Chemothrapie der Spirillosen）」と題する講演を共同でおこなった。最初にエールリヒが化学療法の原理と研究方法についての総論を解説し、次いで秦が化学療法の動物実験の結果をデータを示しながら六〇六号を見いだすまでの経緯を詳しく報告した。

このときのエールリヒと秦の講演は、医薬史上不朽の歴史的講演となった。その学会報告は、同年発行されたエールリヒと秦の共著『スピロヘータの実験的化学療法（Experimentelle Chemotherapie des

▲パウル・エールリヒ（左）と秦佐八郎（右）

Spirillosen)』にまとめられ、世界各国で出版された。
その序文で、著者のエールリヒはこう記している。

親友北里博士の紹介で誠によい時期に、ドクトル秦が私の下に来て研究をはじめたことは本当にありがたかった。ドクトル秦は深い理解のもと、疲れを知らない情熱を傾け、すべての能力を投入し、大いなる熱意と厳格さをもって私の研究を全力で支持してくれた。この機会にあらためて限りない感謝を表明したい。

ドクトル秦の細心の注意と精緻で正確な実験手法がなければ、とてもこのような素晴らしい研究成果を生むことは出来なかったであろう。ドクトル秦の協力に対して、私は心より感謝の言葉を捧げたい。

パウル・エールリヒ

(『Experimentelle Chemotherapie des Spirillosen』Paul Ehrlich & S.Hata, 1910)

ラテン語の「救う(Salvare)」という言葉に由来して、新薬六〇六号を「サルバルサン(Salvarsan)」と名付け、ドイツの製薬会社ヘキストから製造販売された。化学合成薬「サルバルサン」は、その治療効果の大きさから、「魔法の弾丸」と呼ばれて脚光を浴び、世界各国の梅毒患者の救命治療に大きく貢献した。

また、その後サルバルサンは、梅毒と同種のスピロヘータによって発症する熱帯地方の皮膚病であるフランベジアやワイル病、鼠咬《そこう》症などにも効果があることが確認され、梅毒の特効薬としてだけでなく、多くの感染症に苦しむ患者に福音をもたらした。これらの功績が高く評価され、共同研究者の秦は一九一一年にノーベル化学賞、一九一二年と翌一九一三年にノーベル生理学・医学賞の候補に挙げられたのである。

明治四十三年（一九一〇）九月に秦は帰国し、伝染病研究所に復職した。秦の後を追うように、フランクフルトのエールリヒから東京の北里宛てに一九一〇年九月八日付けの手紙が届いた。そこには、エールリヒの丁重な感謝の言葉が記されていた。左はその文面の抜粋である。

秦を私に紹介して下さった貴兄の友情に対して私がどれだけ感謝しているか、今一度それを申し上げたくてこの手紙を書きました。

秦は貴兄の学派にとり、じつに最大の面目を果たしました。また、秦の優れた有能、聡明さ、また捲《う》む事を知らない熱心さがなかったら、スピロヘータ病の治療という大きな問題が、かくも早く解決しなかったでしょう。〈後略〉

一九一〇年九月八日

北里柴三郎博士　殿

パウル・エールリヒ

（『北里柴三郎――生誕一五〇年記念』北里柴三郎記念室編、北里研究所、二〇〇三年）

帰国後、秦は「オリザニン（ビタミンB_1）」の発見で名高い鈴木梅太郎東京帝国大学農科大学教授と協力してサルバルサンの国産化に取り組み、大正四年（一九一五）にドイツ製サルバルサンよりも品質に優れた新薬「アルサミノール」を製造することに成功した（「鈴木博士製造〝アルサミノール〟の動物試験」秦佐八郎『細菌学雑誌　第一九一六巻第二四四号』）。

折しも勃発した第一次世界大戦で、敵国となったドイツからサルバルサンを輸入することが困難となった欧米諸国の多くの患者が、サルバルサンの共同開発者である秦を頼って遥々来日し、秦がいる北里研究所附属病院に押し寄せた。そのため秦は、多くの外国人患者の治療に当たるとともに国産サルバルサン「アルサミノール」を世界各国に提供し、梅毒、フランベジア、ワイル病、鼠咬症などのスピロヘータ感染症に苦しむ多くの患者の救命治療に大きく貢献したのである。

その後秦は、大正九年（一九二〇）慶應義塾大学医学部細菌学教授、大正十二年（一九二三）日本結核予防会理事、大正十五年（一九二六）ドイツ帝国自然科学院会員、昭和六年（一九三一）北里研究所副所長などを歴任し、北島や志賀たちと同様、恩師北里と生涯行動をともにしたのである。

黄熱病の研究に捧げた野口英世

野口英世《のぐちひでよ》は、サルバルサンを創製した秦佐八郎と同じ年（一八九八）に伝染病研究に入所した。のちにノーベル賞に三度ノミネートされる秦佐八郎は帝国大学出身者ではなく、先述したとおり第三高等学校出身である。また、同年入所した野口英世は大学はおろか高等学校さえ出ていない。そこには、東京帝国大学を頂点とする学閥社会に与《くみ》しない北里の、学歴や血縁を重視するこれまでの社会通念に囚われない能力主義に基づく人材活用の考え方がよく表れている。

北里は全国から集まってくる若い人材の熱意と実力を見極め、若い才能を積極的に登用した。その人材活用の確かさは、その後の門下生たちの世界的な活躍を見れば明らかだ。

明治二十六年、猪苗代《いなわしろ》高等小学校を卒業した野口英世は、囲炉裏に落ちて左手に大火傷《やけど》を負い、障害を持ったことを契機に医師を志すようになる。当時医師になるためには医術開業試験に合格する必要があり、受験資格には医師の指導を一年半受けることが定められていた。裏を返せば、大学や専門学校などの医学教育機関に在学・修了することは求められてはいなかった。そのため野口は、高等小学校を卒業した年の五月、医術開業試験の受験資格を得るために血脇守之助《ちわきもりのすけ》という歯科医が会津若松で開業する会陽医院に住み込みで働き、その間受験に備えて独学した。

明治二十九年九月、野口は医術開業試験を受験するために福島から上京した。医術開業試験は前期と後期の二度おこなわれ、野口は、翌十月におこなわれた医術開業前期試験にみごと合格した。さらに野口は翌年の医術開業後期試験に備えて、長谷川泰が医術開業試験の予備校として本郷の帝国大学にほど近い湯島に開校した済生学舎《さいせいがくしゃ》に学んだ。そして明治三十年十月の医術開業後期試験に合格し、晴れて医師免許を取得する。

翌十一月、野口は伝手《つて》を頼って順天堂病院の図書室助手の職を得、順天堂病院が発行する『順天堂医事研究会雑誌』の編集業務に携わった。野口が図書室に勤務し、新刊として入荷する雑誌の分類作業を始めた矢先、彼の心を射貫く記事を発見する。北里柴三郎が主催する『細菌学雑誌』（日本細菌学会、明治三十年十二月二十五日発行）に発表された「赤痢病原研究報告　第一」の論文がそれだった。

野口が驚いた理由は、世界初の赤痢菌発見という画期的な研究内容に加えて、その研究を発表したのは志賀潔という伝染病研究所の助手であったことだった。野口と同じ助手の身でありながら、志賀が世界的な業績を挙げたことに驚き、これが負けず嫌いの野口の研究者魂に火を付けたのである。この一篇の論文によって野口は未知の領域が広がる細菌学に興味を持ち、志賀の赤痢菌発見に勝るとも劣らない世界的な偉業を成し遂げることを心に誓った。同時に野口は、志賀が助手を務める伝染病研究所に憧れを抱き、伝染病研究所を率いる北里柴三郎の存在が、以前にも増して眩しく感じたのだった。

かくて野口は、細菌学の研究を志望し、北里博士が率いる伝染病研究所への入所を志願する。早速野口は順天堂医院の佐藤進《さとうすすむ》院長に推薦書を請願し、その推薦書を持参して伝染病研究所の門を叩き、翌三十一年十月、伝染病研究所の助手見習いになるのである。

明治三十二年四月、私立伝染病研究所は内務省の所管となり国立の研究機関に移行した。それにともない、野口は助手見習いから正式な助手になった。ちょうどそのころ、アメリカのジョンズ・ホプキンズ大学の病理学教授サイモン・フレクスナー（Simon Flexner, 1863-1946）一行がフィリピンのマニラに駐留するアメリカ陸軍兵士の間に蔓延した赤痢の調査に赴く途上、わざわざ日本に立ち寄り、赤痢菌を発見した伝染病研究所の志賀（当時部長）と志賀を指導した北里所長を表敬訪問し、二人から赤痢菌の研究状況を聞きたいという申し入れがあり、北里はこのフレクスナー教授の依頼を快諾する。

一方、野口は入所当初から、「アメリカで一旗あげる」と周囲に高言していた。そのことを伝え聞いていた北里は、フレクスナー教授が伝染病研究所内を視察する際の通訳係に英語が堪能な野口を抜擢し、野口にフレクスナー教授の知遇を得る機会を与えたのである。事実、それが縁となって野口は翌年、ペンシルベニア大学に移籍したフレクスナー教授の下で研究をすることになるのである。

フレクスナーと野口が会遇《かいぐう》した経緯を、志賀は後年『或る細菌学者の回想』で、こう記している。

フレキシナー《ママ》が日本に来たのは私に会うのが目的の一つであった。そのころマニラに赤痢の大流行があり、フレキシナーはアメリカ陸軍からその調査のため派遣されたのであるが、その前に当時一段落ついた私の赤痢研究の結果を見ておく必要があったのである。私の赤痢菌発見がなかったらフレキシナーは日本に立ち寄らず、フレキシナー、野口の会遇も起らず、野口君の研究コースも異った道をたどって行ったろうと思うと、人生行路の相因起縁は、げに不思議なものとの感にたえないのである。

（「野口英世君を偲ぶ」志賀潔『或る細菌学者の回想』雪華社、一九六六年）

野口が伝染病研究所で手がけた最初の大きな仕事は、ペストの水際対策だった。明治三十二年（一八九九）六月二十二日、東海汽船の大型客船「亜米利加丸《アメリカ》」の船内で原因不明の伝染病が発生し、船は横浜港に入港した。その年の五月に横浜港検疫所の検疫官補に就いたばかりの野口は、ただちに船内に乗り込み、患者を診察した。その結果、ペストの可能性が高いと診断し、患者二人を長浜の収容施設に隔離した。野口の報告を受けた伝染病研究所は、志賀潔を長浜に派遣し、患者から採取した血液と排泄物からペスト菌を確認した。野口の的確な診断と迅速な隔離が、日本でのペスト流行を未然に食い止める結果となったのである。

その年の秋、清国牛荘《ニューチャン》（現在の遼寧省営口市）でペストが発生し、在清各国領事館は国際予防委員会を組織するとともに、日本政府に至急専門医の派遣を要請した。このとき北里は、伝染病研究所の村田昇清《むらたしょうせい》助手を団長とする十五名の派遣医師団を人選し、野口英世もその団員の名簿に加えた。明治三十二年十月十九日、野口ら派遣医師団を乗せた船は神戸港を出港し、牛荘に着くと、現地の普済病院でペストの治療ならびに研究に当たった。その甲斐あって牛荘のペスト流行は一年以内に沈静化し、野口の活躍は現地で高く評価された。

野口は存命中から英雄視され、多くの伝記本が刊行された。わけても野口の五歳年下の友人奥村鶴吉《おくむらつるきち》（東京歯科医学院講師）が、野口の死後五年の歳月を掛けて昭和八年（一九三三）に上梓した六六四頁におよぶ『野口英世』（岩波書店）は、その後出版された三〇〇冊を超える数多の「野口英世偉人伝」の底本となった。その奥村の本なかに、牛荘衛生局長から野口に送られた感謝状の文面が、野口が牛荘で活躍したことを物語る貴重な証として記されている。

野口英世氏は、当地ペスト病発生のため来任せられ、爾来《じらい》一般病院および細菌研究の主任となり、熱意と聡明とをもって事を處《しょ》せられたるは、吾人《ごじん》の等しく満足するところなり。ここに特に氏の業績を表彰し感謝の意を表す。
一九〇〇年六月二十八日
牛荘衛生局長　シセール・バウラ

同局員代表　ドクトル・フィリッポ・ヤッセンスキー
　　　　　　ドクトル・バルフ・デーリー
（『野口英世』奥村鶴吉、岩波書店、一九三三年）

野口は帰国すると、伝染病研究所の所長室の扉をノックした。このとき野口は北里に、アメリカのフレクスナー教授の下で学びたいと、かねてからの希望を申告した。野口の言葉を聞き終えると、北里は手文庫を開けて一文をものした。

北里は便箋を封筒に入れて、野口に押し出した。そこには、「私のところの伝染病研究所で助手を務めていた野口君が、貴殿の下で勉強したいと希望しているので、宜しく願いたい。一九九〇年十一月九日」とドイツ語で書かれていた。

明治三十三年（一九〇〇）十二月五日、野口は北里がフレクスナー教授宛にしたためた紹介状だけを頼りに、横浜港に停泊する客船「亜米利加丸」に乗り込んだ。亜米利加丸は、彼が伝染病研究所の助手になった最初の仕事としてペスト患者の診断を下した思い出の船だった。こうして野口は亜米利加丸とともに太平洋に乗り出し、一路米国サンフランシスコに向かったのである。

同年十二月二十九日、野口はフレクスナー教授のいるフィラデルフィア市のペンシルベニア大学医学部を訪れた。伝染病研究所の見学の際に通訳者として初めてフレクスナーと対面して以来、二度目の対面だった。このときペンシルベニア大学医学部では、新たに助手を雇用する予定はなかった。しかし、北里の推薦状とフレクスナーの温情あふれる人柄が幸いし、野口はフレクスナー教授の私設の助手になることを許されたのである。

フレクスナー教授から与えられた研究テーマは毒蛇だった。野口はフレクスナー教授の指示に従い、「毒蛇の血球溶解作用」に関する研究に取り組んだ。そして一九〇一年十一月にワシントンで開催された国立科学アカデミーの会合で、フレクスナーと野口は共同で「蛇毒《じゃどく》の研究について」と題する研究を発表し、このとき野口は発表の際におこなわれた公開実験（デモンストレーション）の助手を務めたのである。これが野口英世が世界の研究者の耳目を集めた最初であった。

その後野口は、まさに八面六臂の活躍をする。フレクスナー教授がロックフェラー医学研究所の初代所長に就任すると、野口はフレクスナーを頼ってロックフェラー研究所の研究員となった。野口が新たな研究テーマを探索していたころ、一九〇五年四月に「梅毒トレポネーマ（スピロヘータの一種）」という梅毒の病原体をドイツの動物学者フリッツ・シャウデンと臨床医エーリッヒ・ホフマンが発見したというニュースが飛び込んできた。早速フレクスナーと野口はその追試に取りかかり、梅毒の病原体の発見が事実であることを確認した。これを機に、野口は梅毒スピロヘータの研究に本格的に取り組んでいった。そして、次々と画期的な新発見を発表し、「魔法の手を持つ男」として野口の名は世界で知られるようになるのである。

わけても野口が一九一三年におこなった、精神疾患である進行性麻痺と脊髄癆《せきずいろう》の患者の脳と脊髄から梅毒スピロヘータを発見したという事実は、世界の医学者を驚かせた。なぜなら、梅毒スピロヘータの脳内発見は、進行性麻痺と脊髄癆が、じつは脳と脊髄における梅毒の末期（第三期）の症状であることを明らかにした決定的な証拠であったからだ。その事実は、精神病も治療によって治る病気であることを証明した。こうした野口の驚くべき研究成果が評価され、一九一四年と一九一五年と一九二〇年の三度のノーベル生理学・医学賞の候補に挙がったのである。

最初に野口がノーベル賞候補に挙がった際、『東京朝日新聞』は「野口英世博士ノーベル賞金受領候補者」の見出しを掲げて、次のように報じた。

「この度ニューヨーク通信は、ロックフェラー病理研究所部長の野口英世博士が来年度のノーベル賞の候補に挙がったと報じた。野口博士は北里博士の研究所の助手になってから二年後に渡米し、ロックフェラー研究所で蛇毒をはじめとする研究で世界初の発見をし、米国でプロフェッソルを授け、日本では博士号を得た。大学はおろか中学校をさえ出ていない野口博士は、まさに立志伝中の人である。また最近では、ドイツおよびフランスの医師大会に招待されておこなった演説は大盛況だったが、その野口博士がノーベル賞の候補者に内定したことは、わが国学術界の名誉である」。

左は、大正二年十一月十日付『東京朝日新聞』の記事である。

最近の紐育通信は、ロックフェラー病理研究所部長野口英世博士が明年《みょうねん》のノーベル賞金受賞者に内定したるを報じ、日本人にしてこの名誉を得たるは同博士をもって嚆矢《こうし》とす。〈中略〉

北里博士の研究所に助手として自《みづか》ら修《おさ》むること二年にして渡米し、ロックフェラー研究所入り専《もっぱ》ら研鑽を積みつゝある間に蛇毒に関する発見をなしたるを始めとし、前人《ぜんじん》未発《みはつ》の学説二三《にさん》を公《おおやけ》にしたるより名声頓《とみ》に挙がりて米国のプロフェッソルを授けられ、次《つい》で日本の博士論文に合格したるものにて、大学は勿論《もちろん》中学校をさえ修めず全《まった》く独学にて今日あるを得たるは、正《まさ》に立志《りっし》伝中《でんちゅう》の人と謂《い》ふべく、過般《かはん》独逸《ドイツ》および仏国《フランス》の医師大会に招待されて試みたる演説は大《おおい》に刀圭界《とうけいかい》の注目を惹起《じゃっき》し、ノグチヒデヨ博士の名は盛《さかん》に独仏《どくふつ》二国の学術界を賑《にぎやか》したりしが、遂にノーベル賞金受領者の候補者として同博士が内定されしを聞くに至りしは、実に我国学術界の名誉と謂《い》ひつべきなり云々《うんぬん》。（「野口英世博士ノーベル賞金受領候補者」『東京朝日新聞　第九八六二号』大正二年十一月十日）

振り返って、世界における野口英世の活躍は、北里の紹介状を携えて単身渡米し、フレクスナー教授の私設助手となったことにはじまった。「蛇毒の研究」をフレクスナーと共同発表し、初めて世界から注目を集めた野口は、明治三十五年（一九〇二）四月三十日、渡米のきっかけをつくってくれた北里柴三郎に、これまでの御恩を感謝する手紙をしたためている。そこにはこんな趣旨が記されていた。

「私が今日あるのは、すべて北里恩師の賜物です。かつて私がおこなった無鉄砲な行動を許していただき、私を再び門下生に加えていただければ幸甚です。なお、フレクスナー教授より北里恩師へよろしく申しあげるよういわれましたので、謹んで申しあげます」。

左は、『野口英世書簡集』に収められた野口の「北里恩師閣下」宛ての手紙である。

〈前略〉小生の今日、彼《か》れを想ひ是《これ》を鑑《かんが》みれば、一《ひとつ》として恩師閣下の賜《たまもの》にあらざるは御座なく候。ここに到りて小生は昔日《せきじつ》小生が恩師閣下の御意に叶ふことの多かりしの旧事を追悔し、深夜長息潜然《さんぜん》たらざるを不得候。恩師閣下よ、伏して冀《こいねがわ》くは、少壮無謀なりし小生の昔事《むかしごと》を御免じ被成《な》され下さり、小生を再び門生視し賜《たまわ》らば、再生の恩に不勝《ふしょう》候。

フレキスナー教授より恩師閣下へ宜敷しく申し上げて呉《く》れとの事に御座候らえば、謹んで御伝上申し上げ候。
時下追々《おいおい》向暑の候、何卒御自《ごじ》愛《あい》被遊度《あそばされたく》祈上《いのりあげ》候。
明治三十五年四月三十日
北里恩師閣下　侍史御中　　野口英世　拝

（『野口英世書簡集　1』野口英世記念会編、野口英世記念会、一九八九年）

その後、野口は黄熱《おうねつ》病の研究に精力的に取り組んだ。黄熱病は、ネッタイシマカを媒介にして黄熱ウイルスによって感染する、熱帯アフリカならびに中南米の風土病である。黄熱病に感染すると四～五日の潜伏期間ののちに突然発熱し、頭痛、背部痛、虚脱、悪心、嘔吐、下痢などを発症する。さらに病状が高進すると、鼻や歯茎からの出血を端緒に、吐血、下血、黄疸《おうだん》などを引き起こし、感染者のうちの四～五割が死亡した。一般に重症化すると黄疸が見られることから、船員たちは「黄熱病《イエロー・ジャック》」と呼んで震え上がった。

▲野口英世（1876-1928）

野口はその黄熱病を撲滅するために一九一八年

に南米エクアドル、一九二七年には西アフリカ黄金海岸《ゴールド・コースト》（現在のガーナ共和国）に赴き、感染地で黄熱病の研究に熱中した。そして、研究の最中の昭和三年（一九二八）五月二十一日、黄金海岸のギニア湾を臨むアクア市で黄熱病に罹患し、帰らぬ人となったのである。

日本の千円札の顔（肖像画）となった、北里柴三郎と野口英世。二人は、同時代に生きた細菌学者として互いに認め合い敬意の念を抱きながらも、対照的な人生を選択しそれぞれの道を切り拓いていった。北里は日本に恩返しをするためにドイツから帰国し、わが国の感染症学の発展と後進の研究者の育成に尽力した。対して、野口は北里の推薦状を頼りに単身渡米し、世界各地に雄飛して感染症と闘いつづけたのである。

第七章

隠れた功績

ハンセン病との闘い

北里がペスト、コレラ、破傷風、結核、赤痢などと並んで最重要課題の研究として取り組んだ感染症の一つに、ハンセン病がある。

ハンセン病は鼻、口、耳、指などの皮膚に重度の病変が生じ、重篤な後遺症が残る感染症である。その歴史は古く、ラテン語で「鱗（lepra《レプラ》）」と呼ばれるなど、少なくともギリシア時代から広く知られていた。だが、潜伏期間がひじょうに長いために感染症とは考えられず、これまで永い間、極めて危険な遺伝病であると誤解されてきた。そのため、ハンセン病患者は家族を含めてしばしば差別を受ける対象となり、日本では多くのハンセン病患者は家族の迷惑になることを気遣い、郷里を出奔して全国各地を放浪し、行く先々の社寺仏閣で寝起きした。

しかし明治六年（一八七三）、ノルウェーの医師アルマウェル・ハンセン（Armauer Hansen, 1841-1912）は、ハンセン（らい）病患者から「らい菌（*Mycobacterium leprae*）」を発見し、ハンセン病はらい菌を病原体とする感染症であることが初めて明らかとなった。それを契機にハンセン病の本格的な研究が進められ、ハンセン病はらい菌（抗酸菌）によって皮膚と神経が侵され、変形や運動麻痺を引き起こす慢性感性症であることが判明したのである。

しかし、ハンセン病が遺伝病ではなく伝染病であることが分かると、明治政府は全国各地に国立ハンセン病療養所を建設し、在宅治療患者を含めたすべての患者を国立ハンセン病療養所に強制隔離した。

そして、その後も長い間、ハンセン病は隔離と消毒以外に有効な手立ては見付からず、治療法に向けた研究は困難を極めた。その最大の理由は、（現在もそうだが）らい菌が人工培地で純粋培養できないことにある。そのため、らい菌の細菌学的実験をおこなうことができず、たとえばハンセン病の治療薬を新たに開発しても、その効果を確認するためにはハンセン病患者に直接新薬を投与する以外に有効な方法がなかったのである。

当時の日本のハンセン病の患者数を調べると、明治三十三年に内務省衛生局がおこなった最初の調査では、ハンセン病患者数は三万三五九人を数え、日本人の二〇〇〇人に一人という高い確率でハンセン病を発症したことが分かる。

北里は、差別的で不遇な環境に置かれることを余儀なくされた多くのハンセン病患者を救いたいと願い、ハンセン病の治療法の研究に腐心した。明治二十五年に芝公園に伝染病研究所を開所してから二年間の間に、入院および治療したハンセン病患者は二六名を数え、先駆的な治療によってそのうち三名の患者が全治し、退院した。さらに北里は、ハンセン病の免疫療法剤を新たに開発し、明治二十七年から約五年間の間に二四八名のハンセン病患者に対して治療をおこなった記録が残されている。

伝染病研究所が芝公園に開所した当時、伝染病研究所は東京で唯一のハンセン病救護施設でもあった。その後明治二十七年に、アメリカの宣教師ケート・ヤングマン（Kate Youngman, 1841-1910）女史がハンセン病患者を受け入れる施設として東京府荏原郡目黒村下目黒（現在の目黒区中町）に慰廃《いはい》園《えん》を開園し、明治三十二年には病院施設に改組して私立病院慰廃園と改称した。北里はこの私立病院慰廃園に入院するハンセン病患者に治療と薬を提供することを申し入れ、高野六郎（のちの北里研究所長）、内田三千太郎《うちだみちたろう》（のちの東京都立豊島病院長）、中條資俊《ちゅうじょうすけとし》（のちの北部保養院長兼医長）らを嘱託医として慰廃園に派遣し先進的な治療をおこなうなど、ハンセン病患者を全面的に支援した。

そしてその後、高野六郎は銅チアンカリ剤を用いた化学療法を開発し、また、内田三千太郎はネズミらい菌による感染実験モデルを確立するなど、ハンセン病治療の道を拓く大きな第一歩となるのである。

一方、北里自身も結核やペストとともにハンセン病の研究に専心した。そして十年余りにわたるハンセン病の研究成果をレポートにまとめ、明治三十七年（一九〇四）に米国セントルイス市で開催された万国学芸会議の神経学部会で「ハンセン病研究の状況」と題する講演をおこなった。その講演で北里は、人のらい菌は人工培養が難しいことや、通常の方法では動物試験が難しいことなどを報告し、サル（類人猿）などを用いた感染実験の重要性を指摘した。

明治四十二年（一九〇九）、第二回国際ハンセン病会議が、らい菌の発見者アルマウェル・ハンセンの故郷であるノルウェーのベルゲンで開催された。このとき北里は、ハンセン会長からの招聘に応えて議長として参加した。会議の冒頭挨拶に立った北里は、地名のベルゲン（Bergen）がドイツ語で「救出する」という意味があることに掛け、ベルゲンでおこなわれる本会議がハンセン病患者の救出に大きく前進することを願ってこう挨拶した。

私は日本からの派遣代表として、この素晴らしいベルゲンという都市でおこなわれる会議への出席を許されましたことを、大変な名誉と思っております。

ここにおられるすべての皆様はご存知でありましょう。そう、日本が大規模にハンセン病患者を抱えた国であるということを。そしてそれゆえ私たちは、当然ながらこの病気との闘いを目指すという並々成らぬ関心を寄せているのです。

著名なハンセン病研究者であられるハンセン氏の生まれ故郷であり、ハンセン病研究においては画期的で先駆的な取り組みがなされたノルウェーという国をさしおいて、この会議の挙行のためにふさわしい場所は他に見出されはしなかったでしょう。

願わくば私どもがここで今奉じようとしている研究が豊穣な成果を遂げ、この病気の予防と治療に向けた闘いにさらなる前進が見られますことを。

すでに申し述べました通り、私はまさに、ハンセン病の闘いのために私の故郷がまさに必要とするものにわが身を捧げますことを確信し、あるいはベルゲンというこの街の名のとおり「救出する（Bergen）」ことができると固く信じております。

（「第二回万国ハンセン病会議における挨拶：Adresse in der 2. Internationalen Leprakonferenz zu Bergen. Norwegen.」北里柴三郎『北里柴三郎学術論文集　日本語翻訳版』北里研究所、二〇一八年）

会議の冒頭の挨拶につづいて、北里は本会議において、「日本におけるハンセン病（Die Lepra in Japan.)」と題する特別講演をおこなった。そのときの講演録が、一九〇九年発行のドイツの医学雑誌『衛生学伝染病雑誌　第六三号（Zeitschrift für Hygiene und Infektionskrankheiten, 63)』に掲載されている。

北里はその講演の前半で、日本人の二〇〇〇人に一人がハンセン病を発症しているという調査結果を述べたうえで、ハンセン患者の感染経路の詳細な疫学調査をおこない、家庭内感染率が比較的高いことなどを報告した。また、東京で五〇〇〇匹のネズミで調査をしたところ、そのうち四匹のネズミに、皮膚の一部が硬く肥厚《ひこう》してささくれた潰瘍《かいよう》が認められるなど、ハンセン病に似た症状（ハンセン病類似症）が見られたことを紹介した。

また講演の後半で、北里はこれまで長い間らい菌の細菌学研究をおこなってきたが、らい菌の純粋培養に成功したことは残念ながらまだなく、また、らい菌の接種をネコやオランウータンなどの動物に何度も試みたが一度も成功したことがないと現状を報告した。そして北里は講演の最後に、「らい菌の純粋培養法が確立していない限り、ハンセン病患者に対する特異的な治療についても言及できないのである」と述べ、ハンセン病の正しい治療法を確立するために、ハンセン病に感染させた動物で実験を行えるようにする重要性を強調した。

左は、そのときの北里の講演の後半部分の摘録である。

私は、らい菌の細菌学的研究に長い間たずさわってきたが、これまでらい菌の純粋培養にも、動物への接種にも成功していない。仔ネコの皮下へ少量の接種を数回おこなって感染を試みたが、毎回その都度失敗した。さらに私は、オランウータンにも接種を試みた。一九〇九年五月二十二日、オランウータンの前眼房《ぜんがんぼう》（角膜の奥）に、ハンセン病患者由来の小結節《しょうけっせつ》（こぶ）をすりつぶして懸濁《けんだく》したものを少量注射した。五月二十五日にはそこにかすかな濁りが認められたが、一週間後には消滅した。〈中略〉

これまで多くの研究者がおこなってきた細菌の培養に関する報告について、それが間違いなく、らい菌を扱っているのかという問題があり、私は今なおその正当性を疑っている。らい菌の純粋培養法が確立していない限り、ハンセン病患者に対する特異的な治療についても言及できないのである。

（'Die Lepra in Japan.' S.Kitasato "Zeitschrift für Hygiene und Infektionskrankheiten, 63" 1909）

▲第２回国際ハンセン病会議。前列左から４人目が議長として招かれた北里柴三郎、その右隣の白鬚の紳士が会長のアルマウェル・ハンセン（1909年ノルウェー・ベルゲンにて）

北里はこの講演で、ハンセン氏の画期的ならい菌の発見によってハンセン病は感染症であることが明らかになったにもかかわらず、ハンセン病の感染の仕組みが依然分かってはいない最大の原因は動物実験がおこなえないことにあると指摘し、動物試験を積極的におこなうよう呼びかけたのである。

一九〇九年にベルゲンでおこなった北里の講演を一つの契機にして、らい菌の動物への接種が各国で盛んにおこなわれるようになった。そしてようやく、らい菌をヌードマウスやアルマジロ、サルなどの動物に感染させることに成功する。その後、らい菌は結核菌と同じ抗酸菌に属する桿菌で、形体や特徴が結核菌に似ているところから、らい菌に感染した動物を用いて、結核治療の動物実験が積極的におこなわれた。その結果、抗結核薬（抗菌薬）を用いたハンセン病の治療法（抗菌薬療法）の研究が進展し、今日ではハンセン病の治療法はほぼ確立するまでに至っている。

ベルゲンで開催された国際ハンセン病会議の後、一九四八年にキューバ・ハバナで開催された第五回国際ハンセン病会議で、ハンセン病は感染力が極めて低いために患者を強制隔離する必要がないとする「強制隔離の否定」が確認され、治療方法を〝隔離治療から通院治療〟へ変更することが採択された。さらに、一九五八年に東京で開催された第七回国際ハンセン病会議では、各国政府に対していかなる隔離も廃止することを採択し、「強制隔離の全面廃止」を勧告した（『ハンセン病問題に関する検証会議最終報告書』ハンセン病問題に関する検証会議編、日弁連法務研究財団、二〇〇五年）。

しかし、日本政府はこうした国際会議における「強制隔離の否定」の採択や、「強制隔離の全面廃止」の勧告を無視し、拒否しつづけた。一方この間、ハンセン病の仕組みが解明され、治療法が確立したことによって、これまでの隔離療養から外来診療へと移行し、世界のハンセン病患者は急速に減少していったのである。

なお、一九五〇年ごろ世界各国では、これまでの「癩《らい》」などの差別的な用語の使用を避けるために、「癩病」は病原菌の発見者の名にちなんで「ハンセン病」に改められた。しかし、こうした世界の動きに逆行するように、日本ではらい病患者の強制隔離を含む「らい予防法」(漢字の「癩」を平仮名の「らい」に改定した)を新たに昭和二十八年(一九五三)八月十五日に制定したのである。日本政府が「らい予防法」を廃止し、「らい病」を「ハンセン病」に改めたのは、ハバナ国際ハンセン病会議で「強制隔離の否定」が採択されてから四十八年後、東京国際ハンセン病会議で「強制隔離の全面廃止」が勧告されてから三十八年後の、平成八年(一九九六)四月一日のことであった。

福澤諭吉の御恩に報いるために

慶應義塾大学に現在の医学部が設けられたのは、創設者福澤諭吉の死の十六年後の大正六年(一九一七)に医学科が開設したことにはじまる。

福澤諭吉は、大坂の蘭学者緒方洪庵の適塾で長与専斎とともに学ぶなど、青年時代から医学に造詣が深く、強い関心を寄せていた。そのため、明治六年(一八七三)にはすでに慶應義塾にイギリス医学を範とする医学所を開設し、慶應義塾出身で大学東校(東京大学医学部の前身)教授の松山《まつやま》棟庵《とうあん》を校長に迎え、英語による医学教育を開始させた。また明治八年には、杉田《すぎた》玄白《げんぱく》の曾孫の医師杉田玄端《げんたん》(当時陸軍付医師頭取)を医学所教授に招き、実践的な医学訓練の場としたのである。

一方明治政府は、ドイツ医学を範とする医学制度を導入し、ドイツ語による医学教育を推進した。そのため慶應義塾医学所で英語によるイギリス医学を学んでも、ドイツ医学に基づくドイツ語の医学用語を用いた医術開業試験に合格することは容易ではなかった。そうした理由から慶應義塾医学所は、当初の予想より生徒が集まらず、また医療器機が高価なことなどから、明治十三年六月、経営上の理由からやむなく閉鎖したのだった。

それから十一年後の明治三十四年二月三日、福澤諭吉は脳出血に倒れ急逝する。翌三十五年十一月十五日、慶應義塾評議員会は「大学部に機械、土木、化学、医学の各科中より一、二科を選択して新分科を増設すべし」との議案を可決し、新分科創設に向けた調査を開始した。しかし、関連する各科の調整が難航し、結局実現には至らなかった。

明治三十九年（一九〇六）、慶應義塾創立五十周年を迎えるに当たり、記念事業として新分科を設ける議案が再び持ち上がり、このときも多くの学科が議題に上ったが、最終的に調整がつかず、創立五十周年記念事業として図書館を建設することに落着した。

それから十年後の大正五（一九一六）年、慶應義塾は創立六十周年を迎えようとしていた。慶應義塾は創立以来、法律、政治、文学の各学科で構成されてきたが、「創立六十周年を記念して理学分野の学科を新たに設置し、総合大学とすべし」という声が大学内から三たび上がった。しかし、慶應義塾の卒業生は銀行や商事会社などの実業界で活躍する者が多いものの、理学系に見識のある人材がほとんどおらず、畑違いの新学科を牽引できる人物は大学の周囲には見当たらなかった。

そのため、まずは全国の理学系大学の現状を知る目的で調査をおこなうことになり、慶應義塾の塾監局幹事石田新太郎《いしだしんたろう》が中心となって、東京帝国大学をはじめ、京都帝国大学（明治三十年創立）、東北帝国大学（明治四十年創立）、九州帝国大学（明治四十三年創立）、北海道帝国大学（大正四年創立）

の聞き取り調査を開始した。

このとき石田新太郎幹事の助言の求めに応えて、京都帝国大学理工科大学の難波正《なんばただし》前学長（大正三年まで学長）は、「慶應には、北里柴三郎博士という慶應に密接に関係した有力者がいるではないか。北里先生がひとたび采配を振れば、どこにも負けない日本一の医科大学ができるだろう」と、率直な感想を述べた。石田幹事は「なるほど」と膝を打ち、早速慶應義塾に帰り鎌田栄吉《かまたえいきち》塾長に難波前学長の助言を報告した。これを受けて鎌田塾長は以前から親交のあった北里柴三郎に直接連絡を取り、慶應に医学科を新設したいがその学科長に就任してほしい旨を内々に相談した。すると、北里は即座に快諾した。

北里はドイツ留学から帰国した際、私財を投じて伝染病研究所を創設し、また、伝染病研究所が文部省に移管された折には生前の助言によって北里研究所を設立できたことなど、福澤にひとかたならぬ深い恩義を感じていた。そのため、慶應義塾の創立記念行事などの依頼があれば、何を措いても必ず出席し協力を惜しまなかった。

それゆえ、慶應義塾の鎌田塾長から医学科の初代科長を依頼された折り、北里は「福澤先生から受けた多年の恩顧に報いることができる」と二つ返事で承諾したのである。なお、北里は「これは恩師福澤先生の恩顧に報いるためのものであり、俸給その他の報酬は一切受け取らない」と付け加えることを忘れなかった。

北里の言葉を聞いた鎌田塾長は、そのときの気持ちを慶應義塾の機関誌『三田評論』に、「北里博士は勿論のこと、博士の門弟の人びとは皆積極的に慶應大学に協力する。もしも大学が経済的に苦境に立った際は、各自が北里研究所などで自労自活し、無給で大学に貢献する覚悟であると北里博士は言われた。その熱心はじつに敬服に耐えない」と、感慨を込めて書き残している。

北里博士の言に依ると、博士一派の人々は、素より相當の報酬を受くるを常例《じょうれい》とする。また經費の大部分は俸給であると云ふ事も明かであるが、もし學校の經濟不如意《ふにょい》な場合には、各自が自勞自活して大學に貢獻するを辭せぬ覺悟であると云ふことで、その熱心は實に敬服に堪へないのである。

（「慶應義塾と醫學の關係」鎌田栄吉『三田評論　第二二九号』大正五年八月一日）

大正五年（一九一六）八月一日、慶應義塾に新たに医学科を創設することが正式に決定した。医学科は工学科よりも設立に要する費用はかかるものの、反面、医学科は病院が併設できるために将来収入が見込まれるという点も医学科に決まった要素の一つにあった。なお、このとき医学科の設置にともない、医学と密接な関係のある化学科も併設することとした。

同日、慶應義塾は「医学科化学科設立趣意書」を『三田評論』に掲載し、次のような趣旨を載げて賛助を呼びかけたのである。

「慶應義塾大学部は理財・法学・政治・文学の諸科において毎年多くの学士を輩出してきたが、これら無形の学問だけでなく、さらに有形科学の発達を図ることに義塾本来の目的がある。創設者福澤先生が生涯を通して実学の必要を提唱された理由もそこにある。義塾と医学とは縁があり、このたび福澤先生と縁故のある北里博士の全面的な協力を得ることもできた。これを機に、理科系の学科の増設に向けて、まず初めに医科を創設したいと思う。加えて、医科と密接に関係する化学科を併設し、薬学などの研究をおこなうこととしたい。ここに医学科化学科設立設立の趣旨を述べ、有志諸君の賛助を仰ぎたい」。

左記は、大正五年八月一日発行の『三田評論　第二二九号』の巻頭に掲げられた「医学科化学科設立趣意書」の全文である。

醫學科化學科設立趣意書

慶應義塾は曩《さき》に大學部を置き我国私立大學の嚆矢《こうし》をなせしより、ここに二十七年その間理財、法學、政治、文學の諸科に於て年々幾多の學士を出し社會に裨益《ひえき》せること尠《すくな》からずと雖《いえど》も、義塾はこれら無形の學問のみをもって甘んずるものにあらず。さらに進んで有形科學の発達を謀《はか》るは義塾本来の希望なり。福澤先生が終始一貫実學の必要を唱《とな》へて已まざりし所以《ゆえん》もまたこれに在《あ》り。すなわち醫、理、工等諸學科増設の第一着手として先《ま》づここに醫學化學の二科を創設し、もって我學問界に貢献するところあらんとす。元来義塾と醫學とは深き因縁を有し明治六年より同十三年に至るまで義塾内に醫學所を置き、多数の醫家を養成せしことあり。

また今回は福澤先生と縁故浅からざる北里博士等の来りてその局に當らんとするあり。義塾はこの機會に於て廣く大方の援助を求め、もってその理想の一部を實現せんと欲す。しこうして化學の一科に至りては醫學の研究と密接の関係を有するをもって同時にその設立を圖りて假《か》りにこれを醫科に付属せしめ、薬學その他の研究に便《びん》にし、他日理工科を開設するの根基《こんき》たらしめんとす。ここに設立の趣旨と義塾将来の希望とを述べて偏《ひとえ》に有志諸君の賛助を仰ぐ。

大正五年八月

慶應義塾

（「醫學科化學科設立趣意書」『三田評論　第二二九号』大正五年八月一日）

大正五年八月一日の医学科化学科設立の発表に継いで、八月四日には京橋区銀座の交詢社で医学科化学科設立委員会が開催された。交詢社には、慶應義塾の鎌田栄吉塾長や石田新太郎幹事、それに医学科を主宰する北里柴三郎のほかに、医学科化学科の設立趣意に賛同した渋沢栄一《しぶさわえいいち》男爵、服部一三《はっとりいちぞう》（前兵庫県知事）、中橋徳五郎《なかはしとくごろう》（大阪商船社長）ら塾外の有力者が顔を揃えた。このとき、渋沢栄一は次のように挨拶し、医学科化学科設立への賛同を表明した。

「本来、大学と政権とは、分離すべきものであることは今さら言うまでもないでしょう。政府当局の権力が学理の研究に影響を与えることは、学問の権威と独立を傷つけるものであり、民間に立派な私立大学がないということは真に国民の恥辱です。ゆえに、政権と関係のない学問研究の自由な場所は、民間の私立大学にこそ求められるべきでしょう。

日本の私立学校の数は近年ますます増加しつつあります。しかし、今日真に官立と対抗できる、信頼と歴史を兼ね備えた学校は五指にも満たないが、そのなかで慶應義塾は数少ない私立の重鎮です。この度、伝染病研究所文部省移管にともない北里博士以下が下野したのを期に、北里博士が中心となって慶應義塾に医化学両科が新設されることに、双手《もろて》を挙げて賛成する所以です」。

交詢社で設立委員会が開かれた二日後の八月六日付け『時事新報』は、「慶應医科大学設立決定、化学科と共に建設費概算百万円」と大見出しを掲げ、慶應義塾に医学科化学科を新設することを次のように告知した。

慶應義塾にては、現在の大學部なる理財、法律、政治、文學の各科の外に醫科、理工科等を併置《へいち》し、完全なる綜合大學組織となさんことは多年の希望にして、先般来東京、大阪、神戸、京都、名古屋等の重なる義塾出身者とも相談中なりしが、元来これらの計画には巨額の資金を要する上に中心人物の如何《いかん》が設立上の先決問題なるに、幸いにも世界的學者の令名《れいめい》ある北里博士等の喜んでその衝《しょう》に当たるを快諾するありて機運ここに熟し愈《いよく》醫學科および化學科を設立することゝなりたり。渋澤榮一男（爵）、服部一三、中橋徳五郎等諸氏は義塾に関係なきもこの挙《きょ》に賛成し、多大の同情をもって進んで資金募集に盡力《じんりょく》すべく快諾せり。

〈中略〉

醫學科および化學科建設費概算

金　一百萬圓　也

内訳

金　三十五萬圓　也　醫學科校舎建物設備および土地

金　五十五萬圓　也　付属病院建物設備および土地

金　十　萬圓　也　化學科校舎建物設備等

（「慶應醫科大學設立決定、化學科と共に建設費概算百萬圓」『時事新報　第一一八四四号』大正五年八月六日）

慶應義塾は雑誌や新聞で医化学両科の設立を広報し、義塾出身者を中心に広く募金を呼びかけた。これに渋沢栄一などの塾外の有力者も賛同した。その反響は予想以上に大きく、翌九月初めにはすでに目標額の一〇〇万円に達し、翌（大正六）年一月には当初の目標額の三倍のおよそ三〇〇万円の募金が集まった。その寄付金で四谷区信濃町にあった一万二〇〇〇坪の陸軍用地（現在の新宿区信濃町三十五慶應義塾大学病院）を購入し、校舎建設を着工したのである。

なお、このとき北島多一は北里の命を受けて、慶應義塾医学科の土地を入手するために井上友一《いのうえともいち》東京府知事との交渉などに奔走した。さらに北島は、病院と校舎の設計を担当する中條精一郎《ちゅうじょうせいいちろう》建築事務所に左記の四つの要望を提示するなど、綿密に打ち合わせをおこなった。

一、堂々たる建物を避け、入口なども病人の出入に便利なようにすること。
二、診療各科の連絡をよくし、患者が各科の診療室を訪うに便利にすること。
三、各教室に於ては教授、助教授、助手等が互いになかよく一致して平和なる一教室を作る様になるべく個立的にならぬ様にすること。
四、共同研究室を作り互いに助けあう様にし、基礎科の教授、助教授等にも来て指導して貰う様にすること。

（「慶應医学部の建設」北島多一『北島多一自伝』北島先生記念事業会、一九五五年）

大正九年（一九二〇）十一月六日、慶應義塾医学部（大正八年医学科から医学部に改称）の校舎と病院が落成し、これを記念して医学部構内で医学部開校と病院開院の式典がおこなわれた。来賓客には原敬総理大臣、中橋徳五郎文部大臣、石黒忠悳子爵、後藤新平男爵、佐藤三吉《さとうさんきち》東京帝国大学医科大学長など、二五〇〇人余りの朝野の名士が集まった。

石田幹事による開会の宣言のあと、鎌田塾長が関係各位による多額の寄付と式典への来臨を感謝する言葉を述べた。つづいて、北里は多くの旧知の人びとを前にして、慶應義塾医学部初代部長兼病院長の任を引き受けた理由と抱負をこう述べた。

予は福澤先生の門下では無いが、先生の恩顧《おんこ》を蒙《こうむ》つたことは門下生以上である。ゆえに不肖報恩《ほうおん》の一端にもならんかと、進んでこの大任を引き受けたのである。我等の新しき醫科大學は、多年醫界の宿弊《しゅくへい》たる各科の分立を防ぎ、基礎醫學と臨床醫學学の連携を緊密にし、學内は融合して一家族の如く、全員挙《こぞ》つて斯界の研鑽に努力するをもって特色としたい。

(「慶應義塾大學醫學部」『北里柴三郎傳』宮島幹之助・高野六郎編、北里研究所、一九三二年)

来賓筆頭の原敬総理大臣の祝辞に次いで、福澤翁や北里とともに日本の医療行政を長年主導しつづけ、今年七十六歳になる石黒忠悳子爵が、持病のリウマチを押して演壇に上り、既往を追懐《ついかい》しながら次のような祝辞を述べた。

「今日この大学の門を潜るとき、福澤先生を想い出さない者はいないだろう。明治の初め〝文部省庁は竹橋にあるが、文部卿は三田にあり〟といわれるほど、福澤先生の勢力は偉大だった。北里博士が欧州留学から帰って逆境に立たされたとき、私もその相談に与り私の友人の長与専斎翁から福澤先生に話し、福澤先生と森村翁との後援で、伝染病研究所ができた。そうした縁があって、今日福澤先生のかねてから抱いていた志であった医科大学が北里博士を中心に、このように盛大に開校式がおこなわれるのはじつに感慨深い。私の目の前に福澤先生の姿や声がありありと想像でき、肩をたたかれる思いがする」。

左は、『北里柴三郎傳』に記された石黒忠悳の祝辞の抄出である。

今日この大學の門を潜る者は福澤先生の事を想ひ出さない者はあるまい。明治の初年に於て、福澤先生の勢力は實に偉大であって、文部省は竹橋にあるが、文部卿は三田に在りとまで稱せられたものである。往年北里博士歐洲留學より歸り、傳染病研究所設立に際して逆境に立たれたとき、私もその相談に與《あずか》り、私の友人長与専斎翁から福澤先生に話し、福澤先生と森村翁との後援で、傳染病研究所の基礎が出來たのであった。

かかる縁故があって、今日福澤先生の宿志《しゅくし》たる醫科大學が北里博士を中心として、かくも盛大に開校式を擧行するのは實に感慨の深きを覺える。私の眼前には福澤先生の音容《おんよう》彷彿として肩をたたかれるの想がある。

（「慶應義塾大學醫學部」『北里柴三郎傳』宮島幹之助・高野六郎編、北里研究所、一九三二年）

北里が、主催者側の席から懐かしい顔が散見される来賓客を眺めていると、後藤新平男爵が北里の前に歩み出て、万歳三唱の音頭を取った。そして、盛大な拍手のうちに式典は終了した。

北里は、北島多一、志賀潔、秦佐八郎、宮島幹之助、照内豊、草間滋、高野六郎、大谷彬亮《おおたにもりすけ》を教授に兼任させるなど、北里研究所のおもだった高弟を投入して医学部を支えた。さらに、京都帝国大学医科大学から多くの優れた人材を教授に招聘した。それは、北里とドイツ留学時代からの旧知の友で当時京都帝国大学総長の荒木寅三郎（明治三十二年京都帝国大学医科大学長、大正四年より京都帝国大学総長）の紹介ならびに斡旋によるものである。

また、教授とともに看護師の確保は病院の質を左右する極めて重要な要素である。そのため、病院の開院に先立ち、大正七年に芝区白金三光町の養生園内に看護師養成所を新たに設け、赤十字社の鈴置《すずおき》けい子看護婦長を招いて指導に当たった。

新設された慶應義塾大学医学部には、他の大学には見られない先駆的ないくつもの特色があった。その一つに予防医学教室がある。北里は治療法の研究とともに、病気を未然に予防する予防医学の重要性を認識し、社会衛生の向上をめざして予防医学教室を設けたのである。また、もう一つの大きな特色に、食養研究所がある。食養研究所はさまざまな病気の患者に対して、最善の食事療法について研究するとともに、将来の人口問題に対応するための研究機関の役目を担ったのである。

初代医学部長ならびに病院長の職に就くに当たり、北里は慶應義塾大学に一つの条件を出していた。それは先述した、「これは恩師福澤先生の恩顧に報いるためのものであり、給料その他の報酬は一切受け取らない」というものである。事実、北里はその職を辞すまで、その約束を一度も違《たが》えなかった。そして昭和三年（一九二八）四月、七十五歳になった北里は、慶應義塾大学医学部主事兼病院副院長としてつねに北里を補佐した北島多一に途を譲り、晴れがましい面持ちで勇退したのである。

日本医師会初代会長に

大正十二年（一九二三）十一月、日本医師会が結成し、請われて北里はその初代会長になった。
日本の医師会の歴史はその四十八年前にさかのぼる。明治八年（一八七五）四月十一日に松山棟庵（慶應義塾医学所校長）、松本良順（陸軍軍医総監）、三宅秀、石黒忠悳、長与専斎らの発起によって「東京医学会社」が設立した。当初は、西洋医学を学んだ医師たちの小さな集まりにすぎなかったが、その後、高木兼寛、長与専斎、長谷川泰らが主導して、明治二十六年には全国の開業医三三〇〇名余りが加入する「大日本医会」へと発展した。そしてこの大日本医会は、医師会法の改正案を作成して国会に提案するなど、医療制度の改革を積極的に推し進めたのである。

ところが、この大日本医会の活動に対抗する一大勢力が現れる。これまで本書で度々登場する青山胤通、森林太郎、賀古鶴所、小金井良精、緒方正規、中浜東一郎、山際勝三郎、宇野朗のほか、大沢謙二（東京帝国大学医科大学長）、入沢達吉（東京帝国大学医科大学附属病院長）、隈川宗雄《くまかわむねお》（東京帝国大学医科大学医化学教授）、田口和美《たぐちかずよし》（東京帝国大学医科大学解剖学教授）、浜田玄達《はまだげんたつ》（東京帝国大学医科大学産婦人科教授）、田代義徳《たしろよしのり》（東京帝国大学医科大学外科教授）、近藤次繁《こんどうつぎしげ》（東京帝国大学医科大学外科教授）など、東京帝国大学医科大学教授ならびに卒業生らが明治三十一年十二月に神田錦町の錦輝館《きんきかん》に集結し、「医師会法案反対同盟会」を結成したのである。

医師会法案反対同盟会（翌三十二年「明治医会」に改称）の会員の東京帝国大学医科大学出身者たちは、大日本医会に所属する市井の開業医と同列に扱われること自体を極端に嫌った。また、医師会法のような国家の基本に関わる重要な問題は一介の町医者が関与すべきことではなく、医界の権威者が決めるべき事項であるとして、折りに触れて大日本医会を激しく批難した。そこには、官尊民卑と有司専制が横行した明治期の東京帝国大学医科大学を頂点とする特権意識の風潮が色濃く反映していたのである。

医師会法案反対同盟会の急先鋒・森林太郎が主筆を務める『衛生療病志』に目を通していると、大日本医会が結成された明治二十六年（医師会法案反対同盟会が結成される五年前）に、早くも大日本医会について「反動機関」と題する記事を発見した。記事の筆者は「観潮楼主人《かんちょうろうしゅじん》」とあった。「観潮楼」とは、森林太郎が住んだ居宅の名称で、「観潮楼主人」は森鷗外のもう一つの筆名である。

森は「反動機関」の冒頭で、「大日本医会とは何物ぞや」と、読者に向かって設問を投げかけている。そのうえで、「大日本医会は、全国の開業医が団結して医薬分業や開業試験などの業務一般を論議するほか、衛生および医学に関する国家急用の問題についても論議し議決するという。しかし、衛生および医学に関する国家的問題は真の学問権のある医学者を召集し、国の諮問機関として決すべき問題であり、多くの反動分子の集まりである反動機関の大日本医会が議論すべきことではない。また、学問権のある者とは少数の衛生および医学の専門家（東京帝国大学医科大学教授ならびに同大学出身者）を指し、専門的な学問に関する国家急用の問題を多数に委ねるべきではない」と、弁《べん》を弄《ろう》して論難《ろんなん》した。

左は、「反動機関」と題する森の論稿の摘録である。

大日本醫會とは何物ぞや。全國の醫術開業免状所有者を団結して、業務を議すること（仮規則）の外、衛生および醫事に關する國家急用の問題を議すべしといふ。しこうしてその問題とするところを、いかなるものぞといふに、いわく醫薬分業、いわく漢醫継続、いわく開業試験、これ猶《なお》それ小なるものなりといへり。（趣意書）全國の醫、一団結をなして、その業務を議せんとするは、すなわち不可なることとなし。

衛生および醫學に關する國家急用の問題に至りては、これをかの頗《すこぶる》多く反動分子を含める多数の醫に託して、議決せしむべきものにあらず。この如き問題の議決は、眞の學問權ある者のなすべきところなり。〈中略〉

もし眞の學問權あるに非《あら》ざるものをしてこれに入らしめ、これを左右せしむることあらば、これその組織の宜《うべ》しきを得ざるがためのみ。組織の宜しきを得ざるや、これを更《こ》へて可なり。もしこれを更ふべからずば、學問權ありて野に在る者、起《た》ちて一會を組織し、この如き問題を決議し、あるいは政府に建言し、あるいは國會に請願すべし。學問權あるもの Authoritäten は、理想貴族 Geistesaristokratie たるをもって、何の國何の世を問はず、必ず少数なるものなり。立憲の政は、多数の政たりと雖《いえども》、衛生および醫事は専門の學問に属するものなれば、これに關する國家急用の問題を挙げて、多数に委ね去るべきにあらず。

（「反動機關」観潮樓主人著『衛生療病志　第四三号』醫事新論社、明治二十六年七月九日）

かくて森は、「学問権あるもの Authoritäten」という根拠の極めて乏しい造語さえ持ち出して大日本医会を批難した。さらに森は、大日本医会を学問権のない医師の集まりであると決めつけ、あまつさえ「反動機関」と称して嘲弄《ちょうろう》したのである。

その後も、医師会法案反対同盟会（明治医会）からの執拗な誹謗中傷をたびたび受け、大日本医会の活動は次第に萎縮停滞し、代わって東京医会や関西医会など、全国各地に大小さまざまな医師会が次々とつくられていったのである。

全国各地に多くの医師会が設立されると、それらを網羅する全国組織の医師会の必要性が叫ばれるようになり、また、組織の法定化を求める声がしだいに大きくなった。そうした声に答えるように大正五年十一月、全国の地方医師会を糾合し、明治医会に対抗し得る組織として「大日本医師会」が結成された。会長には、医学的業績と政治的手腕を兼ね備え、しかも東京帝国大学医科大学教授や文部官僚を相手に対等に渡り合える人物が望まれたのである。

このとき、伝染病研究所が文部省に移管し、東京帝国大学医科大学に帰属することに抗議して官《かん》吏《り》の職を辞し、下野した北里柴三郎を大日本医師会の会長に懇請する声が全国から沸き上がった。北里はしばらく固辞していたが、医師会法案反対同盟会の欺瞞《ぎまん》を穿《うが》つために、全国の市井の医師の衆望を負い、請われて会長に就任したのである。

また、それまでは大日本医師会は各地区の医師会を統括するだけの法律外の結社にすぎなかったが、大正十二年の医師法改正によって大日本医師会は法定の「日本医師会」に生まれ変わった。かくて大正十二年（一九二三）十一月二十四日、日本医師会は内務大臣から法人認可された。これを受けて翌二十五日午前九時から、東京丸の内の生命保険協会で日本医師会は創立総会を開催した。総会には北里柴三郎をはじめ、東京慈恵会医科大学長の金杉英五郎《かなすぎえいごろう》貴族院議員、東京慈恵会医科大学教授で赤線検温器（のちのテルモ）社長の笹川三男三《ささがわみおぞう》など、会員一四〇名が出席した。

日本医師会の創立総会に当たり北里が開会の挨拶をおこない、原敬内務大臣が祝辞を述べた。次いで会長と役員を会員の選挙によって選出し、全国の医師四万人を擁する日本医師会の初代会長に北里柴三郎が就任した（「日本医師会第一回総会」『東京朝日新聞』大正十二年十一月二十六日）。その後北里は、健康保険制度や医薬分業の確立などに取り組み、終生、日本医師会会長の職を担いつづけたのである。

さらに北里は、日本結核予防協会理事長（一九一三年）、貴族院議員（一九一七年）、大日本私立衛生会会頭（一九一八年）、中央衛生会会長（一九二〇年）など、多くの役職を引き受けた。また、ドイツ政府より星章赤鷲第二勲章（一九〇九年）を、ノルウェー政府よりサン・オラフ第二等甲級勲章（一九一〇年）を、フランス政府よりレジオン・ドヌール勲章（一九一四年）をそれぞれ受章するなど、名実ともに世界の医学界の第一人者でありつづけた。

永訣の日

昭和六年二月末、北里は旧知の友の金杉英五郎貴族院議員と急に話がしたいと思い立ち、二人が奉職する貴族院の内談室で会うことになった。その日、北里はいつになく殊勝《しゅしょう》な面持ちで、すでに死が近いだろうが不思議と不安を感じることがないと、自身の心境を打ち明けている。

左記が、金杉と交わした最後の会話となった。

僕の生命も今度はもう長くは無いと思ふが、少しも不安を感ぜざることは不思議である。死んだ後の事は、彼是《あれこれ》苦労したって成ることより外にはなるべきものでは無い。

過日も次男（善次郎）の野郎があなたも段々老衰するようだから、我々に対する財産分配の事など考へて貰ひたいと云ふたから、唯一言、馬鹿野郎おれをそう急に死ぬと思ふかと、叱ってやったような次第である。

（「北里柴三郎さんと拙者」金杉英五郎『極到余音』金杉博士彰功会、一九三五年）

北里は生来いたって壮健で、老来《ろうらい》に何度か歯医者に通っている姿が見かけられたが、持病などは何一つなく健康そのものであったため、周囲や身内の者に北里の健康状態を心配する者は最期までいなかった。

事実、北里は死の二日前の六月十一日もふだんどおり土筆ヶ岡養生園に来園し、入院している結核患者を診察してまわっている。また翌日の六月十二日は、自身の歯の治療のために慶應義塾大学病院の歯科を訪れ、そこにたまたま居合わせた慶應義塾の鎌田栄吉元塾長やリウマチの治療で通院していた同郷の政治家の小橋一太《こばしいちた》前文部大臣らとしばらく親しく歓談した。そして午後七時ごろ麻布中ノ町の室家（現在の港区六本木三―三）に帰宅し、いつもと同じように寝室に入り就寝した。

「病気になることなく苦しまずに、死ぬときは人に知らざるようにコロリと逝きたいものだ」と、北里はふだん周囲に漏らしていた。その言葉どおり、北里の死はその日突然訪れた。

昭和六年（一九三一）六月十三日土曜日午前四時半、柴三郎の寝室で物音をするのを聞いた実の妹の加藤さいが不審に思って寝室を窺うと、蒲団のかたわらで寝間着姿の北里が倒れているのを発見した。すぐに家族の者を呼び、娘婿《むすめむこ》の石田二郎《いしだじろう》慶應病院循環器内科教授を呼び出すとともに、北里が危篤であることを関係者に伝えた。時を移さず、慶應病院の石田教授のほか大森、大谷、平井、西野の各医師が駆けつけた。

石田をはじめとする各医師は北里を取り囲んで懸命に手を尽くしたが、北里の反応はなかった。石田は起死回生を託してアドレナリンを北里に投与した。しかし、応急手当の効なく、午前六時、北里の死亡が確認された。死因は脳内出血であった。

あまりにも突然の北里の死に、家族の者は悲嘆にくれ泣き崩れた。ほどなく駆けつけた北里研究所や養生園、慶應義塾大学医学部の高弟たちも、北里の遺体を前にしてなす術もなく、ただ見守るだけだった。北里危篤の報を伝え聞いて訪れた金杉英五郎博士や潮恵之輔《うしおしげのすけ》内務省事務次官（のち内務大臣兼文部大臣）ら多くの訪問客で、北里邸は終日ごった返した。

北里の訃報は、当時まだ珍しかったラジオの臨時ニュースで午前十二時四十分に全国に放送され、翌日の新聞各紙で一斉に報じられた。

北里柴三郎男（爵）、**今朝脳溢血で逝く**

わが医学界の元老北里研究所長医学博士男爵北里柴三郎氏は、十三日午前四時半、睡眠中に脳溢血《のういっけつ》を起し危篤の状態に陥っているのを博士の実妹《じつまい》加藤さい刀自《とじ》が発見し、直《ただ》ちに長男俊太郎氏、次男善次郎氏、その他近親に急報すると共に慶應大学の大森、大谷、平井、西野各博士が手当を加えたが効《こう》なく同六時逝去した。享年八十。

なほ告別式は、十七日午後二時から青山斎場で神式で行はれるはず。博士は平常極めて壮健で十一日は養生園で患者の診察をなし、十二日慶大病院まで出かけて歯の治療をうけ午後七時ごろ帰宅し、平常と変りなく就寝したもので、突然の死去に近親はじめいづれも悲嘆にくれている。博士危篤の報と共に十三日朝から麻布の邸宅は潮内務次官、金杉英五郎博士その他内務省、北里研究所、慶大関係者の弔問客で混雑した。

在野医界の大御所、血清療法の泰斗

北里博士は熊本県の人。明治十六年東京大学医学部を卒業、十八年ドイツに留学しコッホ博士に師事して細菌学を修め、破傷風菌の純粋培養に成功して世界の医学界を驚かせた。留学期限の切れた後は特に宮内省よりの御下賜金《ごかしきん》で研究を続け世界学会から認められた。二十四年医学博士の学位を受け、二十五年帰朝して血清療法の研究を続け、二十九年内務省伝染病研究所長となり、大正五年同研究所が内務省から文部省に移管されるとき反対して部下の北島、秦、宮島各博士などと共に職を去って北里研究所をおこし、官学に対峙し一時北研の名声は官立伝研を凌駕した。大正八年東京医師会が成立するや会長となり、大日本医師会が創立されるやその会長に推され、日本医界の一大勢力であった。また九年慶應大学医学部の創立と共に部長となり所謂北里系の諸学者を教授とし、官学に対抗する勢力を築いた。大正六年貴族院議員となり十三年男爵を授けられ、現在は北里研究所長、慶應大学医学部顧問、日本結核予防協会理事長、大日本私立衛生会会長をはじめ公私の団体に顧問あるいは会長として依然として在野医学界の大御所として重きを為していた。

ペスト菌の発見者

北里博士の教をうけた内務省高野六郎博士は語る。

博士のふり出しは熊本医学校で、ドイツ留学中は血清療法を発見して多大な称賛を博し、ベルリン大学からプロフェッサーの学位をうけた。この学位は日本では博士唯一人です。明治二十五年帰朝したが博士が大学と関係がないので仕事の場所がないのをきいた福澤諭吉氏が芝愛宕下に伝染病研究所を作ってくれて、こゝの所長となった。また大日本私立衛生会が設立され、付属伝染病研究所が出来、その後国庫の補助を得て同研究所が独立した際、所長となったものです。明治二十七年頃ペストが香港で猖獗《しょうけつ》を極めたので政府から青山胤通博士と共に香港に派遣され、ペスト菌を発見した。大正二年《ママ》伝染病研究所が大学付属となったので、こゝを辞し芝白金三光町に北里研究所を創設し今日におよんで居《い》ます。伝染病とその予防に貢献するところ殊《こと》に多く門下生も無数で、日本といふよりも寧《むし》ろ世界の北里博士です。

(『東京日日新聞　第一九六九五号』昭和六年六月十四日)

北里の訃報は国内だけでなく、すべての人類の大きな損失として全世界に向けて伝えられた。たとえば『ブリティッシュ・メディカル・ジャーナル(British Medical Journal)』(英国医師会)は六月二十日号で、破傷風の純粋培養に成功し、免疫血清療法を確立し、ペスト菌を発見した北里博士の死を速報した。次いで、北里のペスト菌発見をいち早く世界に伝えた『ランセット（The Lancet）』も、六月二十七日号で顔写真入りで北里男爵の死を大きく報じた。同日、宮内庁から特旨をもって北里は従二位に叙せられ、勲一等旭日大授章が授けられた。

六月十七日、葬儀会場となった青山斎場は閑院宮載仁親王《かんいんのみやことひと》（日本赤十字社総裁）をはじめ、清浦奎吾伯爵、若槻礼次郎《わかつきれいじろう》総理大臣、安達謙蔵《あだちけんぞう》内務大臣、安保清種《あぼきよかず》海軍大臣ら各方面から贈られた多くの花環で埋め尽くされた。折から降りだした小雨のなか、午後〇時半から近親者の告別祭が神式にて執りおこなわれ、つづいて午後二時から一般告別式がおこなわれた。

会葬者は医界や政界を中心に朝野の名士が一堂に集まり、その数は四〇〇〇人を超え、朝鮮や満州、台湾など、海外から葬列に加わる者も多くいた。また、海外からの弔電や弔文は六十八通に上った。葬儀委員長を務めた北島多一は、門下生を代表して弔辞を述べた。

北島は、そのときの様子をこう述懐する。

> 北里先生が亡くなったときに僕は自分で弔辞を書いて読んだ。義は子弟のごとく情は親子のごとしということを書いて読んだ。自分の親が亡くなったような感じがするというようなことを書いて読んだが、そのとき僕は泣いてしまって読めなかった。僕は皆の前で泣いた。泣いてよう言葉が出なかった。そうしたら塾の方の名取和作《なとりわさく》（慶應義塾出身の貴族院議員）さんが、今日のような弔辞は聞いたことがない。君も泣いておったが、僕も泣いたという。君の心を考えて僕も泣けたとそのときのことを僕に話して言われた。

（「結婚」北島多一『北島多一自伝』北島先生記念事業会、一九五五年）

顧みて、北里は近代日本の黎明期に微生物学の都・ベルリンに雄飛し、憧れのコッホの下で欧米人が先導する微生物学の分野で研鑽を重ね、破傷風の純粋培養の成功や免疫血清療法の創出など、世界初の数々の画期的な研究を成し遂げた。その業績が高く認められ、第一回ノーベル生理学・医学賞の候補に挙がるなど、北里はその名を世界に知らしめた最初の日本人のひとりとなったのである。

世界から称賛を受けた北里は、ケンブリッジ大学の細菌学研究所長をはじめとする世界最先端の研究機関での地位や名誉が約束されていたにもかかわらず、それらの招聘をすべて断わり、これまで培った知識と経験を日本で役立てるために帰国した。そして、日本初の伝染病研究所の創立や世界三大研究所の一つに数えられる北里研究所の開所、慶應義塾大学医学部の設立、さらに日本医師会初代会長の就任など、人材と組織と両面から日本の近代医学の礎を築き、その発展に大きな貢献を果たしたのである。

そんな北里も、初めから医師を志していたわけではなかった。むしろ多くの医師が自分の栄華のみを追求しているのを見て医学を賤学《せんがく》と見做し、毛嫌いした。また、マンスフィルドの顕微鏡を覗き、目には見えない微生物の世界に魅せられて医学の道を歩み始めた北里だが、他の医学生が大学教授などをめざしたのに対し、北里は病気を未然に予防する衛生学を志し、東京大学を卒業すると衛生局に転出した。

その後北里は、明治二十七年（一八九四）三月に香港で発生したペスト調査のために感染地に入り、世界で初めてペスト菌を発見することに成功したのをはじめ、コレラ、破傷風、ジフテリア、結核、赤痢、ハンセン病など、当時日本で流行したさまざまな感染症の研究に取り組み、治療法の開発や予防法の確立に主導的な役割を担ったのだった。北里の研究人生においてつねにその核心にあったもの、それは医学を学術的な研究対象として捉えるのではなく、病気の治療と予防を何よりも最優先に考える医師としての誠実な姿勢にほかならない。

さて、北里柴三郎が初代所長を務めた伝染病研究所は、第二次世界大戦後の昭和二十二年に厚生省所管の国立予防衛生研究所（現在の国立感染症研究所）に分離したのち、昭和四十二年に「東京大学医科学研究所」と改称し、感染症や癌などの難治疾患の研究を目的とする国立研究機関として、今も北里所長が一八四名の所員と最後の集合写真を撮ったときと同じ場所（港区白金台四—六—一）にある。

私は北里が生きた痕跡とその証を確かめるために、東京大学医科学研究所を訪ねた。東京メトロ白金台駅の二番出口から地上に出ると、正面に東京大学白金キャンパスの正門がある。守衛が立つ正門を抜けると道は右になだらかにカーブを描いて東京大学医科学研究所本館入口の車寄せへとつづき、本館の奥（北隣）に付属病院のガラス張りのビルがそびえている。

私は広大なキャンパス内を探索したが、かつて伝染病研究所の所長を務めた北里を偲《しの》べる物はついに見付けることはできなかった。さらに車寄せのある本館に入り、左右に伸びる廊下を隈なく歩いた後、二階につながる階段を登った。階段の踊り場から二階を振り仰ぐと、正面の白い壁の前に一体の銅像が置かれているのが見えた。銅像に駆け寄ると、台座の側面に銘板が貼られていた。回り込んで顔を近づけると、そこには「医学博士青山胤通君銅像　明治二十七年十一月十一日　歓迎会長従三位公爵近衛篤麿」と刻まれていた。北里とともに香港に入り、ペストに感染しながらも九死に一生を得て生還を果たした青山が、明治二十七年十一月十一日に東京大学でおこなわれた歓迎会の折りに近衛公爵から贈られた銅像である。

初代所長の北里柴三郎と競い合った第二代所長青山胤通の銅像がいまもゆかりの地に置かれていることを知った私は、台座から少し離れて改めて銅像の姿を眺めた。――白い壁の前に置かれた青山の銅像の横には、木製の黒い大きな観音開きの扉があり、その中央に「所長室」のプレートが掲げられていた。

エピローグ

コッホ・北里神社に眠る

三月下旬の花曇《はなぐも》りの朝、私は白金の北里研究所に向かった。東京メトロ広尾駅を下車し、外苑西通りを南に向かって歩くと直ぐに古川《ふるかわ》に架かる天現寺橋《てんげんじばし》の交差点に出る。橋の前方右手に、北里柴三郎がかつて院務監督を務めた都立広尾病院、左手に慶應義塾幼稚舎があり、橋を渡った左手の白金北里通り沿いに学校法人北里研究所はある。

福澤諭吉は、現在の慶應義塾幼稚舎のある恵比寿二丁目から北里研究所のある白金五丁目一帯の風景（明治初期は水と緑に恵まれた水車小屋のある牧歌的な景観だった）を気に入り、明治十二年に別荘を建てて「広尾別邸」とした。その別荘の土地の一部を北里柴三郎に提供し、明治二十六年に日本初の結核専門病院「土筆ヶ岡養生園」を開園させたのである。

かつては春先になると毎年古川沿いの岡一面に土筆が一斉に芽を出したのだろう。その地名にちなみ、福澤諭吉みずから「土筆ヶ岡養生園」と名付けたのだった。福澤が北里のために丹精込めて建設した土筆ヶ岡養生園の場所に現在、北里研究所病院や北里大学など、北里研究所の関連施設が建ち並ぶ。

北里研究所のプラチナタワーの袂に、北里柴三郎記念館・展示室はある。その前に、大理石の台座に据えられた北里柴三郎の銅像があり、その脇に「ペスト菌発見記念の銅像」の案内板が添えられていた。

学生時代から犬猿の仲で知られた北里と青山は、国命を帯びて黒死病の調査のためにともに香港に渡り、ペスト菌発見という所期の使命を果たして無事往還した。その功績をたたえて東京大学で歓迎会がおこなわれ、近衛篤麿公爵より北里と青山に銅像（大熊氏広《おおくまうじひろ》作）が寄贈された。このとき贈られた一対の銅像のうち、北里に贈られた銅像は白金の北里研究所に開設された北里柴三郎記念館・展示室の前にあった。他方、青山の銅像は白金台の東京大学医科学研究所の所長室の前にあった。

死を覚悟してともに香港に入り、劣悪な環境のなかで生死をともにした北里と青山。帰国後、近衛公爵より贈られた記念の銅像は、現在それぞれ異なる場所で日本の医学のゆくすえを見守るように超然と遠くを見据えていた。

北里研究所の正門からまっすぐに伸びる道路を進むと、プラチナタワーの高層ビルに隠れるように小さな緑地がある。草木が生い茂る小径に分け入ると、一本の小高い杉が立ちつくし、その横に石標が据えられ、「明治四十一年六月二十四日　コッホ先生手植杉」と刻まれているのを読み取ることができた。さらに歩を進めると月桂樹が立ち、その横に「明治四十一年六月十七日　コッホ先生手植月桂樹」と刻まれた石標が据えられていた。

明治四十一年六月に北里の招きに応じてコッホが夫妻で来日した際、コッホがみずから手植えし

▲青山胤通の銅像、東京大学医科学研究所本館二階所長室前にて（左右ともに著者撮影）

▲北里柴三郎の銅像、北里柴三郎記念館一階展示室前にて

た杉と月桂樹が、コッホの死後百年以上の歳月を経たいまもなおその青々とした緑の枝葉を天空に向かって密やかに伸ばしていることに、時空を越えた不思議な感動を覚えた。

私は、コッホの誕生日の大正四年十二月十一日に催された北里研究所の開所式を想像した。白金三光町に創建された北里研究所は、コッホ研究所を模してドイツ風を基調とし、本館中央には八角尖塔が聳えていた。正面入口の車寄せの屋根の中央には、北里が世界で初めて純粋培養に成功した破傷風菌と平和のシンボルの月桂樹をあしらった紋章が掲げられていた。現在、本館は愛知県犬山市の明治村に移築保存されてここにはない。しかし、幸いにもコッホ手植えの杉と月桂樹がわずかに創建当時を偲べるものとして残されていた。

私は『北里研究所二十五年誌』に収められた「開所式の光景」の一節を思い返した。

門を入りて仰げば、ゴシック式の本館の棟高く圓筒聳《えんとうそび》え、正面の表玄関、左手の内玄関、木の香新たに快く押し開かれた。右手に望めば清冽の水を湛へたる小池を隔てて、鬱蒼《うっそう》たる木立既《すで》に物古《ものふ》りたる中に、コッホ祠堂《しどう》のほの見ゆるも奥床《おくゆか》し。湖畔の泉石《せんせき》にも心を用ひたる跡見え、コッホ先生手植の標石《ひょうせき》、月桂樹、杉と共に所得顔《ところえがお》に移されたるも、思ひ草の一《ひとつ》である。

（「開所式の光景」『北里研究所二十五年誌』北里研究所編、北里研究所、一九三九年）

コッホ手植えの杉と月桂樹の木立を抜けて、道路を隔てた反対側に草木が茂る一画があった。目をこらすと左右に配した石灯籠の奥に小さな祠堂が見えた。

明治四十三年（一九一〇）五月二十七日、ロベルト・コッホはドイツ南部の保養都市バーデン・バーデンで逝去した。翌二十八日、北里はドイツからの電報を受け取りコッホの訃報を知った。深い悲しみのなかにあった北里はコッホを偲ぶためにコッホの塑像（本書二三九頁参照）を製作し、その像を白金台町の伝染病研究所の来賓室に安置し、五月三十一日に所員一同で花環を捧げてコッホ博士の追悼会を執りおこなった。さらに北里は明治四十四年五月二十四日、銅板葺きの屋根を冠する総檜作りの祠を研究所構内に建立し、コッホが来日の折にコッホから譲り受けた髪を祠に納めて「コッホ祠」とし、毎年五月二十七日のコッホの命日にコッホ祠に献花を捧げて恩師を偲んだのである。

大正三年十一月五日、伝染病研究所の文部省移管にともない北里は辞職し、翌四年十二月十一日、白金三光町に新たに北里研究所を開設した。北里は「恩師の霊をこのまま放置するには忍びない」と思い、白金三光町に新たに開設した北里研究所の構内にコッホ祠を遷座した。

昭和六年六月十三日に北里柴三郎が逝去すると、北里の門下生たちは「北里所長の精神的墓標は北里研究所にある」と考え、コッホ祠の傍に「北里祠」を設け、北里の御霊を祀った。その後、昭和二十年五月二十五日の東京大空襲の際に北里祠は焼失したが、幸いにもコッホ祠は残ったため、戦後改めてコッホ祠と北里祠を合祀して、「コッホ・北里神社」と名付け、北里研究所の守護神としたのである。

▲北里研究所に鎮座する「コッホ・北里神社」と志賀潔が植樹した枝垂桜（著者撮影）

新型コロナの感染者数が連日ニュースで速報される今日、感染症学を創始・先導し、人類と感染症の闘いに生涯挑みつづけた東西二人の医聖を祀る「コッホ・北里神社」は、疫病退散、感染症平癒を祈願するのにもっとも相応しい場所かもしれない。

人類と感染症との闘いは、決して終わることはない。たとえその病原体を撲滅できたとしても、生き残った一部の病原体が新たな形に変異し、より多くの罪のない人びとの性命を奪うために再び私たちの前に現れる。

北里柴三郎は人類を繰り返し襲う未知の病原体と対峙し、未曾有の感染爆発の渦中に身を投じ、病原性微生物学の研究の最前線で終生闘いを止めなかった。北里が感染症と闘いつづけた最大の理由は、医学の本質がいかに深く人間に対する根源的な愛と理解につながっているかを了知していたからだろう。

二礼二拍手一礼して祠に目を戻すと、桜の花片が舞い落ちてくるのに心づいた。祠の左手の大きな枝垂桜《しだれざくら》が祠を見守るように枝を茂らせて咲き揃っていた。すぐにそれが、北里の門弟の志賀潔が手植えした、郷里仙台・榴ヶ岡《つつじがおか》の枝垂桜だということに気がついた。そのことは志賀潔の『或る細菌学者の回想』に収められた「北里先生のことども」に記されている。

（コッホ）祠が造られた時、私は郷里仙台の名物である榴ヶ岡の枝垂桜の苗木を二十株ほど取寄せて、祠をめぐる池畔に植えた。地味の違う土地に果して育つであろうかといろいろ気をつかったが、そのとき（北里）先生は「何だ仙台の桜か」ぐらいにしかいわれなかったので、実はいささか拍子抜けの気持ちだった。

私が朝鮮へ赴任後のある年の春、先生はみごとに咲き揃った枝垂桜の写真を、わざわざ事務の上野氏に撮らせて京城の私のもとへ一書を添えて送って下さった。虚飾やお世辞を極度に嫌われた一面、先生にはこのような優しいお心遣いがあったのである。

（「北里先生のことども」志賀潔『或る細菌学者の回想』雪華社、一九六六年）

志賀潔は大正三年十一月五日に北里と行動をともにして伝染病研究所を辞し、北里の門下生たちとともに野にあって新研究所の創建に協力した。そして翌四年十二月十一日に白金三光町の現在の地で北里研究所が開所し、白金台町の伝染病研究所にあったコッホ祠を北里研究所の構内に遷座した際、志賀は郷里の名物の枝垂桜をコッホ祠の周囲に植樹した。

それからしばらくして北里は朝鮮総督府医院長の就任要請を受けたが、どうしても日本を離れることができないために、北里に代わって志賀が大正九年十月に朝鮮総督府医院長として京城《けいじょう》（現在のソウル）に赴任することになった。その後も志賀は京城医専校長や京城帝国大学総長などを歴任し、十一年もの間ソウルに留まった。この間、北里は志賀が望郷の念にかられているのではないかと気遣い、満開に咲き誇った枝垂桜の写真を添えて、ソウルの志賀に手紙を書き送ったのである。

コッホ・北里神社を守るように、いまも変わらずみごとに咲き揃う枝垂桜を倦《う》まず眺めていると、恩師を慕う志賀と、門弟を気遣う北里の、互いの想いが交差して枝垂桜の枝が恵風に揺れるたびに心も揺れた……。

花曇りの乳白色の空から枝垂桜の花片がときおり祠に舞い降りる光景をしばらくぼんやりと仰望した私は、未知の感染症と生涯闘いつづけた北里柴三郎に一礼をして門を出た。

あとがき

二〇二〇年二月、日本で初めて新型コロナウイルス感染症による死者が発生しました。そのことを大きく報じるテレビを視聴しながら、真っ先に私の脳裏に浮かんだのは、世界から「感染症学の巨星」と称揚された北里柴三郎です。

一八九四年三月、中国南東部でペストと思われる謎の感染症が流行し、多くの人びとが亡くなりました。このとき北里柴三郎はペスト調査のために感染地の香港に入り、世界で初めてペスト菌を発見し、それによってパンデミックを早期に押さえ込むことに成功しました。

新型コロナウイルス感染症のニュースをきっかけに、私は人類と感染症との終わりなき闘いを浮き彫りにするために未知の感染症に挑んだ北里柴三郎の生涯を追うことにしました。そして、一年余りの月日を経てようよう脱稿したのが『北里柴三郎――感染症と闘いつづけた男』です。本書は、ペストをはじめ、コレラ、破傷風、ジフテリア、結核、赤痢、ハンセン病など、これまで日本で流行したさまざまな感染症と闘いつづけた北里柴三郎の生涯を、多くの確かな資料と取材によって初めてその全容を余すところなく明らかにした書き下ろし評伝ノンフィクションです。

当初私は北里柴三郎をより深く掘り下げるために国立国会図書館に通い、当時の新聞や学術誌に手当たり次第に目を通しました。そうして、北里が生きた歴史的背景のなかから彼の足跡を掬い取り、事実の断片を一つ一つ集積することによって北里柴三郎の実相を描出することをめざしました。北里柴三郎の周囲には、恩師のコンスタント・マンスフェルトやロベルト・コッホ、恩人の長与専斎や福澤諭吉、友人の青山胤通や森鷗外、門弟の志賀潔や野口英世など、じつに多彩な人たちが集まっていました。執筆に当たり私は北里とその人たちとの交流や対立を精密に描写することに心がけました。わけても、明治大正期の激動の時代のなかで、北里をはじめとする当時の医学者が未曾有の感染症といかに対峙し、夥多の性命を救うために闘ったのか。病原性微生物学の研究の最前線で、それぞれの人間が何を考え、どう行動したかを群像劇として事実に忠実に叙述することに努めました。

北里柴三郎が晩年の活動拠点とした北里研究所には、北里にまつわる一万数千点もの遺品が地下の倉庫で眠っていました。永年にわたって非公開とされてきたこれらの史料が大村智北里研究所長（当時）の英断によって一般公開されることとなり、それが今日の北里研究所北里柴三郎記念館・展示室の開室につながっています。

私は北里柴三郎の遺品を展示公開する北里柴三郎記念館・展示室を訪ね、そこで執筆のための多くの手がかりと確証を得ることができました。たとえば、北里柴三郎記念室の協力を得て自筆の演説原稿『医道論』や手紙、日記など、北里柴三郎記念室が所蔵する貴重な史料の数々を拝見させていただき、北里が医学を志した心情の一端に直に触れることができました。

また、北里柴三郎が発表したドイツ語論文の翻訳集『北里柴三郎学術論文集　日本語翻訳版（"Collected papers of Shibasaburo Kitasato" 1977）』（北里研究所、二〇一八年）を翻訳・監修された檀原宏文北里大学名誉教授にお会いし、北里大学図書館の貴重書庫で人目に触れることなく架蔵されている北里柴三郎所蔵の未整理図書に関する大変興味深いお話をお聞きする機会に恵まれました。さらに、檀原名誉教授には私が多くの時間を要して脱稿したおよそ六五〇枚（二十六万字）におよぶ原稿を査読していただき、「私の知る所、北里柴三郎に関する〝評伝ノンフィクション〟として唯一最高のもの」と、過分なお褒めの言葉を頂戴したことは著者にとって望外の喜びです。

また、新型コロナウイルス感染症による緊急事態宣言下と北里柴三郎肖像の新千円札発行を前にした多端の折から、北里柴三郎記念室の大久保美穂子、菅野よしみ両氏より本書に収録する稀少な写真資料をご提供いただきました。北里研究所で知遇を得、お世話になった方々にこの場を借りてお礼申しあげます。

本稿は、北里柴三郎が牽引した近代医学史の調査研究に携わる檀原名誉教授のほか、中瀬安清北里大学名誉教授、竹田美文元国立感染症研究所長、小高健東京大学名誉教授（故人）、藤野恒三郎大阪大学名誉教授（故人）など、先覚諸氏の先行研究の功績のうえに、初めて書き上げることができました。そのことをここに記し、注目すべき数多の研究成果を残した先達に改めて感謝と敬意を表します。なお、先行研究については「主な参考文献」（本書三五七―三六七頁）に主な文献を明示したので、興味のある方は参照していただければ幸いです。

出版に当たっては、前著『地震学をつくった男・大森房吉――幻の地震予知と関東大震災の真実』に引きつづき今回もまた、私が信頼する青土社書籍編集部長の菱沼達也氏に編集の才腕を振るっていただきました。

右に挙げた多くの方々の功績と才腕に支えられて、本書を世に出すことができました。本書の取材・執筆・制作の過程でお会いしご協力いただいたすべての皆様に心より感謝申しあげます。

上山明博

二〇二一年六月　新型コロナウイルス感染症緊急事態宣言下の東京にて

北里柴三郎と感染症年表

嘉永　五	一八五三	・十二月二十日（新暦一八五三年一月二十九日）、北里柴三郎は阿蘇の山麓の小国郷北里村で代々庄屋を務める北里惟信とその妻・貞の九人兄弟の長男として生まれる
慶応　三	一八六七	・福澤諭吉が『西洋事情　外編』で欧米の特許制度を初めて日本に紹介
明治　四	一八七一	・二月、北里は熊本藩最後の藩主・細川護久が新設した西洋医学の藩校・古城医学校に入学。オランダ人軍医コンスタント・マンスフェルトに語学と医学を学ぶ
明治　六	一八七三	・ノルウェーの医師アルマウェル・ハンセンがハンセン(らい)病患者から「らい菌(*Mycobacterium leprae*)」を発見、ハンセン病はらい菌を病原体とする感染症であることを初めて明らかにする
明治　八	一八七五	・十一月、北里は郷里を出て神田区泉町の東京医学校に入学
明治　十	一八七七	・四月、神田区泉町の東京医学校は東京開成学校と統合され、法学、理学、文学、医学の四学科と東京大学予備門から構成する東京大学として創立し、校舎は本郷区本富士町の旧加賀藩上屋敷跡地に落成
明治十一	一八七八	・四月、北里は学生結社「同盟社」の主将として活動。演説原稿『医道論』で、「国の基本は国民の健康にあり、医学の基本は病気を未然に防ぐことにある」と記す
明治十五	一八八二	・三月二十四日、細菌学の祖ロベルト・コッホが結核菌を発見

明治十六	一八八三	・四月、北里は東京大学医学部を卒業。内務省衛生局に入局し、長与専斎局長の下で衛生事業に従事 ・九月十二日、南米遠航を終えた軍艦「龍驤」が品川港に帰港。九ヶ月の航海訓練中に艦内で脚気が猖獗を極め、乗組員三七六名のうち四割以上の一六九名が倒れ、うち二五名が死亡 ・ロベルト・コッホがインドでコレラ菌を発見
明治十七	一八八四	・ドイツのユダヤ人内科医アルトゥール・ニコライアーが破傷風菌を発見
明治十八	一八八五	・二月、ドイツ留学から帰国した緒方正規が内務省衛生局東京衛生試験所に兼勤。北里は緒方の助手として国内で発生する各種伝染病の細菌学的調査を開始 ・四月、麹町区富士見町の華族邸内で飼われていたアヒルの謎の集団死が発生。北里はアヒルの血液や臓器を顕微鏡で観察し、原因はニワトリ・コレラ菌と特定する ・九月、長崎で原因不明の伝染病に四三〇〇人余が罹患し、うち半数以上が死亡。北里は長崎の隔離病院に収容された患者の便から病原菌を採取して純粋培養し、日本初のコレラ菌を検出する ・十一月四日、北里は内務省より「衛生学術上取調トシテ独逸国被差遣候事」の辞令を受け、ドイツ留学が決まる
明治十九	一八八六	・二月、北里はマルセイユから列車でドイツの首都ベルリンに着き、ロベルト・コッホが主宰するベルリン大学衛生研究所を訪問。コッホの高弟のレフラーを介してコッホと面会し、入門を許される ・四月六日、内務省御用掛を兼務する緒方正規が「脚気病菌発見の儀開申」と題する報告論文を内務卿の山縣有朋に提出。その内容が「脚気病毒素発見」の見出しを付けて明治十八年四月七日と八日の『官報』（第五二六号と第五二七号）に発表される ・四月十四日、神田一ツ橋の東京大学講堂で緒方正規教授による「脚気病毒発見大講演会」が開催され、大学や軍部の医療関係者およそ一〇〇〇人が集まる

		・日本全国でコレラが大流行。コレラの患者数は一五万五九二三人、死者数は一〇万八四〇五人に上った ・帝国大学令の発令により、東京大学医学部は帝国大学医科大学に改組
明治二十	一八八七	・四月二十日、ミュンヘン大学のマックス・フォン・ペッテンコーファー教授の下で衛生学を学んでいた森林太郎が北里のいるベルリン大学を訪問、北里を介して森林太郎はロベルト・コッホの下で短期留学が認められる ・九月、第六回万国衛生会議がドイツ・ウィーンで開催。日本政府を代表して石黒忠悳陸軍医務局次長が来独し、森林太郎軍医を伴ってベルリン大学で留学中の北里を来訪。石黒忠悳はロベルト・コッホとコレラ対策について懇談 ・オランダ・ユトレヒト大学の細菌学者C・A・ペーケルハーリングとオランダの神経科医C・ウィンクラーの共同論文「脚気について(Beri-Beri.)」が『ドイツ医学週報　第三九号(Deutsche Medicinische Wochenshrift, 39)』に掲載、脚気は脚気菌によって発症する多発性神経炎であると発表する
明治二十一	一八八八	・五月四日、内務省長与専斎衛生局長からベルリン大学の北里に、「貴下留學延期之儀、内務大臣閣下へ稟請の上なお二ケ年間留学之義認可相成候」と書かれた国際郵便が届き、北里は二年間の留学延期が許される
明治二十二	一八八九	・一月二十五日、北里は緒方正規の脚気細菌説に対する論稿「緒方氏の脚気〝バチルレン〟説を読む」を『中外医事新報』に寄稿 ・四月二十七日、北里はベルリンで開催された第十八回ドイツ外科学会で「破傷風の病原体について(Ueber den Tetanuserreger.)」と題して講演し、破傷風菌の純粋培養に世界で初めて成功したことを発表。翌日『ベルリン日日新聞(Berliner Tageblatt)』は、「東京からやって来た若き日本人医師・北里柴三郎氏が、破傷風の病原体の純粋培養に世界で初めて成功した」とその快挙を報じる

		・六月八日、森林太郎は北里が緒方の脚気細菌説を批判したことに対し、「北里は識を重んぜんとする余りに果ては情を忘れしのみ」と反駁する論稿「情と識」を『東京医事新誌　第五八四号』に発表 ・九月二十一日、北里は森林太郎の反駁に対し、「情を忘れたるものに非ず、私情を制したるものなり」と反駁する論稿「与森林太郎書」を『東京医事新誌　第五九九号』に発表
明治二十三	一八九〇	・十一月十三日、ドイツ・ベルリンでおこなわれた第十回万国医学会でロベルト・コッホは「細菌学上の研究について（Über Bakteriologische Forschung）」と題して講演し、結核新薬「ツベルクリン」を創製したと発表 ・十二月四日、北里とエミール・ベーリングは「動物におけるジフテリア免疫および破傷風免疫の成立について（Ueber das Zustandekommen der Diphtherie-Immunität und der Tetanus-Immunität bei Thieren.）」と題する論文を『ドイツ医学週報　第一六号（Deutsche Medicinische Wochenschrift, 16）』に発表 ・北里の共同研究者のエミール・ベーリングが血清療法の研究に対して第一回ノーベル生理学・医学賞を受賞。ベーリングは受賞会見で、「北里が破傷風免疫における先駆的で見事な研究成果を挙げたおかげでジフテリア免疫の研究は驚くほど短期間でおこなうことができた」と述べる
明治二十四	一八九一	・北里はロンドンで開催される第七回万国衛生会議に出席。ジョゼフ・リスター、イリヤ・メチニコフ、アーネスト・ヘンキらと親しく交歓する
明治二十五	一八九二	・五月一日、北里はドイツ皇帝からプロフェッソルの称号を授与 ・五月二十八日、北里はドイツ留学から帰国 ・九月、北里は長与専斎を介して福澤諭吉と面会 ・十一月三十日、日本初の伝染病研究所が芝公園に創設

明治二十六	一八九三	・四月二十二日、伝染病研究所の愛宕町移転反対運動が起る ・九月十六日、日本初の結核専門病院「土筆ヶ岡養生園」が開園
明治二十七	一八九四	・三月、清国雲南で発生した原因不明の疫病が香港に飛び火。感染者数は五月末までに述べ四万人を数えた ・五月十二日、在香港中川領事は香港の疫病流行を陸奥宗光外務大臣に電報で伝え、船舶の入港禁止と検疫強化を進言 ・五月二十五日、日本政府は「清国及び香港に於て流行する伝染病に対し船舶検査施行の件」を公布し、検疫による水際対策を強化 ・五月二十八日、帝国議会において伊藤博文総理大臣に対し「黒死病調査として中央衛生会委員派遣の件」が提出され黒死病調査委員の香港派遣が可決承認、委員に北里と青山胤通が選出される ・六月二日、内山下町の帝国ホテルで北里と青山らの送別会を開催。『東京日日新聞』は、「北里、青山両博士の送別会は、あたかも兵士が戦地に赴くが如く、国家衆民の為めに一生を犠牲に供せんとするの覚悟をもって進むものにして、首尾好く任務を果たして帰朝せられんことを祈らざるべからず」と、死を覚悟した香港行きを伝える ・六月十二日午前九時、日本黒死病調査団を乗せた「リオデジャネイロ号」が香港に着岸。北里と青山らは領事館で中川領事と面会 ・六月十三日、北里と青山らは中川領事を介して香港政庁のフィリップ・イールス医務長と国家医院のジェームズ・ラウソン副院長と面談、ケネディ・タウン病院の施設の一部を研究室に使用する承諾を得る ・六月十四日、北里と青山は病院の一隅で解剖ならびに研究を開始、同日北里はペスト菌と思われる細菌を発見 ・六月二十九日、ペスト菌の研究が無事完了することを祈念して香港ホテルで晩餐会を開催中、ホストを務めていた青山が高熱を発して倒れ、助手の石神亨も高熱を発してうずくまる。

		青山と石神を病院船「ハイゼア号」に緊急入院させる ・六月三十日、北里は「青山石神黒死病に罹りたりその他は皆健康」(午後五時五十二分香港発)の電文を内務省衛生局の高田局長に送る ・七月一日、青山と石神が香港で黒死病に罹ったことを東京朝日新聞は号外を出して大きく報じた ・七月七日、北里は「〃ペスト〃病の原因調査第一報告(Vorlaufige Mitteilung ueber den Bubonenpest.)」を書き、得られたペスト菌株を添えてドイツのロベルト・コッホ研究所に送る ・七月十五日、北里は「〃ペスト〃病調査復命書」を井上馨内務大臣に送り、その内容は『官報』(第三三二六号と第三三二七号)に掲載される ・八月十一日、世界五大医学雑誌の一つ『ランセット(The Lancet)』誌が「香港に於けるペスト(The plague at Hong-Kong.)」という見出しを掲げ、北里がペスト菌を発見したことを速報 ・七月三十日、ペスト菌を発見した北里が香港から帰京 ・八月一日、日清戦争が開始 ・八月三十一日、黒死病に倒れた青山が九死に一生を得て香港から帰国 ・十一月十一日、北里・青山両氏の歓迎会が帝国大学図書館で開催
明治二十九	一八九六	・三月二十九日、香港から横浜に向かう英国郵船「ゲーリック号」に乗船した広東省出身の青年が船内で発症して死亡したのを受け、北里は伝染病研究所の高木友枝を横浜に派遣。高木は横浜の中国人墓地を掘り起こして病理解剖をおこない、日本初のペスト患者であることを確認する ・内務省所管の官営「血清薬院」が設立、初代院長に高木友枝が就任
明治三十	一八九七	・イタリア・ベニスで開催された第十回万国衛生会議でペスト菌の第一発見者は北里かエルサンかについて論議され、両者ともに正真のペスト菌であることが判明。ペスト菌の発見者は、〃Kitasato & Yersin〃と併記され、ペスト菌は「キタサト・エルサン菌」と呼ばれる

		・赤痢病が日本国内で流行し、赤痢病患者の総数は八万九四〇〇人余、死者二万二三〇〇人余。うち東京の患者は七〇〇〇人余、死者二一〇〇人余に上った ・十二月十日、北里の高弟・志賀潔が赤痢菌を世界で初めて発見。「赤痢病原研究報告　第一」と題する論文を発表
明治三十二	一八九九	・三月三十一日、私立伝染病研究所が内務省所管の国立の研究機関に移行 ・十二月二日、森林太郎が「観奕生」の筆名で「北里と中浜と」と題する論評を発表し、北里が発見したペスト菌は贋物でエルサンが発見したペスト菌こそ本物であると北里を厳しく断罪する ・十二月二十九日、松田秀雄初代東京市長は「鼠一匹につき五銭で市が買い上げる」ことを議会に提案、東京市のネズミ買上げにより毎年二〇万匹余りのネズミが東京市民によって捕獲。ネズミの霊を供養するために東京各所に鼠塚が建立される
明治三十四	一九〇一	・二月三日、福澤諭吉が脳溢血を再発し逝去、行年六十六
明治三十五	一九〇二	・九月八日、長与専斎が心臓弁膜症で急逝、行年六十四
明治三十七	一九〇四	・二月十日、日露戦争が開始
明治三十九	一九〇六	・十一月、伝染病研究所が白金台町に拡張移転
明治四十一	一九〇八	・六月十二日、ロベルト・コッホが北里の招きに応じて来日し、七十四日間日本に滞在。コッホは日本の行く先々で来日公演会をおこない、日本国民はコッホを熱烈に歓迎した
明治四十二	一九〇九	・ノルウェー・ベルゲンで開催された第二回国際ハンセン病会議に北里は議長として招聘され、「日本におけるハンセン病（Die Lepra in Japan.）」と題する特別講演をおこなう
大正　三	一九一四	・十月十四日、第二次大隈重信内閣が伝染病研究所の文部省移管を閣議決定し、同日発行の『官報　第六六二号』に勅令をもって公示

		・十月十九日、北里は大隈重信首相に診断書を添えて辞表を提出 ・十月二十日、北島多一、志賀潔、秦佐八郎、梅野信吉、宮島幹之助、照内豊、草間滋の北里の高弟七人が揃って辞表を提出 ・十一月三日、伝染病研究所本館前で北里所長と一八四名の所員が最後の集合写真を撮影 ・十一月十日、伝染病研究所の引き渡しが福原鐐二郎文部次官らに対しておこなわれる
大正　四	一九一五	・十二月十一日、北里研究所が白金三光町に開所
大正　九	一九二〇	・十一月六日、慶應義塾医学部開校と病院開院の式典がおこなわれ、慶應義塾医学部初代部長兼病院長に就いた北里が挨拶に立つ
大正十二	一九二三	・十一月、日本医師会が結成し、北里はその初代会長に就任
昭和　三	一九二八	・五月二十一日、野口英世が黄金海岸のギニア湾を臨むアクア市で黄熱病に罹患し病死、行年五十一
昭和　六	一九三一	・六月十三日午前四時半、北里柴三郎が寝室の蒲団のかたわらで倒れているのが発見され、応急手当の効なく午前六時、死亡が確認される。死因は脳内出血 ・六月十七日、北里の告別祭が青山斎場で神式にておこなわれる
昭和二十八	一九五三	・八月十五日、日本政府はらい病患者の強制隔離を含む「らい予防法」を制定
昭和三十七	一九六二	・北里研究所は創立五十周年を記念して北里大学を創設
昭和四十二	一九六七	・パスツール研究所ペスト部のアンリ・モラレ部長らの提案によりペスト菌が属するパスツレラ属の分類が改められ、国際微生物学連合の公的機関誌『ＩＪＳＢ』に、ペスト菌の学名を「エルシニア・ペスティス（*Yersinia pestis*）」と記載

昭和五十一	一九七六	・サンフランシスコ陸軍研究所のデビッド・ビベルとカリフォルニア大学公衆衛生学部のＴ・Ｈ・チェンが『ペストの診断——エルサン・北里論争の分析（Diagnosis of Plague：an Analysis of the Yersin-Kitasato Controversy.）』と題する論文を発表。北里にこそ世界初のペスト菌発見の栄誉を与えるべきと結論する
昭和五十三	一九七八	・北里研究所の木造二階建本館が愛知県犬山市の博物館明治村に移築保存
昭和五十五	一九八〇	・十二月十六日、米国シータス社のキャリー・マリスがＰＣＲ検査装置を開発
平成十四	二〇〇二	・十一月、中国・広東省と対岸の香港でＳＡＲＳが発生。二〇〇二年十一月から二〇〇三年七月までの九ヶ月間に延べ八〇九六人が感染し、中国を含めた三七ヶ国で七七四人が死亡
平成二十七	二〇一五	・大村智北里研究所北里大学特別栄誉教授が線虫感染症の治療法の発見に対してノーベル生理学・医学賞を受賞
平成二十九	二〇一七	・十月二日、北里研究所に二階建の北里柴三郎記念館が完成し、一階に展示室を開設
令和　一	二〇一九	・十一月二十二日、中国・湖北省武漢市で新型コロナウイルス（SARS-CoV-2）感染症が発生。三十八度程度の発熱や呼吸困難などの症状が現れ、肺炎や敗血症、多臓器不全を起こし、急速に重篤化して多くの感染者が二週間前後に死亡した
令和　二	二〇二〇	・二月三日、英国クルーズ船「ダイヤモンド・プリンセス号」が横浜港に入港。香港在住の乗客に新型コロナウイルスの感染が確認されたため、乗客乗員三六一八人に対してＰＣＲ検査を実施。七一二人の感染者が確認され、そのうち十四人が死亡
令和　三	二〇二一	・八月五日、日本を含む世界全体の新型コロナウイルス感染者数が累計二億人、死者数は四二五万人を超え、二十一世紀以降最悪のパンデミックとなる

主な参考文献

『〝ペスト〟病の原因調査第一報告（明治二十七年七月七日香港に於て）』北里柴三郎、傳染病研究所、明治二十七年

「〝ペスト〟病調査復命書（明治二十七年七月十五日香港に於て）」北里柴三郎『官報　第三三二六号』内閣官報局、明治二十七年七月三十一日

「〝ペスト〟病調査復命書　去月三十一日の続」北里柴三郎『官報　第三三二七号』内閣官報局、明治二十七年八月一日

'The Bacillus of bubonic plague.' S.Kitasato "The Lancet"8.25.1894

'Die Pest in Japan.' S.Kitasato "Zeitschrift für Hygiene und Infektionskrankheiten, 64" 1909

'Diagnosis of Plague：an Analysis of the Yersin-Kitasato Controversy.' T. H. Chen & D. J. Bibel "Bacteriological Reviews, 40" 1976

"The Epidemic of Bubonic Plague in 1894. Medical Report." James A.Lowson, M.B., Medical Officer in charge of Epidemic Hospital. Hong Kong, 1895

「演説・ペスト病の原因取調に就て（大日本私立衛生會常會）」北里柴三郎『大日本私立衛生會雑誌　第一三五号』大日本私立衛生會、明治二十七年八月二十五日

「〝ペスト〟菌に就て」北里柴三郎『細菌學雑誌　第一八九六巻第一三号』日本細菌學會、明治二十九年十二月十五日

「〝ペスト〟病原因調査第二報告」北里柴三郎『細菌學雑誌　第一八九七巻第一四号』日本細菌學會、明治三十年一月二十五日

「香港に於ける〝ペスト〟調査ノ畧報」青山胤通『順天堂醫事研究會雑誌　第一九一号』順天堂醫事研究會、明治二十七年十二月十五日

「一八九四年香港に於けるペスト流行に就いて（Ueber die Pestepidemie in Honk-kong im Jahre 1894.）」青山胤通『帝国大学医科大学紀要　第三巻第二冊』明治二十八年

「〝ペスト〟病研究復命書」緒方正規『官報　第四一三五号』内閣官報局、明治三十年四月十九日

「〝ペスト〟病研究復命書（一昨十九日の続）」緒方正規『官報　第四一三七号』内閣官報局、明治三十年四月二十一日

「青山胤通家関連文書」青山文書の会『日本医史学雑誌　第六一巻第四号』日本医師が区会、二〇一五年

「隔離の恐怖――一八九四年香港のペスト体験」蒲豊彦『京都大学人文科学研究所附属現代中国研究センター研究報告』

二〇一六年

「〝ペスト〟に就て（傳染病研究所研究會第五十三回例會筆記）」北里柴三郎『細菌學雜誌　第一八九九巻第四九号』日本細菌學會、明治三十二年十二月二十五日

「ペスト豫防に就て（神田區衛生會總會席上の講話に係る）」北里柴三郎『細菌學雜誌　第一九〇三巻第九二号』日本細菌學會、明治三十六年七月二十五日

「日本に於ける〝ペスト〟の蔓延及撲滅」北里柴三郎『細菌學雜誌　第一九〇八巻第一四六号』日本細菌學會、明治四十一年一月十日

「譚叢ペスト」北里柴三郎『大日本私立衛生會雜誌　第四〇二号』大日本私立衛生會、大正五年十月二十五日

「横濱市の〝ペスト〟病」高木友枝『細菌學雜誌　第一八九六巻第五号』日本細菌學會、明治二十九年四月十五日

「神奈川縣に於ける〝ペスト〟発生概要」福田常太郎『日本傳染病學會雜誌　第二巻第一号』日本傳染病學會、一九二七年

'Ueber den Tetanuserreger.'S.Kitasato "Deutsche Medicinische Wochenshrift, 15"1889

'Ueber den Tetanusbacillus.'S.Kitasato "Zeitscherift für Hygiene, 7"1889

'Ueber das Zustandekommen der Diphtherie-Immunität und der Tetanus-Immunität bei Thieren.' E.von Behring & S.Kitasato "Deutsche Medicinische Wochenshrift, 16"1890

'Experimentelle Untersuchungen über das Tetanusgift.'S.Kitasato "Zeitschrift für Hygiene, 10"1891

'Die Lepra in Japan.' S.Kitasato "Zeitschrift für Hygiene und Infektionskrankheiten, 63" 1909

「第二回万国ハンセン病会議における挨拶（Adresse in der 2. Internationalen Leprakonferenz zu Bergen. Norwegen.)」北里柴三郎『北里柴三郎学術論文集　日本語翻訳版（"Collected papers of Shibasaburo Kitasato"1977)』北里研究所、二〇一八年

「結核の免疫試驗に就て」北里柴三郎『細菌學雜誌　第一八九九巻第四一号』日本細菌學會、明治三十二年七月九日

「歐洲視察談」北里柴三郎『細菌學雜誌　第一九〇九巻第一七〇号』日本細菌學會、明治四十二年十二月十日

「日本に於ける結核（ブダペスト第十六回萬國醫學會に於て講演）」北里柴三郎『細菌學雜誌　第一九一〇巻第一七一号』日本細菌學會、明治四十三年一月十日

「結核の〝ツベルクリン〟療法に就て」北里柴三郎『細菌學雜誌　第一九一二巻第一九九号』日本細菌學會、明治四十五年五月十日

「演説　虎列剌病血清法に就て（大日本私立衛生會常會）」北里柴三郎『大日本私立衛生會雜誌　第一五〇号』大日本私立衛生會、明治二十八年十一月三十日

「譚叢虎列剌」北里柴三郎『大日本私立衛生會雑誌　第四〇〇号』大日本私立衛生會、大正五年八月二十五日
「演説　赤痢病流行に就て（内務省において）」北里柴三郎『大日本私立衛生會雑誌　第一一八号』大日本私立衛生會、明治二十六年三月三十一日
「赤痢病原研究報告　第一」志賀潔『細菌學雑誌　第一八九七巻第二五号』日本細菌學會、明治三十年十二月二十五日
'Ueber den Errger der Dysenterie in Japan.' K.Shiga "Centralblatt für Bakteriologie, Parasitenkunde und Infektionskrankheiten." 1898
'Pekelharing, C.A. und Winkler, C., Mitteilungen über die Beri-Beri.' S.Kitasato "Centralblatt für Bakteriologie, Parasitenkunde und Infektionskrankheiten., 3" 1888
'Ogata, Ueber Kakkebacillen. Untersuchungen über die Aetiologie der Kakke.' S.Kitasato "Centralblatt für Bakteriologie, Parasitenkunde und Infektionskrankheiten., 3" 1888

「脚気病毒素発見（内務省報告）」緒方正規『官報　第五二六号』太政官文書局、明治十八年四月七日
「脚気病毒素発見（内務省報告の続）」緒方正規『官報　第五二七号』太政官文書局、明治十八年四月八日
「脚気病毒発見」緒方正規『東京醫事新誌　第三六七号』東京醫事新誌局、明治十八年四月十一日
「脚気病毒発見（続稿）」緒方正規『東京醫事新誌　第三六八号』東京醫事新誌局、明治十八年四月十八日
「脚気病毒発見大演説會記事」『東京醫事新誌　第三六八号』東京醫事新誌局、明治十八年四月十八日
「緒方氏の脚気〝バチルレン〟説を読む」北里柴三郎『中外醫事新報　第二一二号』中外醫事新報社、明治二十二年一月二十五日
「脚気〝バチルレン〟に就て北里君の評を読む」緒方正規『中外醫事新報　第二一三号』中外醫事新報社、明治二十二年二月十日
「統計に就ての分疏　第一、情と識」森林太郎『東京醫事新誌　第五八四号』東京醫事新誌局、明治二十二年六月八日
「與森林太郎書」北里柴三郎『東京醫事新誌　第五九九号』東京醫事新誌局、明治二十二年九月二十一日
「第十回萬國醫學會に関する紀事」北里柴三郎君報『大日本私立衛生會雑誌　第九〇号』大日本私立衛生會、明治二十三年十一月三十日
「勞症の預防につきて」鷗外漁史記『衛生新誌　第一七号』衛生新誌社、明治二十三年三月十六日
「結核療法の急報」森林太郎訳『衛生療病志　号外』醫事新論社、明治二十三年十二月二十八日
「コッホ氏の肺勞新療法の急報」『讀賣新聞　第四八六四号』明治二十三年十二月三十日
「反動機關」觀潮樓主人著『衛生療病志　第四三号』醫事新論社、明治二十六年七月九日

「北里と中浜と」観変生投『讀賣新聞　第八〇四八号』明治三十二年十二月二日
「傳染病研究所設立の必要」北里柴三郎『大日本私立衛生會雜誌　第一一〇号』大日本私立衛生會、明治二十五年七月二十二日
「傳染病研究所の創立」『東京醫事新誌　第七六六号』東京醫事新誌局、明治二十五年十二月三日
「傳染病研究所の案内狀」『東京醫事新誌　第七六六号』東京醫事新誌局、明治二十五年十二月三日
「傳染病研究所創立始末」長與專齋『大日本私立衛生會雜誌　第一一五号』大日本私立衛生會、明治二十五年十二月二十四日
「祝辭（緒方教授在職二十五年祝賀會）」北里柴三郎『細菌學雜誌　第一九一〇巻第一七五号』日本細菌學會、明治四十三年五月十日
「北里研究所設立趣意書」北里柴三郎『細菌學雜誌　第一九一四巻第二三〇』日本細菌學會、大正三年十二月十日
「北里研究所開所式の記」『細菌學雜誌　第一九一六巻第二四三号付録』日本細菌學會、大正五年一月二十五日
「祝辭」男爵後藤新平君『細菌學雜誌　第一九一六巻第二四三号付録』日本細菌學會、大正五年一月二十五日
「慶應義塾と醫學の關係」鎌田栄吉『三田評論　第二二九号』大正五年八月一日
「醫學科化學科設立趣意書」『三田評論　第二二九号』大正五年八月一日
「鈴木博士製造〝アルサミノール〟の動物試驗」秦佐八郎『細菌學雜誌　第一九一六巻第二四四号』日本細菌學會、大正五年二月十日
「秦佐八郎の生涯と業績」秦藤樹『日本医史学雑誌　第三三巻第三号』日本医史学会、一九八七年七月三十日
「男爵北里柴三郎直話」北里柴三郎『福澤先生を語る――諸名士の直話』髙橋義雄編、岩波書店、一九三四年
「北里柴三郎さんと拙者」『極到余音』金杉英五郎、金杉博士彰功会、一九三五年
「近代名醫一夕話」梅沢彦太郎編『日本醫事新報　臨時増刊号』日本醫事新報社、一九三七年

「虎列刺病原菌取調復命書」『讀賣新聞　第三二九七号』明治十九年一月十五日
「傳染病研究所の設立に就いて」『東京日日新聞　第六四四七号』明治二十六年四月二十二日
「傳染病研究所の成行如何」『讀賣新聞　第五七三六号』明治二十六年七月十一日
「傳染病研究所の成行如何（續き）」『讀賣新聞　第五七三七号』明治二十六年七月十二日
「北里博士の私立病院」『東京日日新聞　第六五七九号』明治二十六年九月二十三日
「香港に於ける傳染病」『官報　第三二六四号』内閣官報局、明治二十七年五月十九日

「北里、青山両博士送別会」『東京日日新聞　第六七八六号』明治二十七年六月五日
「青山博士、石神大軍醫黒死病に罹る」『東京朝日新聞　号外』明治二十七年七月一日
「青山、石神両氏の黒死病」『東京朝日新聞　第二八七九号』明治二十七年七月三日
「世界の恩人青山博士の重患」『郵便報知新聞　第六四八五号』報知社、明治二十七年七月三日
「青山博士、石神大軍医黒死病に罹る」『時事新報　第四〇一〇号』明治二十七年七月三日
「青山博士の妻女」『東京朝日新聞　第二八八一号』明治二十七年七月五日
「青山博士の病状」『時事新報　第四〇一五号』明治二十七年七月八日
「北里博士着京の模様」『東京朝日新聞　第二九〇二号』明治二十七年八月一日
「北里青山両博士歓迎委員會の議決」『東京朝日新聞　第二九三六号』明治二十七年九月九日
「青山北里両博士一行歓迎會の次第」『讀賣新聞　第六二〇五号』明治二十七年十一月九日
「北里博士の血清治療成蹟」『日本　第二一五四号』日本新聞社、明治二十八年八月十七日
「鼠二十万疋の買上、一疋五銭、百疋五円」『報知新聞　第八一五五号』報知社、明治三十二年十二月三十日
「コッホ博士一行（宮島）」『東京朝日新聞　第七八九八号』明治四十一年八月十七日
「飼猫の奨励に就いて」『讀賣新聞　第一一三六九号』明治四十二年二月九日
「〝ペスト〟豫防上猫飼養奨励の件」『中央衛生會　第二九次年報（明治四十二年）』中央衛生會、明治四十二年六月五日
「野口英世博士ノーベル賞金受領候補者」『東京朝日新聞　第九八六二号』大正二年十一月十日
「研究所々管換」『萬朝報　第七六三一号』朝報社、大正三年十月五日
「傳染病研究所所管換」『東京朝日新聞　第一〇一三六号』大正三年十月六日
「勅令　第二二一号」『官報　第六六二号』印刷局、大正三年十月十四日
「傳染病研究所所管換」『東京朝日新聞　第一〇一四五号』大正三年十月十五日
「傳染病研究所官制、文部省に所管替」『時事新報　第一一八三号』大正三年十月十五日
「傳染病研究所破壊、北里博士の辞職」『東京朝日新聞　第一〇一五〇号』大正三年十月二十日
「北里博士の言い分」『萬朝報　第七六四六号』朝報社、大正三年十月二十日
「北里氏辞職に就いて、文部内務両当局談」『時事新報　第一一一八八号』大正三年十月二十日
「北里博士の今後、新研究所の設立」『東京朝日新聞　第一〇一五二号』大正三年十月二十二日
「傳染病研究所問題、之に対する世論の一斑」『東京朝日新聞　第一〇一五三号』大正三年十月二十三日
「傳染病研究所、併合は不可也」『東京朝日新聞　第一〇一五四号』大正三年十月二十四日

「研究所と北里博士」『萬朝報　第七六五〇号』朝報社、大正三年十月二十四日
「政友會の決議、傳染病研究所問題」『東京朝日新聞　第一〇一五七号』大正三年十月二十七日
「問題の傳染病研究所、御城受取りの下検分」『讀賣新聞　第一三四七二号』大正三年十月二十七日
「傳染病研究所の後任決定」『東京朝日新聞　第一〇一五七号』大正三年十月二十七日
「傳染病研究所の問題」『東京朝日新聞　第一〇一六〇号』大正三年十月三十日
「傳染病研究所問題に就て㈠　辞職の理由（北里博士談）」『時事新報　第一一一九〇号』大正三年十月二十二日
「傳染病研究所問題に就て㈡　研究方針の相違（北里博士談）」『時事新報　第一一一九一号』大正三年十月二十三日
「傳染病研究所問題に就て㈢　研究所独立の必要（北里博士談）」『時事新報　第一一一九二号』大正三年十月二十四日
「傳染病研究所問題に就て㈣　福澤先生の同情（北里博士談）」『時事新報　第一一一九三号』大正三年十月二十五日
「傳染病研究所問題に就て㈤　発展の沿革（北里博士談）」『時事新報　第一一一九四号』大正三年十月二十六日
「傳染病研究所問題に就て㈥　國家事業に移す（北里博士談）」『時事新報　第一一一九五号』大正三年十月二十七日
「官學に對峙の醫科大學、科長は北里博士」『東京朝日新聞　第一〇七〇三号』大正五年四月二十五日
「慶應醫科大學設立決定、化學科と共に建設費概算百萬圓」『時事新報　第一一八四四号』大正五年八月六日
「慶大醫化兩科新設決定」『東京朝日新聞　第一〇八〇六号』大正五年八月六日
「慶應醫大進捗」『讀賣新聞　第一四一六四号』大正五年九月二十日
「日本醫師會第一回總會」『東京朝日新聞　第一三四六〇号』大正十二年十一月二十六日
「北里柴三郎男（爵）、今朝脳溢血で逝く」『東京日日新聞　第一九六九五号』昭和六年六月十四日
「北里博士けさ逝く、醫學界に輝く幾多の功績」『東京朝日新聞　第一六二〇七号』昭和六年六月十四日
「故北里男（爵）の葬儀、學界の功勞者らしい盛儀」『東京朝日新聞　第一六二一一号』昭和六年六月十八日
「辭職の當時とおなじ心境」『東京朝日新聞　第一六二六五号』昭和六年八月十一日
「ノーベル財団の報告資料入手、北里柴三郎第一回最終十五人に」『讀賣新聞　第四〇一五四号』昭和六十三年三月二十八日
『衆議院第一回通常會議事速記録第三十八号』明治二十四年二月六日
『第三十五回帝國議會衆議院議事速記録第四号』大正三年十二月十日
『第三十五回帝國議會衆議院議事速記録第六号』大正三年十二月十五日
「破傷風毒素」松田守弘『日本細菌学雑誌　第三四巻第四号』日本細菌学会、一九七九年七月二十五日
「田端重晟日記からみた福沢と北里」正田庄次郎『福沢諭吉年鑑　第八号』福沢諭吉協会、一九八一年

「田端重晟日記にみる北里先生と養生園掲載誌」正田庄次郎『北里大学教養部紀要　第一六号』北里大学教養部、一九八二年
「わが国の〝脚気菌〟研究の系譜」松村康弘・丸井英二『日本医史学雑誌　第三二巻第一号』日本医史学会、一九八六年
「言葉から実践へ――森鷗外晩年における考察の概念規定」多田伊織『東アジアにおける知的交流　第四四集』国際日本文化研究センター、二〇一三年
「高木兼寛と森林太郎の医学研究パラダイムについて」松田誠『東京慈恵会医科大学雑誌　第一一八号第一号』東京慈恵会医科大学、二〇〇三年
「高木兼寛、北里柴三郎らの医師会設立までの苦闘――日本医師会前史」松田誠『東京慈恵会医科大学雑誌　第一一八号第一号』東京慈恵会医科大学、二〇〇三年
「北里柴三郎と緒方正規のこと」二塚信『民族衛生　第六九巻第一号』日本健康学会、二〇〇三年一月三十一日
「内務省所管伝染病研究所」小高健『日本医史学雑誌　第三十五巻第四号』日本医史学会、一九八九年十月三十日
「北里柴三郎先生のペスト菌発見とその後の経緯」春日忠善『日本医事新報　二五五八号』一九七三年五月五日
「北里柴三郎によるペスト菌発見とその周辺――ペスト菌発見百年に因んで」中瀬安清『日本細菌学雑誌　第五〇巻第三号』日本細菌学会、一九九五年七月二十五日
「北里柴三郎と破傷風血清療法――血清療法の確立」中瀬安清『日本内科学会雑誌　第九一巻第一〇号』日本内科学会、二〇〇二年十月十日
「世界の細菌学者北里柴三郎先生の細菌学」中瀬安清『日本細菌学雑誌　第五八巻第四号』日本細菌学会、二〇〇三年十一月二十五日
「北里柴三郎の生涯と適塾門下生」芝哲夫『日本細菌学雑誌　第五八巻第四号』日本細菌学会、二〇〇三年十一月二十五日
「化学療法の黎明期」北里一郎『日本化学療法学会雑誌　第五一巻第一〇号』日本化学療法学会、二〇〇三年十月二十五日
「世界の細菌学史に残る日本人の足跡――明治・大正・昭和の先人たち」竹田美文『日本細菌学雑誌　第五八巻第四号』日本細菌学会、二〇〇三年十一月二十五日
「北里柴三郎――その一」竹田美文『モダンメディア　第六〇巻第二号』栄研化学、二〇一四年二月十日
「北里柴三郎――その二」竹田美文『モダンメディア　第六〇巻第四号』栄研化学、二〇一四年四月十日
「ノーベル賞を逸した三人の日本人医学者」石田三雄『近代日本の創造史　第六巻』近代日本の創造史懇話会、二〇〇八年十月二十日
「北里柴三郎と気腫疽菌研究」田村豊『日本獣医師会雑誌　第七三巻第三号』日本獣医師会、二〇二〇年三月二十日
「野口博士を懐ふ」奥村鶴吉『齒科學報　第三三巻第八号』東京齒科大学学会、一九二八年八月十日

『回顧録』河本重次郎、河本先生喜寿祝賀会事務所、一九三六年
『松香私志』長與專齋、日本医史学会編、医歯薬出版、一九五八年
『医療福祉の祖長与専斎』外山幹夫、思文閣出版、二〇〇二年
『長与専斎』小島和貴、長崎文献社、二〇一九年
『福翁自伝　新訂改版』福沢諭吉、岩波文庫、二〇〇八年
『医者のみた福沢諭吉――先生、ミイラとなって昭和に出現』土屋雅春、中公新書、一九九六年
『北里柴三郎と緒方正規――日本近代医学の黎明期』野村茂、熊本日日新聞情報文化センタ、二〇〇三年
『あるのかないのか？日本人の創造性――草創期科学者たちの業績から探る』飯沼和正、講談社、一九八七年
『ノーベル賞の光と陰』科学朝日編、朝日選書、一九八七年
『ノーベル賞の一〇〇年――自然科学三賞でたどる科学史』馬場錬成、中公新書、二〇〇九年
『微生物の狩人　上・下』ポール・ド・クライフ、岩波文庫、一九八〇年
『ローベルト・コッホ――偉大なる生涯の物語』ヘルムート・ウンガー、宮島幹之助・石川錬次共訳、富山房、一九四三年
『見えない敵との闘い――パストゥール最後の弟子エルサンの生涯』アンリ・H・モラレ、人文書院、二〇一五年
『ラウソンレポート』檀原宏文、北里柴三郎記念会、二〇一四年
『パウル・エールリッヒ――その生涯と業績』志賀潔、冨山房、一九五二年
『北島多一自伝』北島多一、北島先生記念事業会、一九五五年
『或る細菌学者の回想』志賀潔、雪華社、一九六六年
『秦佐八郎小伝』秦八千代、北里研究所、一九五二年
『野口英世』奥村鶴吉、岩波書店、一九三三年
『野口英世』イザベル・R・プレセット、星和書店、一九八七年
『野口英世』中山茂、朝日選書、一九八九年
『野口英世』井出孫六、岩波ジュニア新書、二〇〇四年
『医聖野口英世を育てた人々』小桧山六郎、福島民友新聞社編、歴史春秋出版、二〇〇八年
『野口英世書簡集　1』野口英世記念会編、野口英世記念会、一九八九年
『高木友枝――台湾衛生学の父』北里研究所、二〇一八年
『懐舊九十年』石黒忠悳、博文館、一九三六年

『青山胤通』鵜崎熊吉、青山内科同窓会、一九三〇年
『思い出の青山胤通先生』熊谷謙二編、青山胤通先生生誕百年祭準備委員会、一九六四年
『長與又郎日記――近代化を推進した医学者の記録　上・下』長與又郎、学会出版センター、二〇〇一・二年
『定本漱石全集　第二十二巻・書簡上』夏目金之助、岩波書店、二〇一九年
『鷗外全集　第二十八巻・医事』森林太郎、岩波書店、一九七四年
『鷗外全集　第二十九巻・医事』森林太郎、岩波書店、一九七四年
『鷗外全集　第三十巻　・医事』森林太郎、岩波書店、一九七四年
『鷗外全集　第三十三巻・医事』森林太郎、岩波書店、一九七四年
『鷗外全集　第三十五巻・日記』森林太郎、岩波書店、一九七五年
『父親としての森鷗外』森於菟、筑摩書房、一九六九年
『森鷗外の医学思想』宮本忍、勁草書房、一九七九年
『森鷗外の医学と文学』宮本忍、勁草書房、一九八〇年
『医師としての森鴎外』伊達一男、績文堂出版、一九八一年
『続・医師としての森鴎外』伊達一男、績文堂出版、一九八九年
『軍医森鷗外のドイツ留学』武智秀夫、思文閣出版、二〇一四年
『軍醫森鷗外』山田弘倫、文松堂書店、一九四三年
『研究の回顧』鈴木梅太郎、輝文堂書房、一九四三年
『鷗外林太郎と脚気紛争』山下政三、日本評論社、二〇〇八年
『模倣の時代　上・下』板倉聖宣、仮説社、一九八八年
『脚気の歴史――日本人の創造性をめぐる闘い』板倉聖宣、仮説社、二〇一三年
『明治期における脚気の歴史』山下政三、東京大学出版、一九八八年
『脚気の歴史――ビタミンの発見』山下政三、思文閣出版、一九九五年
『鷗外と脚気――曾祖父の足あとを訪ねて』森千里、NTT出版、二〇一二年
『結核の文化史――近代日本における病のイメージ』福田真人、名古屋大学出版会、一九九五年
『結核という文化――病の比較文化史』福田真人、中公新書、二〇〇一年
『明治医事往来』立川昭二、講談社学術文庫、二〇一三年
『感染症の近代史』内海孝、山川出版社、二〇一六年

『ペスト大流行――ヨーロッパ中世の崩壊』村上陽一郎、岩波新書、一九八三年
『日本のペスト流行史』春日忠善、北里メディカルニュース編集部、一九八七年
『病気の社会史――文明に探る病因』立川昭二、岩波現代文庫、二〇〇七年
『感染症と文明――共生への道』山本太郎、岩波新書、二〇一一年
『近代医学の史的基盤　上・下』川喜田愛郎、岩波書店、一九七七年
『現代日本医療史――開業医制の変遷』川上武、勁草書房、一九六五年
『日本らい史　増補』山本俊一、東京大学出版会、一九九七年
『癩病最新治療書』中村鉄太郎・北里柴三郎・増田勇、治療通信社、明治四十一年（『近現代日本ハンセン病問題資料集成　戦前編・第一巻』不二出版、二〇〇二年）
『ハンセン病問題に関する検証会議最終報告書』ハンセン病問題に関する検証会議編、日弁連法務研究財団、二〇〇五年

『医道論』北里柴三郎、私家版、明治十一年
『黴菌学研究』北里柴三郎、英蘭堂、明治二十六年
『増訂實実細菌學總論』北里柴三郎閲・淺川範彦著、眞田敬介、明治二十九年
『〝ペスト〟と蚤の關係に就て』北里柴三郎、東京市役所、明治四十二年
『北里細菌及伝染病学雑纂』北里柴三郎、金原商店、明治四十四年
『伝染病予防撲滅法』北里柴三郎、家庭之衛生社、明治四十四年
『北里柴三郎傳』宮島幹之助・高野六郎編、北里研究所、一九三二年
『北里柴三郎論説集』北里柴三郎論説集編集委員会編、北里研究所、一九七八年
『北里柴三郎破傷風菌論――生の場』北里柴三郎・中村桂子、哲学書房、一九九九年
『北里柴三郎――生誕一五〇年記念』北里柴三郎記念室編、北里研究所、二〇〇三年
『北里柴三郎――伝染病の征圧は私の使命』北里柴三郎記念室編、北里研究所、二〇一二年
『近代日本医学の先覚者――北里柴三郎』北里柴三郎記念室編、北里研究所、二〇二〇年
『北里柴三郎読本　上・下――北里柴三郎論説選』北里柴三郎、書肆心水、二〇一三年
『北里柴三郎学術論文集　日本語翻訳版（"Collected papers of Shibasaburo Kitasato" 1977）』北里柴三郎、檀原宏文監修、林志津江ほか共訳、北里研究所、二〇一八年
『北里柴三郎』高野六郎、日本書房、一九五九年

『北里柴三郎――北里大学学祖』長木大三、竹内書店新社、一九七七年
『北里柴三郎』長木大三、慶応通信、一九八六年
『北里柴三郎とその一門』長木大三、慶応通信、一九九二年
『北里大学誕生の記』長木大三、慶應義塾大学出版会、一九九八年
『第一回ノーベル賞候補北里柴三郎の生涯』砂川幸雄、NTT出版、二〇〇三年
『北里柴三郎――熱と誠があれば』福田眞人、ミネルヴァ書房、二〇〇八年
『日本近代医学の歩み』藤野恒三郎、講談社、一九七四年
『藤野・日本細菌学史』藤野恒三郎、近代出版、一九八四年
『明治期医療・衛生行政の研究――長与専斎から後藤新平へ』笠原英彦・小島和貴、ミネルヴァ書房、二〇一一年
『公衆衛生の発達――大日本私立衛生会雑誌抄』日本公衆衛生協会編、日本公衆衛生協会、一九六七年
『内務省の社会史』副田義也、東京大学出版会、二〇〇七年
『内務省史 第一〜四巻』大霞会内務省史編集委員会編、大霞会、一九七一年
『医制百年史　記述篇・資料編』厚生省医務局編、ぎょうせい、一九七六年
『国立衛生試験所百年史』国立衛生試験所創立百周年記念事業東衛会実行委員会編、国立衛生試験所、一九七五年
『東京都立広尾病院一〇〇年の歩み』都立広尾病院一〇〇周年誌編集委員会編、東京都立広尾病院、一九九五年
『日本医師会創立記念誌――日本医師会戦後五十年のあゆみ』日本医師会創立五十周年記念事業推進委員会記念誌編纂部会編、日本医師会、一九九七年
『慶應義塾大學醫学部六十周年記念誌』慶應義塾大学医学部六十周年記念誌編集委員会編、慶應義塾大学医学部、一九八三年
『慶應義塾大學醫学部百年記念誌』慶應義塾大学医学部百年記念誌編集委員会編、慶應義塾大学医学部、二〇一九年
『慶應義塾大学医学部食養研究所変遷史』慶應義塾大学医学部食養研究所変遷史編集委員会編、慶應義塾大学医学部、一九九〇年
『東京大学医学部百年史』東京大学医学部百年史編集委員会編、東京大学出版会、一九六七年
『傳染病研究所――近代医学開拓の道のり』小高健、学会出版センター、一九九二年
『伝染病研究所・医科学研究所の一〇〇年』一〇〇周年記念委員会編、東京大学医科学研究所、一九九二年
『北里研究所二十五年誌』北里研究所編、北里研究所、一九三九年
『北里研究所五十年誌』北里研究所編、北里研究所、一九六六年
『北里研究所七十五年誌』七十五年誌編集委員会編、北里研究所、一九九二年

写真提供

・学校法人北里研究所 北里柴三郎記念室

ベルリン大学衛生研究所実験室の北里柴三郎／北里柴三郎が愛用した顕微鏡／ジェームズ・ラウソン／ロベルト・コッホと北里柴三郎／コンスタント・マンスフェルト／北里柴三郎著『医道論』／長与専斎／石黒忠悳を迎えたドイツ医学留学生／破傷風菌純粋培養実験装置の図解／『ベルリン日日新聞』一八八九年四月二十八日付／第七回万国衛生会議の記念写真／ルイ・パスツールのサイン入り肖像写真／後藤新平／長谷川泰／ロベルト・コッホの塑像／伝染病研究所本館前の最後の集合写真／北里研究所開所の辞を述べる北里柴三郎／開所当時の北里研究所本館／緒方正規／北島多一／志賀潔／パウル・エールリヒと秦佐八郎／野口英世／第二回国際ハンセン病会議の記念写真

・国立国会図書館

石黒忠悳／夏目漱石／森鷗外／福澤諭吉／青山胤通／一木喜徳郎／大隈重信

索引

な行

は行

や行

ら行

わ行

アルファベット

著者　上山明博（うえやま・あきひろ）
1955年10月8日岐阜県生まれ。小説家・ノンフィクション作家。日本文藝家協会正会員、日本科学史学会正会員。1999年特許庁産業財産権教育用副読本策定普及委員会委員、2004年同委員会オブザーバーなどを務める一方、文学と科学の融合をめざし、徹底した文献収集と関係者への取材にもとづく執筆活動を展開。主な著書に、小説として『白いツツジ――「乾電池王」屋井先蔵の生涯』（PHP研究所、2009年）、『「うま味」を発見した男――小説・池田菊苗』（PHP研究所、2011年）、『関東大震災を予知した二人の男――大森房吉と今村明恒』（産経新聞出版、2013年）、またノンフィクションとして『プロパテント・ウォーズ――国際特許戦争の舞台裏』（文春新書、2000年）、『発明立国ニッポンの肖像』（文春新書、2004年）、『ニッポン天才伝――知られざる発明・発見の父たち』（朝日選書、2007年）、『技術者という生き方――発見！しごと偉人伝』（ぺりかん社、2012年）、『地震学をつくった男・大森房吉――幻の地震予知と関東大震災の真実』（青土社、2018年）などがある。公式サイト http://aueyama.wixsite.com/home

北里柴三郎
感染症と闘いつづけた男

2021年9月20日　第1刷印刷
2021年9月30日　第1刷発行

著者――上山明博

発行者――清水一人
発行所――青土社

〒101-0051　東京都千代田区神田神保町1-29　市瀬ビル
［電話］03-3291-9831（編集）03-3294-7829（営業）
［振替］00190-7-192955

印刷・製本――双文社印刷

装幀――水戸部功

ISBN978-4-7917-7412-8　C0023